DAXUESHENG MAKESI ZHUYI LILUN SUYANG DUBEN

大学生马克思主义理论素养读本

——《马克思主义基本原理》之经典著作导读

主编◎柴秀波

黑龙江人民出版社

图书在版编目(CIP)数据

大学生马克思主义理论素养读本 :《马克思主义基本原理》之经典著作导读 / 柴秀波主编. — 哈尔滨 : 黑龙江人民出版社, 2018.4(2021.5重印)
ISBN 978-7-207-11329-0

Ⅰ. ①大… Ⅱ. ①柴… Ⅲ. ①马克思主义—理论—高等学校—教学参考资料 Ⅳ. ①A81

中国版本图书馆 CIP 数据核字(2018)第 086706 号

责任编辑:朱佳新
封面设计:鲲 鹏

大学生马克思主义理论素养读本
——《马克思主义基本原理》之经典著作导读
主编 柴秀波

出版发行 黑龙江人民出版社
地 址 哈尔滨市南岗区宣庆小区 1 号楼
邮 编 150008
网 址 www.longpress.com
电子邮箱 hljrmcbs@yeah.net
印 刷 北京一鑫印务有限责任公司
开 本 880×1230 1/32
印 张 10.625
字 数 270 千字
版 次 2018 年 6 月第 1 版 2021 年 5 月第 2 次印刷
书 号 ISBN 978-7-207-11329-0
定 价 32.00 元

《大学生马克思主义理论素养读本》
编　委　会

主　　编：柴秀波

副 主 编：黄　嫱

编　　委：张　燕　孙　燕

杜翠梅　张　博

编写说明

深入学习贯彻党的十九大精神，用习近平新时代中国特色社会主义思想武装学生头脑，是当前和今后一个时期高校思想政治理论课教育教学的一项重要任务。党的十九大强调，建设教育强国是中华民族伟大复兴的基础工程，必须把教育事业放在优先位置，加快教育现代化，办好人民满意的教育。高校立身之本在于立德树人，思想政治理论课要坚持在改进中加强，提升思想政治教育的亲和力和针对性，满足学生成长发展需求和期待。

党的十八大以来，以习近平同志为总书记的党中央高度重视思想政治理论课建设，先后出台了《普通高校思想政治理论课建设体系创新计划》（教社科〔2015〕2 号）、《高等学校思想政治理论课建设标准》（教社科〔2015〕3 号）等一系列重要文件和措施，凸显了高校思想政治理论课的重要地位和作用。高校思想政治理论课就是要对大学生进行系统的马克思主义理论教育，帮助大学生树立正确的世界观、人生观和价值观，培养他们运用马克思主义立场、观点、方法分析和解决问题的能力。高校思想政治理论课的特殊性质和定位，决定了它必须坚持以马克思主义基本原理为指导，必须将马克思主义基本原理贯彻到思想政治理论课教育教学的全过程，这是保证思想政治理论课教育教学的正确方向并真正取得实效的基础和前提。

习近平总书记在 2015 年全国党校工作会议上曾强调指出，

"我们党历来高度重视理论建设和理论教育，运用马克思主义基本原理指导中国的事情是我们的看家本领。我说过，我们党在中国这样一个有着13亿多人口的大国执政，面对十分复杂的国内外环境，肩负繁重的执政使命，如果缺乏理论思维，是难以战胜各种风险和困难的，也是难以不断前进的。"运用马克思主义基本原理指导中国的事情，是我们战胜各种风险、困难和挑战所必须具备的理论思维能力。当前，高校思想政治理论课教育教学就面临着多元价值观、多种思潮的冲击和影响，如何在错综复杂的国内和国际形势下，引导大学生树立正确的世界观、人生观、价值观，提高运用马克思主义立场、观点、方法分析解决问题的能力？这就需要马克思主义基本原理的指导。

90后的大学生有其自身的特点，比如思想比较活跃，乐于接受新事物，勇于表达个人观点，但由于受国际国内形势的影响，他们在世界观、人生观、价值观方面也存在一些不容忽视的问题。比如一些大学生不同程度地存在着政治信仰迷茫、价值取向扭曲、心理素质欠佳等问题。这些问题的产生既有我国正处于社会主义初级阶段的内部社会历史背景，也有国际环境的外部影响，使大学生在市场经济浪潮和中西方社会思潮的碰撞和冲突中，无所适从。思想的混乱就会导致行为的失范，为了帮助和引导大学生坚定社会主义理想信念，树立正确的世界观、人生观和价值观，高校思想政治理论课只有坚持以马克思主义基本原理为指导，让学生深入领会和掌握马克思主义基本原理，才能认清人类社会发展和中国社会发展的规律，才能自觉同各种非马克思主义思潮做斗争，从而确立中国特色社会主义理想信念，成为中国特色社会主义事业的合格建设者和可靠接班人。

这就要求思想政治理论课教师，一方面要潜心攻读马克思主义经典著作。习近平同志早在2011年5月14日，在出席中央党校开学典礼时，他专门围绕学习马克思主义经典著作发表了长篇讲话，特别指出：“马克思主义经典著作蕴含和集中体现着马克思主义基本原理，是马克思主义理论的本源和基础”，“马克思主义经典著作包含着经典作家所汲取的人类探索真理的丰富思想成果，体现着经典作家攀登科学理论高峰的不懈追求和艰辛历程”。思想政治理论课教师只有潜心攻读马克思主义经典著作，才能坚定马克思主义信仰，坚持用马克思主义指导教育教学。另一方面，要尊重实践，把握时代特点和学生思想实际，大胆进行理论创新。运用马克思主义基本原理研究现实中的重大问题，加强对共产党执政规律、社会主义建设规律、人类社会发展规律的认识，在教育教学实践中深化对马克思主义基本原理的认识，以自己对马克思主义的真学真懂真信真用去引导学生真学真懂真信真用，使思想政治理论课教学质量不断提高，真正成为大学生真心喜爱、终身受益的优秀课程。

习近平同志指出，“高校肩负的重大任务是学习研究宣传马克思主义、培养中国特色社会主义事业建设者和接班人。”大学生是我们祖国的未来，他们的思想政治素质关系着祖国的未来和民族的希望。高校思想政治理论课直接影响着青年学生世界观、人生观、价值观的形成，是提高大学生思想政治素质的重要途径。思想政治理论课只有坚持以马克思主义基本原理为指导，从大学生的思想和生活实际出发，有针对性地开展教育教学活动，才能引导大学生树立正确的世界观、人生观和价值观，提升大学生的马克思主义理论素养。

正是为了全面贯彻落实党的十九大和习近平总书记系列重要讲话精神，全面提高马克思主义基本原理课教学的针对性和实效性，经过马克思主义学院基本原理教研室的集体研讨，特编写本教材。本教材将马克思主义经典原著与课堂教学内容紧密结合，用原著来支撑原理，用原理来阐释原著，从而使教学内容更有深度和广度，更有说服力和感染力。

参与本教材编写的人员有：张燕（第一章）、孙燕（第二章）、杜翠梅（第三章）、张博（第四章）、柴秀波（第五章）、黄嫱（第六章和第七章）。柴秀波任主编，负责设计教材编写体例，对全部书稿进行修改定稿，撰写编写说明等。黄嫱任副主编，负责编辑校对等。

由于时间仓促，疏漏之处一定不少，恳请专家、同行、读者批评指正。

编者
2018 年 1 月

目　录

第一章　世界的物质性及发展规律

一、教学目的和要求

学习和掌握辩证唯物主义基本原理，着重把握物质与意识的辩证关系，世界的物质统一性，事物联系和发展的基本环节与基本规律，逐步形成科学的世界观和方法论，运用唯物辩证法分析和解决问题，不断增强思维能力。

二、教学重点

- 哲学的基本问题
- 物质与意识的辩证关系
- 世界的物质统一性原理
- 事物的普遍联系与永恒发展
- 对立统一规律是事物发展的根本规律
- 质量互变规律
- 否定之否定规律
- 辩证思维方法

三、基本原理阐释

（一）哲学的基本问题

哲学的基本问题包括两方面的内容：其一，物质和意识、存在和思维，谁是世界的本原，即物质和精神何者是第一性、何者是第二性的问题。对这一问题的不同回答是划分唯物主义和唯心主义的标准。唯物主义把世界的本原归结为物质，主张物质第一性，意识第二性，意识是物质的产物；唯心主义把世界的本原归结为精神，主张意识第一性，物质第二性，物质是意识的产物。其二，思维能否正确认识存在，这一问题是划分可知论和不可知论的标准。可知论认为世界是可以被认识的；不可知论认为世界是不能被人所认识或不能被完全认识的。

对哲学基本问题的回答，是解决其他一切哲学问题的前提和基础。

（二）物质

对物质的正确理解是我们认识和把握世界本质和规律的前提。一切唯物主义哲学把物质范畴作为自己理论的基石，经历了古代朴素唯物主义、近代形而上学唯物主义、现代辩证唯物主义三个主要阶段。

马克思批判旧唯物主义对物质世界的理解过于直观、消极，为唯物主义发展指明新的方向。恩格斯在总结19世纪哲学和自然科学的发展成果的基础上，对物质概念做了初步概括，“物、物质无非是各种物的总和，而这个概念就是从这一总和中抽象出来的”①。20世纪初，列宁对物质概念做了科学的界定，把唯物主义对物质概念的理解、判断推向一个新的阶段，“物质是标志客观实在的哲学范畴，这种客观实在是人通过感觉感知的，它不依赖于我们的感觉而存在，为我们的感觉所复写、摄影、反映。”②

马克思主义物质范畴从客观世界的万事万物中抽象出其共同特性即客观实在性，具有丰富的理论意义。第一，坚持唯物主义一元论，同唯心主义一元论和二元论划清界限。第二，坚持能动的反映论和可知论，批判了不可知论，驳斥世界上存在“不可认

---

① 《马克思恩格斯选集》第3卷，人民出版社2012年版，第939页。

② 《列宁选集》第2卷，人民出版社2012年版，第89页。

识之物”的错误观点。第三，体现了唯物论和辩证法的统一，克服了形而上学唯物主义的缺陷。既肯定哲学物质范畴同物质结构理论的联系，又将物质范畴同具体的物质具体形态加以区分。第四，坚持唯物主义自然观与历史观的统一，为彻底的唯物主义奠定了理论基础。

（三）物质的存在形式

物质的根本属性是运动。恩格斯说：“运动，就它被理解为物质的存在方式、物质的固有属性这一最一般的意义来说，涵盖宇宙中发生的一切变化和过程，从单纯的位置变动直到思维。”[①]运动是标志一切事物和现象的变化及其过程的哲学范畴。物质和运动不可分割，一方面，运动是物质的存在方式和根本属性；另一方面，物质是一切运动变化和发展过程的实在基础和承担者。

物质世界的运动是绝对的，而物质在运动过程中又有某种相对静止状态。相对静止是物质运动在一定条件下的稳定状态，包括空间的相对位置和根本性质暂时未变这样两种运动的特殊状态。

时间和空间是物质运动的存在形式。时间是指物质运动的持续性、顺序性，特点是一维性，即一去不复返；空间是指物质运动的广延性、伸张性，特点是三维性。物质运动总是在一定的时间和空间中进行的，没有离开物质运动的“纯粹”时间和空间，也没有离开时间和空间的物质运动。

（四）物质与意识的辩证关系

1. 物质决定意识。物质对意识的决定作用表现在意识的起源、本质上。从意识起源来看，意识是自然界长期发展的产物，是社会历史的产物，社会实践特别是劳动在意识的产生和发展中起着决定性作用。从意识本质来看，意识是人脑的机能、属性，是对

① 《马克思恩格斯选集》第3卷，人民出版社2012年版，第951页。

客观世界的主观映象,是客观内容和主观形式的统一。

2. 意识对物质具有反作用。意识对物质的反作用也称为意识的能动作用,主要表现在:第一,意识活动具有目的性和计划性。第二,意识活动具有创造性。第三,意识具有指导实践改造客观世界的作用。第四,意识具有指导、控制人的行为和生理活动的作用。

(五)主观能动性与客观规律性的辩证关系

首先,尊重客观规律是发挥主观能动性的前提。人们只有在认识和掌握客观规律的基础上,才能达到认识世界和改造世界的目的。

其次,只用充分发挥主观能动性,才能正确认识和利用客观规律。要正确发挥主观能动性,人们需要实事求是,努力掌握事物的发展规律,需要通过实践这一发挥人的主观能动作用的基本途径,另外,主观能动性的发挥程度受制于一定的物质条件。

(六)世界的物质统一性原理

1. 世界是统一的,即世界的本原只有一个是物质。

2. 世界的统一性在于它的物质性。首先,意识统一于物质。从意识的起源上看,意识是客观世界长期发展的产物;从意识的本质上看,意识是人脑这一物质器官的机能,是客观存在的主观映象;从意识的作用上看,人们能动性的发挥必须以尊重客观规律为前提。其次,人类社会统一于物质。主要表现在:人类社会依赖于自然界,人是客观世界发展到一定阶段的产物,人类赖以生存的物质生活资料来源于自然界;人们谋取物质生活资料的实践活动归根结底是物质性的活动;物质资料的生产方式是人类社会存在和发展的基础,集中体现着人类社会的物质性。

3. 物质世界的统一性是多样性的统一。世界的统一性不是单一、无差别的统一,世界的物质统一性以具体物质形态的差异性、多样性为前提,而物质形态的差异性、多样性又以它们的客观实在性为基础。

(七)事物的普遍联系

联系是指事物内部各要素之间和事物之间相互影响、相互制约和相互作用的关系。

1. 联系具有客观性。事物的联系是事物本身所固有的,不是主观臆想的。

2. 联系具有普遍性。具体表现为:第一,任何事物内部的不同部分和要素是相互联系的。第二,任何事物都不能孤立存在,都同其他事物处于一定的相互联系之中。第三,整个世界是相互联系的统一整体。

3. 联系具有多样性。事物联系的主要方式有:直接联系与间接联系,内部联系与外部联系,本质联系与非本质联系,必然联系与偶然联系等。不同的联系构成事物内部和事物之间的存在状态和发展趋势。

4. 联系具有条件性。条件是对事物存在和发展发生作用的诸要素的总和。条件对事物发展和人的活动具有支持或制约作用;条件是可以改变的,人们在条件面前并不是消极无为的;改变和创造条件不是任意的,需要尊重事物发展的客观规律。

(八)事物的永恒发展

发展的实质是新事物的产生和旧事物的灭亡。

新事物是指合乎历史前进方向、具有远大前途的东西;旧事物是指丧失历史必然性、日趋灭亡的东西。

新生事物是不可战胜的,因为:第一,就新生事物与环境的关系而言,新事物之所以新,是因为有新的结构和功能,它适应已经变化了的环境和条件;旧事物之所以旧,是因为它的各种要素和功能已不适应环境和客观条件的变化,走向灭亡就成为不可避免的。第二,就新事物与旧事物的关系而言,新事物是在旧事物的“母体”中孕育成熟的,它既否定了旧事物中消极腐朽的东西,又保留了旧事物中合理的因素，并添加了旧事物所不能容纳的新内容。这两方面也就是新事物在本质上优越于旧事物，具有强大生命力的原因所在。

（九）联系和发展的基本环节

原因与结果、现象与本质、内容与形式、必然性与偶然性、现实性与可能性等构成了联系与发展的基本环节。

1. 原因与结果

这是揭示事物引起与被引起关系的一对范畴。在事物和现象的相互联系和相互作用中，原因是引起某种现象的现象，结果是被某种现象引起的现象，因果关系就是包括时间先后顺序在内的一种现象必然引起另一种现象的普遍联系。

2. 现象和本质

这是揭示事物的外在联系和内在联系的一对范畴。现象是事物的外部联系和表面特征，本质是事物的根本性质和构成要素的内部联系。

3. 内容和形式

这是从构成要素和表现方式两个方面反映事物的一对范畴。内容是构成事物的一切要素的总和，形式是指把内容诸要素统一起来的结构或表现内容的方式。任何事物都是内容和形式的统一，内容是事物存在的基础，形式对内容有反作用。

4. 必然性和偶然性

这是揭示事物发生、发展和灭亡的不同趋势的一对范畴。必然性是事物联系和发展过程中合乎规律的、确定不移的趋势，偶然性是联系和发展过程中并非必定如此的、不确定的趋势。

5. 现实性与可能性

这是反映事物过去、现在和将来关系的一对范畴。现实性是包括内在根据的、合乎必然性的存在，可能性是指包含在现实事物中、预示着事物发展前途的种种趋势。

(十)对立统一规律是事物发展的根本规律

矛盾是反映事物内部和事物之间对立统一关系的哲学范畴。

1. 同一性和斗争性是矛盾的两种基本属性

(1)对立和统一分别体现了矛盾的两种基本属性。矛盾的对立属性又称斗争性,矛盾的统一属性又称同一性。

矛盾的同一性是指矛盾双方相互依存、相互贯通的性质和趋势。它有两个方面的含义:一是矛盾着的对立面相互依存,互为存在的前提,并共处于一个统一体中;二是矛盾着的对立面之间相互贯通,在一定条件下相互转化。

矛盾的斗争性是矛盾着的对立面之间相互排斥、相互分离的性质和趋势。由于矛盾的性质不同,矛盾的斗争形式也不同,对于多种多样的斗争形式,可以分为对抗性矛盾和非对抗性矛盾两种基本形式。

(2)矛盾同一性和斗争性的辩证关系。

矛盾的同一性和矛盾的斗争性是相互联结、相辅相成的,没有斗争性就没有同一性,没有同一性也就没有斗争性,斗争性寓于同一性之中。

在事物的矛盾中,矛盾的斗争性是无条件的、绝对的,矛盾的同一性是有条件的、相对的。矛盾斗争性的绝对性体现了物质运动的绝对性,矛盾同一性的相对性体现了物质静止的相对性。无条件的、绝对的斗争性与有条件的、相对的同一性相结合,构成事物的矛盾运动,推动事物的发展。

(3)矛盾的同一性和斗争性在事物发展中的作用。

矛盾的同一性在事物发展中的作用表现在:第一,同一性是事物存在和发展的前提,在矛盾双方中一方的发展以另一方的发展为条件。发展是在矛盾统一体中的发展。第二,同一性使矛盾双方相互吸取有利于自身的因素,在相互作用中各自得到发展。第三,同一性规定着事物转化的可能和发展的趋势。事物之所以能够转化,是由于事物内部矛盾双方具有相互贯通的关系。事物的发展方向、趋势不是随意的,而是有规律地向自己的对立面转化。

矛盾的斗争性在事物发展中的作用表现在:第一,矛盾双方的斗争促进矛盾双方力量的变化,竞长争高,此消彼长,造成双方力量发展的不平衡,为对立面的转化、事物的质变创造条件。第二,矛盾双方的斗争,是一种矛盾统一体向另一种矛盾统一体过渡的决定力量。矛盾的相互排斥、否定促成旧的矛盾统一体破裂和新的矛盾统一体产生,从而使旧事物发展为新事物。

矛盾的同一性和矛盾的斗争性在事物发展过程中是相互结合、共同发生作用的,但在不同条件下,二者所处的地位会有所不同。在一定的条件下,矛盾的斗争性可能处于主要的方面,而在另外的条件下,矛盾的同一性又可能处于主要的方面。

2. 矛盾的普遍性和特殊性原理

(1)矛盾普遍性指矛盾无处不在,无时不有。其具体含义可以阐述为:矛盾存在于一切事物中,存在于一切事物发展过程的始终,旧的矛盾解决了,新的矛盾又产生。事物始终在矛盾中运动。

(2)矛盾的特殊性指不同事物的矛盾是具体的、特殊的。矛盾的特殊性有三种情形:一是不同事物的矛盾各有其特点;二是同一事物的矛盾在不同发展过程和发展阶段各有不同特点;三是构成事物的诸多矛盾以及每一矛盾的不同方面各有不同的性质、地位和作用。在矛盾群中又存在着根本矛盾和非根本矛盾、主要矛盾和次要矛盾。根本矛盾贯穿事物发展过程的始终,规定着事物的性质。主要矛盾是矛盾体系中处于支配地位,对事物发展起决定作用的矛盾。非根本矛盾、次要矛盾是处于从属地位的矛盾。在每一对矛盾中又有矛盾的主要方面与矛盾的次要方面,矛盾的性质主要是由矛盾的主要方面决定的。

(3)矛盾普遍性与矛盾特殊性是辩证统一的关系。矛盾的普遍性即矛盾的共性,矛盾的特殊性即矛盾的个性。矛盾的共性是无条件的、绝对的,矛盾的个性是有条件的、相对的。任何现实存在的事物的矛盾都是共性和个性的有机统一,共性寓于个性之中,没有离开个性的共性,也没有离开共性的个性。矛盾的共性和个性、绝对和相对的道理,是关于事物矛盾问题的精髓,是正确理解矛盾学说的关键。

(十一)质量互变规律

1. 质、量、度的含义

质是一事物区别于其他事物的内在规定性。量是事物的规模、程度、速度等可以用数量关系表示的规定性。事物的量和质是统一的,量和质的统一在度中得到体现。度是保持事物质的稳定性的数量界限,即事物的限度、幅度和范围,度的两端叫关节点或临界点,超出度的范围,此物就转化为他物。

2. 量变和质变的含义

量变是事物数量的增减和组成要素排列次序的变动,是保持事物的质的相对稳定性的不显著变化,体现了事物渐进过程的连续性。质变是事物性质的根本变化,是事物由一种质态向另一种质态的飞跃,体现了事物渐进过程和连续性的中断。

3. 量变和质变的辩证关系

第一,量变是质变的必要准备。任何事物的变化都有一个量变的积累过程,没有量变的积累,质变就不会发生。

第二,质变是量变的必然结果。单纯的量变不会永远持续下去,量变达到一定程度必然引起质变。

第三,量变和质变是相互渗透的。一方面,在总的量变过程中有阶段性和局部性的部分质变;另一方面,在质变过程中也有旧质在量上的收缩和新质在量上的扩张。量变和质变是相互依存、相互贯通的,量变引起质变,在新质的基础上,事物又开始新的量变,如此交替循环,形成事物质量互变的规律性。

质量互变规律体现了事物发展的渐进性和飞跃性的统一。

(十二)否定之否定规律

1. 肯定因素和否定因素的含义

肯定因素是维持现成事物存在的因素,否定因素是促使现存事物灭亡的因素。

2. 辩证否定观的基本内容

第一,否定是事物的自我否定,是事物内部矛盾运动的结果。

第二,否定是事物发展的环节。它是旧事物向新事物的转变,是从旧质到新质的飞跃。只有经过否定,旧事物才能向新事物转变。

第三,否定是新旧事物联系的环节,新事物孕育产生于旧事物,新旧事物是通过否定环节联系起来的。

第四,辩证否定的实质是"扬弃",即新事物对旧事物既批判又继承,既克服其消极因素又保留其积极因素。

3. 否定之否定规律揭示了事物的发展过程

事物的辩证发展过程经过第一次否定,使矛盾得到初步解决。而处于否定阶段的事物仍然具有片面性,还要经过再次否定,即否定之否定,实现对立面的统一,使矛盾得到解决。事物的辩证发展就是经过两次否定、三个阶段,形成一个周期。其中,否定之否定阶段仿佛是向原来出发点的"回复",但这是在更高阶段的"回复"。事物的发展呈现出周期性,不同周期的交替使事物的发展呈现出波浪式前进或螺旋式上升的总趋势。

否定之否定规律揭示了事物发展的前进性与曲折性的统一。前进性体现在:每一次否定都是质变,都把事物推到新阶段;每一周期都是开放的,前一个周期的终点是下一个周期的起点,不存在不被否定的终点。曲折性体现在回复性上,其中有暂时的停顿或倒退,但是经过曲折终将为事物的发展开辟道路。这表明事物的发展不是直线前进而是螺旋式上升的。

(十三)唯物辩证法

1. 唯物辩证法作为关于自然、社会和人类思维发展一般规律的科学,是人们认识世界和改造世界的根本方法。

2. 唯物辩证法是客观辩证法与主观辩证法的统一。客观辩证法是指客观事物或客观存在的辩证法,即客观事物以相互作用、相互联系的形式呈现出的各种物质形态的辩证运动和发展规律。主观辩证法是指人类认识和思维运动的辩证法,即以概念作为思维细胞的辩证思维运动和发展的规律。唯物辩证法既包括客观辩证法也包括主观辩证法,体现了唯物主义、辩证法、认识论的统一。

3. 唯物辩证法按其本质来说,具有批判的、革命的精神。正是基于这种批判的、革命的精神,马克思主义哲学内在地具有解放思想、实事求是、与时俱进的根本要求;反对因循守旧、墨守成规,反对对一切已丧失生命力的事物采取妥协的态度,反对把自己的学说当成僵死的教条;坚持主观与客观的统一、理论与实践的统一、继承与创新的统一。

(十四)辩证思维方法

辩证思维方法是人们正确进行理性思维的方法。主要包括归纳与演绎、分析与综合、抽象与具体、逻辑与历史相统一等。

1. 归纳与演绎是人类思维从个别到一般,又由一般到个别的最常见的推理形式。

归纳是从个别事实中概括出一般性结论,是由个别性前提过渡到一般性结论的推理形式。演绎是从一般原理走向个别结论,是由一般性原则推导个别结论的推理形式。

归纳和演绎的辩证关系。一方面,归纳和演绎互为前提。归纳是演绎的基础,演绎为归纳提供理论依据,指明归纳的目的和方向。另一方面,归纳和演绎相互补充。归纳虽然能概括出同类事物的共性，但不能区分本质属性和非本质属性，不能摒弃片面性和表面性，所得结论还不是充分可靠的，因此，归纳必须靠演绎来补充和修正。演绎以事物共性和个性的统一为基础，共性只大致地包含个性，因此，从共性出发不能揭示个别事物多方面的属性，要了解事物本身的多样性，就得进一步分析归纳。

2. 分析与综合是一种更为深刻的思维方法。所谓分析，就是在思维中把认识对象分解为各个部分、方面、要素，以便分别加以研究的思维方法。通过分析研究，从中找出构成这一认识对象的基础的部分、本质的方面。综合是同分析相对应的方法。综合通常被看作是在把整体分解为各个因素的基础上，再把各个因素组合成一个整体的思维活动，但是综合绝不是把各部分、各组成因素机械地凑合起来或装配在一起，而是在思维中把对象的各个本质的方面按其内在联系有机地结合成一个统一的整体。

分析与综合的实质，就是建立在调查研究基础上的矛盾分析方法，是客观事物的辩证联系和发展过程在思维中的再现。分析与综合的关系也是辩证的，分析是综合的基础，综合是分析的完成，只有把二者结合在一起，才能构成一个完整的、科学的认识。

3. 抽象与具体是辩证思维的高级形式。在思维活动中，抽象与具体这一思维方法是通过具体到抽象，又从抽象到具体的过程，达到对事物的真理性认识。

在认识过程中，有两种完全不同的具体，一种是感性的具体，另一种是思维的具体。所谓感性的具体，就是人的感觉器官所得到的生动而具体的知觉表象。感性中的具体是人们认识的起点，为了实现从感性的具体到思维的具体的过渡，必须首先否定感性的具体。而对感性具体的否定就是抽象。抽象是通过分析把整体分解成各个部分，区分开必然的、本质的方面和偶然的、现象的方面，从中抽取出各个必然的、本质的因素，以达到对具体事物的某一本质方面的认识。这就是从具体到抽象的过程。

但是要真正达到对具体事物的全面深刻的认识，还必须运用综合的方法，把对事物各方面的本质的认识联系起来，形成关于事物整体的统一的认识，使抽象的规定在思维的具体中再现出来。这就是从抽象上升到具体。这种具体认识是多样性的统一，是事物自身各方面的矛盾组成的对立统一的整体在思维中的再现。对辩证思维而言，重要的是从抽象上升到具体。这是一个以抽象为逻辑起点，通过各种形式的逻辑中介，达到以思维具体为逻辑终点的运行过程。这里重要的是把握好作为从抽象上升到具体的逻辑出发点的“抽象”。

4. 逻辑与历史相统一的辩证思维方法。辩证思维中的历史范畴，一是指客观实在自身的历史，二是指反映客观实在的认识的历史。逻辑的东西和历史的东西是辩证统一的。

一方面，逻辑与历史是一致的，即历史的东西是逻辑的东西的基础，逻辑的东西则是历史的东西在思维中的再现，因此，逻辑的进程和历史的进程具有内在统一性。另一方面，历史与逻辑的统一又包含着差异和对立。历史的东西总是包含有偶然因素、次要因素以及迂回曲折的细节，具体而生动。逻辑的东西则是“修正过”的历史的东西。通过对历史事实的加工改造，抛弃历史细节、抓住主流，抛弃偶然性、抓住必然性，抛弃偏差、抓住基本方向和基本线索，把握历史发展的内在规律，因此，逻辑的东西能更深刻地反映历史。

四、经典著作导读

1. 全部哲学，特别是近代哲学的重大的基本问题，是思维和存在的关系问题。

——恩格斯：《路德维希·费尔巴哈和德国古典哲学的终结》(1886 年初)，《马克思恩格斯选集》第 4 卷，人民出版社 2012 年版，第 229 页。

解读:《路德维持·费尔巴哈和德国古典哲学的终结》(又称《费尔巴哈论》)一文写于1886年,一共四章,其中第二章论述了哲学的基本问题。恩格斯在研究哲学史,特别是研究近代哲学“费尔巴哈和德国古典哲学的终结”时,提出了哲学的基本问题是思维和存在的关系问题。这一基本问题包括两个方面:

第一,世界的本原问题。思维和存在、精神和物质谁为本原、谁为第一性的问题是哲学基本问题的第一方面,这是划分唯物主义与唯心主义的唯一标准。恩格斯指出,依据哲学家们对这个问题的回答分为两大对立的阵营。凡是断定精神是世界本原的,最终承认某种创世说的哲学家,组成唯心主义阵营。凡是认为物质是本原的,则属于唯物主义的各种学派。

第二,思维与存在的同一性问题。思维与存在之间是否具有同一性,即世界本身是否可知,人的思维能否认识现实世界。这是哲学基本问题的第二方面,这是划分可知论与不可知论的唯一标准。世界是可知的还是不可知的?无论是唯物主义哲学家还是唯心主义哲学家,绝大多数都做了肯定的回答,组成可知论阵营。但也有些哲学家做了否定的回答,组成不可知论阵营。其中,近代哲学家休谟和康德就属于不可知论阵营,恩格斯提到他们曾经在哲学发展中起过很重要的作用。

存在第一性,思维第二性,思维与存在具有同一性,是马克思主义哲学的根本观点,其他的一切问题都是以此为前提而提出来的。

2. 物质本身是纯粹的思想创造物和纯粹的抽象。当我们用物质概念来概括各种有形地存在着的事物的时候,我们是把它们的质的差异撇开了。因此,物质本身和各种特定的、实存的物质的东西不同,它不是感性地存在着的东西。

——恩格斯:《自然辩证法》(1873年年初—1882年夏),《马克思恩格斯文集》第9卷,人民出版社2009年版,第511页。

解读：恩格斯在这段话里谈到了旧唯物主义物质观的缺陷，即不能摆脱物质形态的束缚，以至于把物质和物质的具体形态混为一谈。为了正确地理解物质范畴本身，首先就要将物质同物质的具体形态区分开来。唯物辩证法认为，具体的事物各具有其特定形态，即能够将一事物区别于其他事物的特点，这一特点使它们成为具有具体形态的特定事物；然而各具特点的具体事物又有一个共同特征和本质，即客观实在性。

物质这个概念就是撇开了一切事物的具体形态，抽取它们的共同特征和本质而得到的一般概念和范畴。“物质”是一切事物的共同特征和本质，而一切事物则是物质的具体表现形态。因此，物质和物质具体形态的关系，是一般和个别的关系。物质范畴是一般，物质的具体形态是个别。一般寓于个别之中，一般不能脱离个别而存在。物质是通过物质的具体形态得以体现，物质不能脱离物质的具体形态而存在。个别同一般相联结，个别中体现着一般，为共性、一般规律性所制约。物质的具体虽然千差万别，但具有共同的特征和本质，即“客观实在性”。

人们可以感觉到的是物质的具体形态，而不是从物质具体形态中抽象出来的物质概念。因此，恩格斯说“物质本身是纯粹的思想创造物和纯粹的抽象”，它和具体的物质形态不同，“不是感性地存在着的东西”。

3. **物质是标志客观实在的哲学范畴，这种客观实在是人通过感觉感知的，它不依赖于我们的感觉而存在，为我们的感觉所复写、摄影、反映。**

——列宁：《唯物主义和经验批判主义》（1908 年 2 月—10 月），《列宁专题文集 论辩证唯物主义和历史唯物主义》，人民出版社 2009 年版，第 35 页。

解读：第一，列宁概括了物质的唯一特性和本质特征是客观实在性。客观实在性是一切物质和现象的共同本质，这是对物质形态的最高概括,从而揭示了哲学的物质范畴同自然科学的物质概念的辩证关系,揭示了物质与具体的物质形态的关系,克服了旧唯物主义的缺陷。

第二,列宁从物质和意识的关系上,指出物质是不依赖于人的意识而独立存在的客观实在,指明了物质对意识的根源性。这就坚持了对哲学基本问题的第一方面的回答,坚持了物质第一性、意识第二性的原则。

第三,列宁坚持物质的可知性。物质虽存在于人的意识之外,但能为人通过感觉所感知,并"为我们的感觉所复写、摄影、反映"。这就坚持了对哲学基本问题第二方面的回答,坚持了辩证唯物主义的反映论和可知论,反对了不可知论。

4. 世界的真正的统一性在于它的物质性,而这种物质性不是由魔术师的三两句话所证明的,而是由哲学和自然科学的长期的和持续的发展所证明的。

——恩格斯:《反杜林论》(1876 年 9 月—1878 年 6 月),《马克思恩格斯文集》第 9 卷,人民出版社 2009 年版,第 47 页。

解读:恩格斯这段话是针对杜林的"思维存在的统一性决定现实存在的统一性"观点提出的。杜林认为世界的统一性在于存在,但杜林口中的存在不是客观世界的现实存在,而是思维的存在。杜林认为思维的存在决定现实世界的存在,思维的统一性决定现实事物的统一性。思维的本质在于意识的综合,借助思维的统一性将一切事物综合为一个统一体,世界概念首先成为不可分割的统一体;既然被思考的世界概念是统一的,现实的世界也成为不可分割的统一体。这就是杜林的思维存在统一性决定存在统一性理论。问题是,在思维综合活动之前,现实世界就已经客观地存在着了。

恩格斯指出杜林的"存在"实质上是无差别、无运动变化的思想虚无的东西。恩格斯所说的"存在",是指客观现实、现实世界的物质存在。这是他们在统一性基础上的根本差异。恩格斯批判杜林的统一性理论是唯心主义论调,是对黑格尔唯心主义的抄袭,是思维决定存在的唯心主义观点。恩格斯在否定杜林“思维存在决定现实世界存在”理论的基础上,指出世界的真正的统一性在于它的物质性的原理。世界上的事物虽然千差万别,但它们都有一个共同的本质,这就是世界的物质性,即不依赖人的意识而独立存在的客观实在性。世界的统一性在于物质性,世界上的各种事物是物质的不同形态;意识或精神从本质上来说也是物质的属性和机能,是自然界长期发展的产物。世界的物质统一性是由自然科学的长期发展证明了的。如,无机自然界是物质,有机自然界是由无机自然界发展而来的,生命是自然界发展到一定阶段的产物,生命由非生命物质发展变化而来的,人类社会也是世界长期发展的结果等。

5. **整个自然界,从最小的东西到最大的东西,从沙粒到太阳、原生生物到人,都处于永恒的产生和消逝中,处于不断的流动中,处于不息的运动和变化中。**

——恩格斯:《自然辩证法》(1873 年年初—1882 年夏),《马克思恩格斯文集》第 9 卷,人民出版社 2009 年版,第 418 页。

解读:恩格斯探讨了形而上学自然观的形成过程,并指出辩证唯物主义自然观代替形而上学自然观是历史发展的必然趋势。从近代自然科学的发展来看,它最初是适应资本主义的发展而兴起的,与宗教是根本对立的,具有一定的革命性。由于当时历史条件的限制,科学家们把自然界的事物都看作既成的东西,只是分门别类地搜集资料,只注意它们之间的区别,并未注意到它们之间的联系。这种形而上学自然观的核心观点是认为自然界的一切都是不变的。即使有所变化,也是某种神秘力量的作用所导致。

18 世纪中叶,康德的星云学说打开了形而上学自然观的第一个缺口,神的第一推动说破产了。此外,地质学证实了地球上生物自然发展的历史,物理学的能量守恒和转化定律证明物质的各种运动形式可以相互转化,化学证明了有机物和无机物之间的联系,生物学上的细胞学说和进化论证明了有机界的彼此联系。因此,辩证唯物主义自然观的基本点完备了:一切僵硬的东西溶化了,一切固定的东西消散了,一切被当作永久存在的特殊东西变成了转瞬即逝的东西,世界上的事物处于不断的运动和变化之中。

6. 运动,就它被理解为物质的存在方式、物质的固有属性这一最一般的意义来说,涵盖宇宙中发生的一切变化和过程,从单纯的位置变动直到思维。

——恩格斯:《自然辩证法》(1873 年年初—1882 年夏),《马克思恩格斯文集》第 9 卷,人民出版社 2009 年版,第 513 页。

解读:恩格斯首先界定了运动的基本概念。运动是标志事物、现象和过程的变化的哲学范畴。

其次,恩格斯阐述了运动和物质的密切关系。一方面,运动是物质的存在方式和固有属性。世界上一切物质都在运动中,无论是宏观天体和微观粒子、无机界和有机界、自然界和人类社会,世界上不存在不运动的物质。离开运动谈物质,是形而上学唯物主义。另一方面,物质是运动的承担者和载体,运动是物质的运动。世界上不存在无物质的运动,一切形式的运动都有自己的物质载体,离开物质谈运动是唯心主义运动观。

再次,恩格斯详细阐述了运动形式的多样性和统一性。

物质运动形式具有多样性。恩格斯将运动区分为机械运动、物理运动、化学运动和生命运动四种基本类型。在四种基本运动形式中又包含着许多特殊的形式,如机械运动中有直线运动、曲线运动、匀速运动、变速运动等;物理运动中有热运动、电磁运动等;化学运动包括原子、离子、分子的化合和分解过程,以及各种有机物和无机物的化学过程;生命运动则包括动物、植物、微生物的生命活动等。

物质运动形式具有统一性。第一,各种运动形式之间相互联系和相互渗透。高级运动形式由低级运动形式发展而来,并包含着低级运动形式。自然科学的历史发展证明,最先产生的是关于简单的位置变动的理论,即力学,随后是关于分子运动的理论,即物理学,紧接着、几乎同时产生的是关于原子运动的科学,即化学。然后是从非生物界的运动形式到生物界的运动形式。第二,不同的运动形式在一定条件下的相互转化。如摩擦生热、生电,即由机械运动转化为其他运动。不同运动形式间的相互转化,使自然界呈现出由简单到复杂、由低级向高级的进化趋势。自然界的发展史,归根结底是物质运动形式的转化史。

7. 时间上的永恒性、空间上的无限性,本来就是,而且按照简单的词义也是:没有一个方向是有终点的,不论是向前或向后,向上或向下,向左或向右。

因为一切存在的基本形式是空间和时间,时间以外的存在像空间以外的存在一样,是非常荒诞的事情。

——恩格斯:《反杜林论》(1876 年 9 月—1878 年 6 月),《马克思恩格斯文集》第 9 卷,人民出版社 2009 年版,第 53、56 页。

解读:这段话是恩格斯针对杜林的形而上学时空观提出的。

恩格斯首先强调了时间和空间的无限性。空间具有无限性。从宏观世界看,现在人们用射电望远镜已经可以观察到距离地球超过一百二十亿光年的星系,但是这并不是宇宙的边缘。从微观世界看,原子直径为一亿分之一厘米,原子核的直径仅有十万亿分之一米,基本粒子仍是无限可分。可见,宏观世界和微观世界都是无限的。时间具有无限性。时间体现了物质运动过程的连续性。一种运动过程由另一种运动过程转化而来,这种运动过程在一定的条件下又转化为其他运动过程,运动过程无限交替,总之物质运动过程无始无终,具有无限性。

时间和空间是客观的。时间和空间是运动着的物质的存在形式。时间表示物质运动的连续性,空间表示物质的广延性,没有脱离物质运动的时间和空间,也没有不存在于时间和空间之中的运动着的物质。

时间和空间是有限和无限的统一。就整个宇宙而言,时间和空间是无限的;就每一个具体事物而言,它们又是有限的。无限的时间和空间是由无数有限的时间和空间构成的。就是这无数特定的、有限的空间和时间构成了物质世界的无限空间和时间。这就是空间和时间的无限性和有限性的对立统一。

最后,恩格斯批判了杜林的形而上学时空观。杜林认为,世界在时间上有开端,在空间上有限;在开端之前世界处于绝对静止的"原始状态"。原始状态的世界只有存在而没有时间和空间,时间和空间是后来随着世界的运动变化而出现的。杜林否认时间空间的无限性,否认时间和空间的客观性,否认时间空间和物质的联系。原始状态的世界因为某种神秘的"终极原因"和"第一次推动"过渡到运动的时间和空间,因此,恩格斯批判杜林"时间以外的存在"和"空间以外的存在"非常荒诞。

8. **我的辩证办法,从根本上说,不仅和黑格尔的辨证方法不同,而且和它截然相反。在黑格尔看来,思维过程,即甚至被他在观念这一名称下转化为独立主体的思维过程,是现实事物的创造主,而现实事物只是思维过程的外部表现。我的看法则相反,观念的东西不外是移入人的头脑并在人的头脑中改造过的物质的东西而已。**

——马克思:《资本论》第二版跋(1873 年 1 月),《马克思恩格斯文集》第 5 卷,人民出版社 2009 年版,第 22 页。

解读:马克思指出黑格尔的辩证法是神秘和颠倒的。黑格尔的辩证法之所以是颠倒的,是因为辩证法在黑格尔看来是"思想的自我发展”,因而事物的辩证法只是它的反映。黑格尔作为唯心主义者主张思维第一性,存在第二性,因此人的头脑中的观念不是外界事物的反映。实际上,头脑中的辩证法只是自然界和人类社会中进行的,并服从于辩证形式的现实发展的反映。马克思把它倒置过来,并加以创造发展,做出了“观念的东西不外是移入人的头脑并在人的头脑中改造过的物质的东西而已”的科学论断。马克思和黑格尔对待辩证法态度上的不同,根本上因为两人的哲学立场不同,马克思是唯物主义者,黑格尔是唯心主义者。

马克思对黑格尔的辩证法采取了批判继承的态度。马克思指出黑格尔的辩证法是一切辩证法的基本形式,只有将黑格尔颠倒的辩证法倒过来,才能发现神秘外壳下的合理内核。那就是摈弃了黑格尔的唯心主义外壳,采用了它的“合理内核”。马克思在其《资本论》第一卷“1872 年第二版跋”中公开承认自己是黑格尔的学生,并且在书中有些地方卖弄起黑格尔特有的表达方式。马克思批判了黑格尔辩证法的唯心主义外壳,改造了黑格尔辩证法的一般运动形式,将他颠倒的辩证法又倒过来,真正发现了神秘外壳中的合理内核。

马克思对辩证法做出了科学性的评价。他指出,辩证法在对现存事物的肯定的理解中同时包含对现存事物的否定的理解;辩证法对每一种既成的形式都是从不断的运动中,同时也是从它的暂时性方面去理解;辩证法不崇拜任何东西,按其本质来说,它是批判的和革命的。实质上,这反映了马克思、恩格斯的辩证法的本质特征。

马克思坚持辩证唯物主义立场,阐述物质与意识的关系,那就是物质决定意识,意识依赖于物质并反作用于物质,意识从本质上来看是对客观世界的主观映象。

9. 但是我们不要过分陶醉于我们人类对自然界的胜利。对于每一次这样的胜利,自然界都对我们进行报复。每一次胜利,

起初确实取得了我们预期的结果,但是往后和再往后却发生完全不同的、出乎预料的影响,常常把最初的结果又消除了。美索不达米亚、希腊、小亚细亚以及其他各地的居民,为了得到耕地,毁灭了森林,但是他们做梦也想不到,这些地方今天竟因此而成为不毛之地,因为他们使这些地方失去了森林,也就失去了水分的积聚中心和贮藏库。阿尔卑斯山的意大利人,当他们在山南坡把那些在山北坡得到精心保护的枞树林砍光用尽时,没有预料到,这样一来,他们就把本地区的高山畜牧业的根基毁掉了;他们更没有预料到,他们这样做,竟使山泉在一年中的大部分时间内枯竭了,同时在雨季又使更加凶猛的洪水倾泻到平原上。在欧洲推广马铃薯的人,并不知道他们在推广这种含粉块茎的同时也使瘰疬症传播开来了。因此我们每走一步都要记住:我们决不像征服者统治异族人那样支配自然界,决不像站在自然界之外的人似的去支配自然界——相反,我们连同我们的肉、血和头脑都是属于自然界和存在于自然界之中的;我们对自然界的整个支配作用,就在于我们比其他一切生物强,能够认识和正确运用自然规律。

——恩格斯:《自然辩证法》(1873 年年初—1882 年夏),《马克思恩格斯文集》第 9 卷,人民出版社 2009 年版,第 559 ~ 560 页。

解读:恩格斯精辟地阐述了人与自然的关系。

首先,人是自然界的一部分,是自然界长期发展的产物。从生命的产生和发展来看,在地球圈层的形成过程中,出现了大气圈、水圈和岩石圈,这是生命产生和发展的重要条件。地球上产生生命以后,不断分化形成了繁荣的生物圈。地球上的所有生物都生活在这个生物圈里,人类亦是如此,其生存依赖大气圈、水圈、岩石土坡圈这类非生命的自然环境。由此可见,人的生存离不开自然界,人必须始终依赖自然界提供各种资源和生存环境。

其次,恩格斯在指出自然界作用于人类的同时,人类也作用于自然界。恩格斯批判自然主义的历史观的片面性,自然主义历史观认为只是自然界作用于人,自然条件决定人的历史发展,忘记了人也反作用于自然界,改变着自然界,为自己创造必需的生存条件。有了人与自然的关系之后,就产生了人与人的相互关系,其中包括生产关系、阶级关系、政治关系等,其中生产关系是最基本的关系。人类通过这些社会关系来支配、调节人与自然界的关系。恩格斯着重强调了人对自然的反作用需要通过劳动,而真正的劳动是从制造工具开始。人类通过制造工具,有目的、有意识地进行生产实践改造自然。所以,人类给自然界打上自己的印记,他们不仅变更了植物和动物的位置,而且改变了他们所居住的地方的面貌、气候,他们甚至还改变了植物和动物本身,这一点是任何动物所不能做到的。人之所以能够做到,在于人具有主观能动性,能够认识和正确地运用自然规律。随着对人类自然规律的知识的迅速增加,人对自然界施加反作用的手段、范围、深度也在增加。

人类对自然界的改造产生积极影响的同时,也产生了消极影响。特别是近代,随着科学技术的发展,人类对自然的利用,物质产品的创造方面展现了前所未有的可能性。从英国产业革命开始,资产阶级以科学技术手段攫取更多的利润,对自然的开发完全是以对自然的过度索取为代价,具有相当的掠夺和破坏性质。随后一些发展中国家为了谋求发展,也采取了这种粗放的掠夺自然资源的方式。上述种种极大地破坏了包括人类在内的生存环境,自然状况极度恶化。因此恩格斯说,人类改造自然的同时也遭受到来自自然界的报复,并提出“人类和自然和解”的警告。

10. **一切观念都来自经验,都是现实的反映——正确的或歪曲的反映。**

——恩格斯:《〈反杜林论〉的准备材料》(1876 年—1877 年),《马克思恩格斯文集》第 9 卷,人民出版社 2009 年版,第 344 页。

解读:恩格斯这段论述是针对杜林"世界模式论"的先验主义观点提出的。杜林提出哲学是对世界和生活的意识的最高形式的阐发,在更广的意义上说,还包括一切知识和意愿的原则。这里的"原则"是从思维中得来,而不是从现实世界中得到的。杜林根据从思维中得来的原则构造世界。恩格斯批判杜林这种唯心主义模式论是颠倒的,原则不是研究的出发点,而是它的最终结果;这些原则不是被应用于自然界和人类历史,而是从它们中抽象出来的;不是自然界和人类去适应原则,而是原则只有在符合自然界和历史的情况下才是正确的。由此,恩格斯进一步阐述了观念或意识的来源和本质等问题。

意识的内容是客观的。从意识本质来看,意识是客观世界的主观映象,人同客观世界的交往过程中,人的大脑同客观世界发生联系,经过大脑的加工制作,形成关于客观世界的意识。所以,人脑是意识的客观物质基础,而客观世界是意识的源泉。各种意识都可以在客观世界中找到它的原型,不论是正确的意识,还是错误的甚至荒唐的意识,都源自对客观世界的反映。例如,神话传说中的大罗神仙,宗教迷信中的妖魔鬼怪,都可以在现实世界中找到它们的原型。正如鲁迅先生所说描神画鬼,毫无对证,看起来是凭空创造,实际是人们按照自己的形象和经验来塑造的。这些都说明了一切意识现象都是客观世界的反映,大脑离了客观世界就不可能有任何意识。

意识的形式是主观的。客观存在经过人脑的加工制作转变成人们的观念、意识,是经过感觉、知觉、表象的感性形式和概念、判断、推理的理性形式而转化的。意识形式的主观性是人们对客观存在的反映产生差异性的重要原因。作为反映主体,由于主体社会地位、实践经验、受教育程度以及生理心理素质的不同,对客观世界的反映也各不相同。以感性形式来说,不同主体的感觉器官具有选择功能的分析器,能够选择接受不同的刺激,通过分析、整理形成不同的感觉和知觉。从理性反映形式来看，概念、判断、推理的精确性受主体自身状况制约，对感性认识的抽象、创造可能正确地揭示事物的内部联系，也可能错误地揭示事物的联系。总之，由于意识形式的主观性特征，不同主体对同一事物的反映各有不同，或对或错，或多或少，或者深刻或者肤浅等。

意识是客观内容和主观形式的统一。否认意识内容的客观性，否认意识形式的主观性都会导致对意识本质的歪曲。庸俗唯物主义者否认意识形式的主观性，把意识等同于物质，否认了意识的特点，歪曲了唯物主义反映论原则。主观唯心主义否认意识内容的客观性，把意识看成是思维的产物，与客观事物无关。总之，意识是物质的产物，但又不是物质本身，是客观内容与主观形式的统一。

11. **人们自己创造自己的历史，但是他们并不是随心所欲地创造，并不是在他们自己选定的条件下创造，而是在直接碰到的、既定的、从过去承继下来的条件下创造。**

——马克思：《路易·波拿巴的雾月十八日》（1851 年 12 月—1852 年 3 月 25 日），《马克思恩格斯文集》第 2 卷，人民出版社 2009 年版，第 470～471 页。

解读：马克思强调人们能够创造历史，但不能随心所欲地创造历史。正如人们不能自由选择生产力和生产关系一样，也不能自由选择这一种或那一种社会形态。人们只有在认识和掌握客观规律的基础上，才能达到认识世界和改造世界的目的。人类只有遵循历史进程和发展规律，把握时代的脉搏和契机，才能真正成为历史的主人。

马克思用“创造”一词，强调承认规律的客观性并不意味着人在规律面前是无能为力的。人们通过自觉活动能够认识规律和利用规律。具有主观能动性是人与动物的重要区别，人们为了满足自身的需要，必须按照客观规律去改造世界，并在这个过程中形成人与自然、人与社会的各种联系和关系。人们发挥主观能动性，需要从实际出发，努力认识和把握事物的发展规律。同时，人的意识是一种精神的力量，要使它得到实现需要借助现实的物质力量，从这个意义上来说，主观能动性的发挥受制于特定时代的物质条件和物质手段。

12. **蜘蛛的活动与织工的活动相似。蜜蜂建筑蜂房的本领使人间的许多建筑师感到惭愧。但是。最蹩脚的建筑师从一开始就比最灵巧的蜜蜂高明的地方，是他在用蜂蜡建筑蜂房以前，已经在自己的头脑中把它建成了。劳动过程结束时得到的结果，在这个过程开始时就已经在劳动者的表象中存在着，即已经观念地存在着。他不仅使自然物发生形式变化，同时他还在自然物中实现自己的目的，这个目的是他所知道的。是作为规律决定着他的活动的方式和方法的。他必须使他的意志服从这个目的。**

——马克思：《〈资本论〉第一卷》(1857 年 7 月—1867 年 9 月)，《马克思恩格斯文集》第 5 卷，人民出版社 2009 年版，第 208 页。

解读：马克思在《〈资本论〉第一卷》论述绝对剩余价值的生产时，首先考察的是劳动过程，尤其是人的生产活动与动物本能活动的区别。马克思认为，人和一般动物的根本区别之一，就在于人是具有意识的社会存在物。人的生产活动与动物的本能适应行为不同，人作为生产力中的首要的因素，就在于人是认识自然规律、利用和控制自然力，具有主观能动性从而能改造自然的主体。人的活动的整个过程都是在“观念地存在着”的目标和蓝图指引下进行的，这是任何其他动物所不具备的能力和活动。

意识活动具有目的性、计划性和创造性。表象中“已经观念地存在着”的东西，区别于蜜蜂所建的现实蜂房，人在头脑中构建房屋的本领也区别于蜜蜂漫长自然史和生命史中所形成的建房本能。当意识活动参与进来时，世界被二重化了，一是经验存在着的现实世界,二是以观念的方式对现实世界的重构,后者以前者为认识对象和改造对象。人能够根据自己的需要自觉设定活动的目的,预先在观念中创造出理想的存在,然后通过自己的实践活动把它变成直接现实的存在。人在头脑中构建世界的客观图景,并通过实践行动把头脑中的图景变成现实存在的时候,体现了主体意识活动的能动性。

人类不仅具有趋利避害的能力,还懂得按照一定的尺度来进行实践活动,以人的需要为尺度运用到对象上去。马克思强调规律对于尺度的运用以及目标的实现程度具有制约作用,强调人在按照自己的目的改造自然物时,需要尊重客观规律。

13. **当我们深思熟虑地考察自然界或人类历史或我们自己的精神活动的时候,首先呈现在我们眼前的,是一幅由种种联系和相互作用无穷无尽的交织起来的画面,其中没有任何东西是不动的和不变的,而是一切都在运动、变化、生成和消逝。**

——恩格斯:《反杜林论》(1876 年 9 月—1878 年 6 月),《马克思恩格斯文集》第 9 卷,人民出版社 2009 年版,第 23 页。

解读:恩格斯通过论述辩证法和形而上学两种思维方法的基本特征和历史演变,阐明了辩证法和形而上学是自古以来就存在的两种对立的思维方法。

朴素的辩证法思想首先是由希腊哲学家赫拉克利特提出的。赫拉克利特主张,世界的过去、现在和将来永远是一团永恒的“活火”,它在一定程度上燃烧,在一定程度上熄灭,使万物一切皆流。后来亚里士多德研究了“辩证思维的最主要的形式”。他认为,具体的事物是“第一实体”,事物的共相是“第二实体”,一般存在于个别之中;事物从“潜能”到“现实”是在运动、变化和发展中“过渡”的;概念是相互联系的“流动的范畴”。恩格斯认为古代朴素辩证法只是说明了世界“总画面的一般性质”,而没有说出“这幅总画面的各个细节”,但是“要是不知道这些细节,就看不清总画面，从总体上阐明了古代朴素辩证法的历史功绩和局限性”。

形而上学的思维方式是社会生产力发展和科学进步的产物。这种思维方式同15世纪以来自然科学的发展密切相关，当时的自然科学处于分门别类搜集材料和孤立研究事物的阶段。直到18世纪这种孤立的、静止的形而上学思维方式一直处于主导地位。从18世纪末开始，科学开始逐渐发展到整理材料和研究事物发展过程阶段，在新兴学科不断兴起并取得成就的情况下，形而上学的思维方式成了科学发展的障碍。近代德国哲学家康德“星云假说”打开了形而上学思维的第一个缺口，描绘了太阳系的形成发展过程，德国唯心主义哲学家费希特把“自我”看作是一个“理性活动”与“实践活动”相互作用的统一体。黑格尔在他的“绝对精神”体系中完成了把整个世界“描写为一个过程”的辩证法，从唯心主义角度较全面地阐述了辩证思维的基本特征。

最后，恩格斯提出形而上学思维方法的实质是以片面、孤立、静止的观点看世界，而辩证法这种思维方法的实质是以全面的、联系的、运动的观点看世界，他和马克思正是用这种思维方法研究自然、社会和历史，研究资本主义的发展进程和规律，为科学社会主义的建立奠定基础。

14. **两个相互矛盾方面的共存、斗争以及融合成一个新范畴，就是辩证运动。**

——马克思：《哲学的贫困 答蒲鲁东先生的〈贫困的哲学〉》(1847年)，《马克思恩格斯文集》第1卷，人民出版社2009年版，第605页。

解读：马克思在这里批判蒲鲁东对经济范畴貌似辩证法的理解，以及将黑格尔的辩证法运用到政治经济学领域时所犯的一系列错误。

蒲鲁东在他的“经济矛盾体系”中，经常谈论“矛盾”“辩证运动”等哲学字眼，他的本意是想借助于黑格尔的辩证法来分析、解决资本主义社会的现实矛盾。但是,他越想通过辩证法建立他的政治经济学说体系,却越是陷入了形而上学的泥沼。原因在于他不仅没有学到黑格尔辩证法的精华,还把黑格尔辩证法的精华和合理思想丢掉了,唯一学到的只是一点术语和外在形式,即正反合(肯定、否定、否定之否定)的矛盾调和三段式。

蒲鲁东认为任何经济范畴都是由"好"与"坏"两方面组合而成,二者没有任何内在的必然联系。于是,在他眼中资本主义社会的矛盾仅仅是"好"与"坏"的矛盾,解决矛盾的办法就是保留它的"好"的一面,消除它的"坏"的一面。马克思尖锐地指出,蒲鲁东一方面想使资本主义摆脱它所造成的社会灾难和贫困,免除其各种弊病和赘瘤,另一方面又想竭力保留资本主义的经济基础——生产资料私有制、雇佣劳动等。这样看来,蒲鲁东这种对经济范畴的貌似辩证法的观点,其实是对辩证法的错误解读而已。

蒲鲁东抽掉了辩证法的核心,以诡辩的手法歪曲对立统一规律。对此,马克思一针见血地指出,"两个相互矛盾方面的共存、斗争以及融合成一个新范畴,就是辩证运动。谁要给自己提出消除坏的方面的问题,就是立即切断了辩证法运动。"马克思第一次明确提出对立面的统一、斗争即对立统一规律乃是辩证法的实质。同时,马克思还阐明了矛盾是由对立双方构成的,它们共处于一个统一体中,既同一又斗争,而且这种矛盾只有通过斗争才能解决。这就是马克思最早揭示的对立统一规律的内容。

15. 可以把辩证法简要地规定为关于对立面的统一的学说。这样就会抓住辩证法的核心,可是这需要说明和发挥。

——列宁:《〈哲学笔记〉节选》(1895 年—1916 年),《列宁专题文集 论辩证唯物主义和历史唯物主义》,人民出版社 2009 年版,第 141 页。

解读:马克思和恩格斯在其著作中并没有"对立统一规律是

辩证法的核心”的明确表述，但他们的辩证法思想与黑格尔的辩证法思想有本质的区别。黑格尔认为否定之否定是辩证法的核心，黑格尔的辩证法是唯心主义的，马克思始终坚持对立统一是辩证法的核心，马克思的辩证法是唯物主义的。只不过明确规定对立统一规律是辩证法的核心的并不是马克思和恩格斯，而是列宁。

列宁认为对立统一规律是辩证法的核心，从列宁的《哲学笔记》来看，主要有三条：一是因为对立统一规律回答了什么是事物发展的动力和源泉，从根本上解决了事物发展的原因；二是因为对立统一规律是理解辩证法其他规律和范畴的“钥匙”；三是因为是否承认对立统一规律是哲学史上辩证法同形而上学这两种发展观斗争的焦点。

这里值得指出的是，列宁在把对立统一规律当作辩证法的核心时，并没有把对立统一规律和否定之否定规律二者对立起来，甚至当列宁提出对立统一规律揭示了事物发展的动力和源泉时，就包含了列宁对否定在事物发展中重要作用的肯定。

16. 统一物之分为两个部分以及对它的矛盾着的部分的认识（参看拉萨尔所著《赫拉克利特的哲学》一书第三篇（《论认识》）开头所引用的斐洛关于赫拉克利特的一段话），是辩证法的实质（是辩证法的“本质”之一，是它的主要的特点或特征之一，甚至是它的最主要的特点或特征）。黑格尔也正是这样提问题的（亚里士多德在其著作《形而上学》中经常在这周围兜圈子，并跟赫拉克利特即跟赫拉克利特的思想作斗争）。

——列宁：《谈谈辩证法问题》（1915 年），《列宁专题文集 论辩证唯物主义和历史唯物主义》，人民出版社 2009 年版，第 148 页。

解读：列宁在第一句话的括号里，要求我们“参看拉萨尔所著《赫拉克利特的哲学》一书第三篇（《论认识》）开头所引用的斐洛关于赫拉克利特的一段话”。斐洛(约公元前20—54年)是古罗马唯心主义哲学家、神秘主义者。斐洛所引用赫拉克利特的这段话是:“因为统一物是由两个对立面组成的,所以在把它分为两半时,这两个对立面就显露出来了。用古希腊人的话来说,他们的伟大而光荣的赫拉克利特不就是把这个原理作为自己哲学的中心并作为一个新的发现而引以自豪吗?”这里,斐洛所说的赫拉克利特的原理,指的是“统一物是由两个对立面组成的”原理,即对立统一的思想。可见,早在公元前五、六世纪,古希腊卓越的哲学家赫拉克利特就已经把对立统一问题作为自己哲学研究的中心,并引以为傲。列宁十分重视赫拉克利特的“统一物是由两个对立面组成的”思想。

在第二句话的括号中,有“亚里士多德在其著作《形而上学》中经常在这周围兜圈子,并跟赫拉克利特即跟赫拉克利特的思想作斗争”。亚里士多德在《形而上学》中体现出他思想上的矛盾之处,在许多问题上摇摆于唯物主义和唯心主义之间、辩证法和形而上学之间,以致最后倒向唯心主义和形而上学。亚里士多德夸大了形式逻辑的矛盾律(即不能既承认甲,又承认非甲)的适用范围,否认事物内部的矛盾性,因此,他反对赫拉克利特的存在与非存在同一的对立统一的思想。但是,他在著作中有时又出现对辩证法的探索倾向,如他认为在事物的潜在的可能性中存在着对立面的统一。列宁所谓的“亚里士多德在其著作《形而上学》中经常在这周围兜圈子”,指的就是亚里士多德在形而上学和对立统一之间摇摆不定,而“跟赫拉克利特即赫拉克利特的思想作斗争”,指的是亚里士多德反对赫拉克利特的对立统一思想。

列宁说:“黑格尔也正是这样提问题的。”指的是,黑格尔也是把一切事物作为对立面的统一来看待的。接下来列宁进一步阐述了对立统一规律是辩证法的实质。具体说来,包括以下三个方面:其一,任何统一物都包含着相互斗争而又相互依存的两个部分或两个方面,即任何事物都是对立统一的整体。换言之,每个事物的构成都包含肯定方面和否定方面的对立统一。其二,在认识客观事物时,要把统一物分解为矛盾的两个部分进行认识,从统一中认识对立,从对立中认识统一。其三,列宁重述对立统一规律是辩证法的实质,指明了对立统一规律在辩证法中的地位。在列宁的这句话中,括号中有一段话:"是辩证法的'本质'之一,是它的主要的特点或特征之一,甚至是它的最主要的特点或特征。"可以看出列宁在斟酌着怎样更精准、更科学地表述对立统一规律在辩证法中的地位。从原文来看,列宁更认可对立统一规律是辩证法的"实质"的提法,这一表述优于括号内的其他的提法。

17. **量转化为质或质转化为量的规律。为了我们的目的,我们可以把这个规律表述如下:在自然界中,质的变化——在每一个别场合都是按照各自的严格确定的方式进行的——只有通过物质或运动(所谓能)的量的增加或减少才能发生。**

自然界中一切质的差别,或是基于不同的化学构成,或是基于运动(能)的不同的量或不同的形式,或者——差不多总是这样——同时基于这两者。所以,没有物质或运动的增加或减少,即没有有关物体的量的变化,是不可能改变这个物体的质的。

——恩格斯:《自然辩证法》(1873年年初—1882年夏),《马克思恩格斯文集》第9卷,人民出版社2009年版,第464页。

解读:恩格斯在《自然辩证法》一文中,以自然科学的事实为依据阐述辩证法的质量互变规律,他以自然科学所要求的精确性来讨论量变和质变的发生。在这段话里,恩格斯主要表明了以下三个主要观点:

(1)质的变化是相对的,又是严格确定的。一个事物的质是多方面的,它表现在同其他事物的各种不同关系中。同一事物的质,可以从多方面去把握它。就以化学元素来说,天然元素有90多个,它们各不相同,每一个元素,我们可以从物理状态、化学性质等方面去把握它。

但是，对特定场合、特定关系说来，质变又是严格确定的，否则就会陷入相对主义。质变，是一定条件下某一方面的性质的变化。例如水是一种化合物。从物理性质考虑，在0℃时，结成冰，在100℃时，通过沸腾化为气，发生了质变；但从化学组成来讲，H_2O 的成分却没有变化。

（2）事物的发展过程中，相互对立着的质和量是在一定条件下相互转化的。质变是由量变积累到一定程度而引起的，这是“量转化为质”，新的质又和一定的新的量结合在一起，并开始新的量变的过程，这就是“质转化为量”。

（3）自然界中质的差异的基础是物质或运动的量的差别，当这两方面发生量变，就必然会引起质变。所谓物质的量，是指物体的具体组成成分和数量，在当时主要是指物体的化学成分和原子的数量。所谓运动的量，是指物体所包含的能量。恩格斯指出单纯的量的分割总是有限度的，到一定阶段，必然引起质的变化。这个现象普遍存在于精密自然科学研究的各个领域。

最后，恩格斯强调量转化为质，并不是什么神秘主义和先验主义，而是自然界中真实变化的科学反映。如果不能掌握这一规律，就会陷入形而上学。如自然科学领域，地质学上的灾变论忽视量变，把地质构造运动都看作某种突然的灾难，最后把这种行为归结为上帝。赖尔的地质学强调了地质变动的渐进性，但又完全忽略了质变和飞跃。因此，必须从自然界真实存在的具体的质与量的对立统一来说明自然界的发展规律。

18. 最后，甚至卢梭的平等说（杜林的平等说只是它的贫乏的和歪曲的复写）没有黑格尔的否定的否定来执行助产婆的职能，也不能建立起来——而这还是在黑格尔诞生前差不多20年的事。

——恩格斯：《反杜林论》（1876年9月—1878年6月），《马克思恩格斯文集》第9卷,人民出版社2009年版,第146页。

解读:杜林否认否定的否定规律的客观性,诬蔑马克思关于资本原始积累的学说是借助于“辩证法的拐杖”建立起来的,是黑格尔的否定的否定在这里起了助产婆的作用。

为了批驳杜林的错误理论,恩格斯指出,如果按照杜林的荒谬逻辑,包含有辩证法思想的卢梭的平等说,因为缺乏黑格尔的否定的否定作助产婆,也不可能产生出来。卢梭关于平等学说的著作《论人间不平等的起源》发表于1755年,而黑格尔则是生于1770年。这两个人的辩证法思想实际上没有直接联系。卢梭的平等说,在其《论人间不平等的起源》中有详细的叙述。他认为,人类在历史初期是平等的,以后由平等转化为不平等。社会历史的不平等大致经历了三个阶段:土地私有制的出现是不平等的第一个阶段;国家的出现是不平等的第二个阶段,这时出现了财产的不平等和政治的不平等;专制政治的出现是不平等的第三个阶段,从这时起,专制和服从代替了习俗和美德。

恩格斯指出,卢梭从私有制角度论述不平等的根源,把社会看作是一个不断运动的发展过程,包含有辩证法思想的合理因素。

19. **辩证法在对现存事物的肯定的理解中同时包含对现存事物的否定的理解,即对现存事物的必然灭亡的理解;辩证法对每一种既成的形式都是从不断的运动中,因而也是从它的暂时性方面去理解;辩证法不崇拜任何东西,按其本质来说,它是批判的和革命的。**

——马克思:《〈资本论〉第二版跋》(1873年1月),《马克思恩格斯文集》第5卷,人民出版社2009年版,第22页。

解读:马克思在《〈资本论〉第二版跋》中的这段话,指明了辩证法的革命批判精神的基本内涵。首先,任何事物对它发生的那个时代和条件来说,有它存在的理由;但是对它自己内部逐渐发展起来的新的、更高的条件来说，它就变成过时的并丧失其存在的必然性了。其次，用运动、变化的眼光看待世界，必然会得出现存事物终将灭亡这一结论。辩证法的实质和精髓是批判的和革命的。

马克思进一步从三个方面来说明《资本论》中所体现的唯物辩证法这一实质。首先，马克思的唯物辩证法和黑格尔的唯心主义辩证法是截然相反的。黑格尔认为绝对理念创造了现实事物，即现实事物只是思维过程的外部表现。马克思的观点和黑格尔的观点正好相反。马克思认为理念由现实决定，是对现实世界的反映。其次，马克思的辩证法是对黑格尔辩证法的批判继承。马克思斥责了德国资产阶级哲学家对黑格尔辩证法的嘲讽，公然承认自己是黑格尔的学生，在论述剩余价值时频频运用黑格尔式的表达方法。马克思在批判黑格尔辩证法的唯心主义外壳后，充分肯定黑格尔第一个全面地有意识地叙述了辩证法的一般运动形式的历史地位。随后，马克思抛弃其唯心主义外壳，批判地继承了黑格尔哲学的合理内核，即辩证法，建立起唯物辩证法。最后，马克思运用唯物辩证法分析资本主义社会，得出资本主义社会同样是一个辩证的运动过程。在对现实资本主义社会肯定的理解中，也同时包含着对它否定的理解。资本主义社会的内在矛盾导致资本主义经济危机的周期性爆发，最终必将导致资本主义社会的灭亡。

20. **历史从哪里开始，思想进程也应当从哪里开始，而思想进程的进一步发展不过是历史过程在抽象的、理论上前后一贯的形式上的反映；这种反映是经过修正的，然而是按照现实的历史过程本身的规律修正的，这时，每一个要素可以在它完全成熟而具有典型性的发展点上加以考察。**

——恩格斯：《卡尔·马克思〈政治经济学批判。第一分册〉》(1859年8月3—15日)，《马克思恩格斯文集》第2卷，人民出版社2009年版,第603页。

解读:怎样研究历史,采用何种方法研究历史,是历史唯物主义研究中非常重要的历史方法论问题。恩格斯在《卡尔·马克思(政治经济学批判。第一分册)》中提出了历史和逻辑相统一的研究方法。历史和逻辑相统一的方法,是马克思、恩格斯批判、继承黑格尔辩证法的结果。恩格斯指出对待科学的方法有二:一是黑格尔的辩证法,一是沃尔夫式的形而上学方法,沃尔夫式的形而上学方法已被康德、黑格尔所摧毁。黑格尔是第一个想证明历史是发展的、具有内在联系的人。因此马克思、恩格斯把黑格尔辩证法从它的唯心主义外壳中剥离出来,并把辩证方法应用到历史发展中,提出逻辑与历史相统一的历史研究方法,使之成为历史唯物主义的方法论。

逻辑与历史具有统一性。历史是人类社会自身的客观进程,逻辑则是对这一客观进程和历史顺序的认识和把握。由于历史的发展有其必然性也有一定的偶然性,因而表现出一种曲折复杂的非直线式的发展,此时历史的必然性就需要借助逻辑的必然性得以展现。客观历史过程是逻辑的基础,逻辑是客观历史进程在人类思维中的再现。因此,逻辑的进程和历史的进程具有内在统一性。

历史与逻辑的统一中包含一定的差异和对立。逻辑的必然性是历史的必然性的反映,它需要通过历史实践进行检验和修正。恩格斯在《卡尔·马克思〈政治经济学批判。第一分册〉》中提出,对政治经济学的批判,按照已经得到的方法,大体可以采用两种方式:按照历史的方式或者按照逻辑的方式。历史发展进程如同它在文献上反映的那样,大体发展进程是从最简单的关系进到比较复杂的关系。政治经济学文献的历史发展就提供了政治经济学批判所能遵循的线索,经济范畴出现的顺序同它们在逻辑发展中的顺序是一致的。逻辑对于历史的反映是经过修正的,但是按照现实的历史过程本身的规律修正的,因此对历史事实的加工改造要抛弃历史细节、抓住主流,抛弃偶然性、抓住必然性,抛弃偏差、抓住基本方向和基本线索,把握历史发展的内在规律。

五、教学资源与拓展

(一)教学案例

1. 铁腕治污

案例文本:2015 年 1 月 1 日,新环保法正式实施。2 月底,环保部相关部门公开约谈 L 市主要领导,作为新环保法实施后第一个被约谈城市,L 市的污染经媒体曝光后引发全国关注,铁腕治污立竿见影,PM2. 5、PM10、二氧化硫、二氧化氮指标大幅下降。但环保风暴很快遭遇了新的困境,L 市经济基础薄弱,改革开放后,为加快发展,招商时铺设了一些“绿色通道”,不少企业缺乏环评手续。此次停产整顿,部分企业因无环评手续一时难以复产,企业关停后,工人失业又带来新的问题。潜在的金融风险也渐成燃眉之势,环保风暴遭遇到现实和利益的严峻挑战。

对于 L 市委治污下猛药的做法,中央电视台、《人民日报》、《经济日报》、新华网、人民网、光明网、环保部官员及不少地方媒体纷纷跟进报道或发表评论,众多网友也争相发声。且看一些比较有代表性的观点:

A. 用环境污染换来的经济发展,早晚得淘汰。重病需猛药,现在是天蓝水绿,多好啊!

B. 一个小地主的命,非要过比尔·盖茨的生活,怎么可能!

C. 政府要达标,企业要生存,百姓要环境。非常难!……决心不等于蛮干,环保和经济的平衡点找不好,再好的决定也会变成二次伤害。

D. 休克式治霾太惊悚了。在如今经济持续低迷的背景下人为制造大面积失业和债务危机,简直是生态大跃进!

E. 铁腕治污力度值得赞赏,但有些问题可以讨论,意识到方向有问题,是急刹车,还是有个滑行过程? L 市这次是狠狠地踩了一脚刹车,车停了,但乘客人仰马翻,有的摔得特别重,有的勉强站着,还不知能站多久。

F. 被关停的企业满满的全是委屈,责任全部推给外界,以受害者的姿态对自己不堪回首的过去只字不提。今天的 L 市,是很多历史欠账严重的城市经济转型时期的一个缩影,历史欠账总是要还的。

……

一场空前的铁腕治污风暴,承受着截然不同的评价。一时间,L 市又因治污被推上风口浪尖,但 L 市以前所未有的决心直面大气污染防治这场艰苦的硬仗,用环保倒逼企业转型升级,让千万市民看到了山青水绿,享受着洁净的空气。9 月 16 日,环保部解除 L 市大气污染问题挂牌督办。

既让环境好转,又让经济同时得到发展,这可能是中国环境治理持续深入后各地亟须作答的选择题。

案例评析:通过上述案例,我们可以看出经济发展和环境治理具有对立统一的辩证关系。

第一,环境污染是民生之患、民心之痛,必须以铁腕治理。从铁腕治污我们认识到生态文明建设的重要性和紧迫性。我国经济建设虽然取得了重大成就,但总体上看我国生态文明建设水平仍滞后于经济社会发展,资源约束趋紧,环境污染严重,生态系统退化,发展与人口资源环境之间的矛盾日益突出,已成为经济社会可持续发展的重大瓶颈。第二,加快推进生态文明建设是加快转变经济发展方式、提高发展质量和效益的内在要求。第三,落实科学发展观的要求,促进经济发展与环境保护协调发展。

从"铁腕治污"及其引发的讨论可以看出正确地处理人与自然的关系推进我国生态文明制度建设具有重要的指导意义。第一,要完善经济社会发展考核评价体系。建立系统完整的生态文明制度体系,最重要的是要把资源消耗、环境损害、生态效益等体现生态文明建设状况的指标纳入经济社会发展评价体系,使之成为推进生态文明建设的重要导向和约束。第二,划定生态保护红线,建立责任追究制度。生态红线就是国家生态安全的底线和生命线,这个红线不能突破,一旦突破必将危及生态安全、人民生产生活和国家可持续发展。要让生态红线的观念广为人知、根深蒂固。第三,健全法律法规,完善生态环境保护管理制度。要加快"立改废"进程,尽快完善生态环境、土地、矿产、森林、草原等方面保护和管理的法律制度,要改革生态环境保护管理体制,建立和完善严格监管所有污染物排放的环境保护管理制度。第四,中国将按照尊重自然、顺应自然、保护自然的理念,贯彻节约资源和保护环境的基本国策,进一步完善生态文明制度体系,把生态文明建设融入经济建设、政治建设、文化建设、社会建设各方面和全过程,从而为子孙后代留下天蓝、地绿、水清的生产生活环境。

案例讨论:结合自身实际,谈谈如何处理人与自然的关系?

2. 六度空间理论

案例文本:1967 年哈佛大学的心理学教授斯坦利·米尔格拉姆设计了一个连锁信件实验。米尔格兰姆把信随机发送给住在美国各城市的一部分居民,信中写有一个波士顿股票经纪人的名字,并要求每名收信人把这封信寄给自己认为是比较接近这名股票经纪人的朋友。这位朋友收到信后,再把信寄给他认为更接近这名股票经纪人的朋友。最终,大部分信件都寄到了这名股票经纪人手中,每封信平均经手 6.2 次到达。于是,米尔格兰姆提出六度分割理论,认为世界上任意两个人之间建立联系,最多只需要 6 个人。

案例评析:首先,六度空间理论肯定了人与人之间的普遍联系。六度空间理论,也叫六度分隔理论、小世界现象、小世界效应,最多通过六个中间人你就能够认识任何一个陌生人,即假设世界上所有互不相识的人只需要很少中间人就能建立起联系。这种现象,并不是说任何人与其他人之间的联系都必须通过六个层次才会产生联系,而是表达了这样一个重要的概念:任何两个素不相识的人,通过一定的方式,总能够产生必然联系或关系。显然,随着联系方式和联系能力的不同,实现个人期望的机遇将产生明显的差别。

在实际的运用中还需要对人与人之间的联系做定量分析。我们一生可能会认识千百人,他们有的对我极其重要,有的对我无足轻重,我们联系建立的原因和方法也是千差万别的。有父母亲属这类生而固有的联系,也有因为地理位置接近发展出来的。如邻里关系,还有因为共同学习生活而发展出来的同学、同事关系。六度分割理论中只把他们统统归结于联系,却没有强弱之分。

案例讨论:传统文化中讲求"幼吾幼以及人之幼,老吾老以及人之老",从哲学角度谈谈如何看待人与人之间的这种联系?

3. 谷堆论证

案例文本:公元前5世纪—公元前4世纪,古希腊麦加拉派诡辩论者欧布里德等人提出了"谷堆论证"。有一天,快下雨了,大公吩咐欧布里德带人把晒谷场上的谷堆搬回粮仓。欧布里德口头上答应了,却没有照大公的吩咐去办,结果,谷子全被淋湿了。大公气坏了,将欧布利德叫来问罪。欧布利德辩解道:"一粒谷子不能称作谷堆吧?再加一粒呢?也不是谷堆,再加一粒仍然不是……这样每加一粒谷子,每次都形不成谷堆,因此,谷堆根本就不存在,让我搬什么呢?"大公听了,一时无话可答,于是,笑了笑说:"你回去吧。"等到发工钱的时候,除了欧布里德没得到一个钱币外,其他人都得到了该得的工钱。欧布利德就去找大公算账。大公不慌不忙地说:"一个钱币该不是你的工钱吧?再加一个,还不是你的工钱吧?这样每加一个钱币,而每次都不是你的工钱,因此,你的工钱根本就不存在,叫我怎么付给你呢?”这样,欧布利德只能失去工钱,用以补偿大公所损失的谷子。

案例分析:欧布里德关于“一粒谷子不成谷堆又成谷堆,谷堆不存在”的结论是错误的,但这个例子是辩证法质量互变规律的绝妙例证:一粒谷子确实不是一堆谷,但经过不断地增加,一粒粒谷的和就变成了谷堆。世界上任何事物的变化发展,都是首先从量变开始的,当量的积累达到一定的程度,必然会引起质变。

案例讨论:如何看待社会主义到共产主义的质变?

4. 否极泰来

案例文本:“否极泰来”一词出自《周易》。“否”与“泰”分别是周易六十四卦中的量卦。

“泰”卦为六十四卦中的第十一卦。泰卦下三爻为阳爻,上三爻为阴爻。阳主动,阴主静,下卦的三个阳爻必然不甘寂寞,要上升,上面的阴爻则下降,这样阳气往上走,阴气往下沉,阴阳交会,天地泰通。阴阳交会则和畅,则滋生万物,一个生机勃勃的春天就要来临了,“三阳开泰”由此而来。

“否”卦为六十四卦中的第十二卦。上卦三阳爻为乾卦为天,下卦三阴爻为坤卦为地,天阳之气是清的,运动规律是上行的,地阴之气是浊的,运动规律是下行的,卦象显示出天地不交、阴阳不通之象。

案例分析:按《易经》的辩证关系来看:万事万物,皆对立中转化,盛极必衰,衰极而盛。物极必反,这是自然法则的必然。泰卦和否卦实际上都是在描述一种趋势,或上升或下降,最后走向大阴(坤卦)或大阳(乾卦)。所以“国泰民安”中的泰不是太平无事、泰然不动的状态,是描述向上的一种走势,恰要注意维持这种趋势,这才是《周易》教给人的。当然,泰卦代表万物欣欣向荣,到处一片祥和的时期,不是一成不变的,大自然是轮流交替的。饱暖思淫欲，人的欲望是无止境的，好了还想好，没有尽头，结果就只能慢慢走向反面。好日子一般不会太长久，最多过三辈人就一定有败家子出现。三十年河东三十年河西，是谁也阻挡不了的规律。《孟子·离娄章句下》云："君子之泽，五世而斩。"意思就是成就了大事业的人留给后世的恩惠福禄，因为子孙们坐享其成，不思进取，经过几代人就慢慢消耗殆尽了。

案例讨论：居安思危——如何汲取苏共亡党的历史教训？

（二）教学视频

1. 全球可持续发展治理与气候变化

来源：宣讲家网 http://www.71.cn/2017/0123/931921.shtml

视频简介：气候变化是迄今为止人类面临的持续时间最长、波及范围最广、负面效应最大、影响最为深远的全球性挑战。减少碳排放，走绿色、低碳、可持续发展之路，降低全球变暖的速度已经被国际社会公认为解决气候变化问题唯一有效的途径。这一新的发展经济模式背后隐含着国际经济格局调整和国际话语权、决策权等的再分配。全球气候变化已经对中国经济社会的可持续发展构成了重大挑战。如何在确保中国经济平稳发展基础上，加快国内气候治理，推动中国经济向低碳绿色可持续发展转型，同时积极参与国际气候治理合作，为中国长远可持续发展创造良好的外部环境，是当前中国迫切需要解决的问题。

2. 时间旅行

来源：http://v.ku6.com/show/LkaYFeD9RGkr08BaCalqJA...html

视频简介：时间旅行是否可能？爱因斯坦称超越光速是基本条件，霍金在视频中论证了时间旅行机器及其可能性。

3. 基尼系数

来源：央视网

视频简介：国际上，经济学家们通常用基尼系数来表现一个国家和地区的财富分配状况。这个系数在零和一之间，数值越低，表明财富在社会成员之间的分配越均匀。

4. 滴灌技术的奇迹

来源：央视网

视频简介：一个建立在沙漠上的国家，却成为重要的农产品出口基地；一个管道密布的国家，水肥利用达到了新高度，这就是以色列。走进以色列，探寻节水农业的秘密，探寻滴灌技术所创造的农业奇迹。

（三）国外学者评价

马克思把自己叫作唯物主义者，但不是十八世纪的那种唯物主义者。他在黑格尔哲学的影响下，把他那种唯物主义称作“辩证”唯物主义，这种唯物主义同传统的唯物主义有很重要的不同，倒比较近乎现在所说的工具主义。他说，旧唯物主义误把感觉作用看成是被动的，因而把活动基本上归之于客体。依马克思的意见，一切感觉作用或知觉作用都是主体与客体的交互作用；赤裸裸的客体，离开了知觉者的活动，只是原材料，这原材料在被认识到的过程中发生转变。被动的观照这种旧意义的认识是一个非现实的抽象概念；实际发生的过程是处理事物的过程。“人的思维是否具有客观的真理性，这并不是一个理论的问题，而是一个实践的问题”，他这样讲。“人应该在实践中证明自己思维的真理性，即自己思维的现实性和力量，……关于离开实践的思维是否具有现实性的争论，是一个纯粹经院哲学的问题。……哲学家们只是用不同的方式解释世界，而问题在于改变世界。”

我想，我们可以把马克思的主张解释成这个意思：哲学家们向来称作是追求认识的那种过程，并不像已往认为的那样，是客体恒定不变，而一切适应全在认识者一方面的过程。事实相反，主体与客体、认识者与被认识的事物，都是在不断的相互适应过程中。因为这过程永远不充分完结，他把它叫作“辩证的”过程。

——[英]罗素著:《西方哲学史》(下册),吉林大学出版社,2005年6月第1版,第925页。

无论如何,深思熟虑的外部构造与精心设计的内部结构都是《资本论》的显著特征。马克思自己认为这套著作的优点在于,它构成了“一个艺术的整体”。人们可能会就此推断,《资本论》的结构涉及对主题进行文字处理的“艺术”问题。人们可能会说,作者科学地把握了主题,然后为它的文学形态选择了一种“艺术整体”或“辩证结构”(dialectical organization)的形式。于是,就可以把计划的各次改变简单地解释为将此前已做过科学分析与把握的主题形成文字的各阶段。但是,即使马克思在把《资本论》作为一个“艺术的整体”来讨论时,他也强调他自己的辩证方法与雅科布·格林(Jacob Grimm)的分析—比较程序之间的不同。那么,《资本论》的结构作为一个“艺术整体”或作为一个“辩证结构”,既与对主题的文字处理有关,又与它的科学阐述方法有关。这时,各种解释通常都会停下来。他们在这里发现了宝藏,并可以卓有成效地研究《资本论》的逻辑结构,比较马克思的逻辑概念与黑格尔的逻辑概念之间的异同,或者从事更具挑战性的工作,即从《资本论》中抽象出一个完整的辩证逻辑范畴体系。

——[捷克斯洛伐克]卡莱尔·科西克著,刘玉贤译:《具体的辩证法 关于人与世界问题的研究》,黑龙江大学出版社2015年版,第136页。

第二章　实践与认识及其发展规律

一、教学目的和要求

学习马克思主义的实践观、认识论和价值论的基本观点，掌握实践、认识、真理、价值的本质及其相互关系，树立实践第一的观点，确立正确的价值观，在改造客观世界的同时改造主观世界，努力实现理论创新和实践创新的良性互动。

二、教学重点

- 实践及其基本特征
- 实践在认识中的决定作用
- 能动的认识论
- 感性认识与理性认识的辩证关系
- 认识运动的基本规律
- 真理的客观性
- 真理的绝对性和相对性
- 真理与谬误
- 真理的检验标准
- 价值、价值评价和价值观
- 认识世界和改造世界的辩证关系
- 一切从实际出发

三、基本原理阐释

（一）实践及其基本特征

“实践的观点是辩证唯物论的认识论之第一的和基本的观点”①，实践是人类生存和发展的最基本的活动，是认识产生和发展的基础。马克思主义哲学认为，实践是人们改造世界的一切活动。实践具有直接现实性、自觉能动性和社会历史性等基本特征：

1. 实践是改造世界的客观物质活动，具有直接现实性。这主要表现为：实践的主体、客体和手段都是可感知的客观实在；实践的水平、广度、深度和发展过程，都受到客观条件和客观规律的制约；实践能够将人头脑中的观念存在转变为现实存在，给人们提供现实的成果。

2. 实践是有意识、有目的的活动，体现了自觉能动性。人类改造客观世界的活动是在一定思想意识支配下进行的，总是有意识和有目的的，与动物纯粹适应自然的本能活动存在本质差别。

3. 实践是社会和历史的活动，具有社会历史性。作为实践主体的人总是社会的人，实践活动都是在一定的社会关系中进行的。实践的内容、性质、范围、水平都受到一定社会历史条件的制约，都随着一定社会条件的变化而变化，因而实践又是历史地发展着的实践。

（二）实践在认识中的决定作用

辩证唯物主义认识论认为，实践是认识的基础，它对认识起着决定性的作用。

---

① 《毛泽东选集》第1卷，人民出版社1991年版，第284页。

1. 实践是认识的来源

辩证唯物主义认识论认为，人的认识不是头脑里固有的，也不是从天上掉下来的，人的认识只能在实践的基础上产生。大千世界有许多事物等待人们去认识，先认识什么、后认识什么，这些都是由实践的需要和水平决定的。认识是主体对客体能动的反映，但是客体本身并不能形成认识，仅有主体的能动性也不会产生认识。认识是在主体和客体的相互联结、相互作用中发生的。实践是联结主体和客体的中介、桥梁。因为只有通过实践，人的感官才能同客体接触获得感性认识，并通过实践逐渐促进事物暴露本质，在这一基础上，才能深入事物的内部联系，认识事物的本质和规律。所以实践是认识的来源。

辩证唯物主义认识论强调实践是认识的来源，但并不排斥间接经验的重要性。就知识的整体来说，无论何种知识都不能离开直接经验，但是人的生命和精力又是有限的，“吾生而有涯，而知也无涯”，不能事事都靠直接经验。直接经验和间接经验是“源”和“流”的关系。因此，我们既要重视通过书本或者其他途径获得经验和知识，更要潜心实践，“一勤天下无难事”。

2. 实践是认识发展的动力

人类的认识历史表明，人类的认识是随着实践的发展而发展的，特别是现代科学发展更加迅速，当今时代是个知识大爆炸的时代。这些都是在实践的推动下得以实现的，实践作为认识发展的动力，表现在以下几个方面：

(1)社会实践的发展，不断给人们提出需要解决的新课题。人们在实践中遇到的新问题、新变化不断对人们提出新要求、新课题，推动着人们去进行新的探索和研究。

(2)社会实践的发展，不断提供有关的经验材料和新的认识工具和认识手段，使认识不断向前发展。

(3)社会实践的发展，不断锻炼和提高人们的认识能力。人类智力水平的开发,感觉能力的提升和思维能力的发展,都是在实践中得到提高的。

3. 实践是认识的目的和归宿

马克思说:“哲学家们只是用不同的方式解释世界,而问题在于改变世界。”认识世界不是目的,改造世界才是归宿。理论如果不能用于指导实践,便成为空中楼阁。自然科学研究的发展,目的是推动技术的更大发展,创造更多物质财富。社会科学研究的发展,目的是认识和改造社会,建设社会的精神文明,创造更高质量的精神财富,促进人的自由而全面的发展。

4. 实践是检验真理的唯一标准

人的认识需要通过实践的检验,才能辨别正确与否,从而保证去伪存真,推动认识向前发展。认识是主体对客体能动的反映,实践是联结主体和客体的中间环节,能够检验这种反映是否与客体相符合。

(三)能动的认识论

1. 两条根本对立的认识路线

在认识的本质问题上,存在两条根本对立的认识路线:一条是坚持从物到感觉和思想的唯物主义路线;另一条是坚持从思想和感觉到物的唯心主义路线。认识是主体对客体的反映。

唯物主义哲学坚持反映论的立场,认为物质第一性,意识第二性。唯心主义哲学颠倒物质和意识的关系,否认认识是人脑对客观世界的反映,把认识看作是先于物质、先于实践经验的东西。主观唯心主义认为人的认识是主观自生的,是“内心反省”的结果,是心灵的自由创造物。客观唯心主义认为人的认识是上帝的启示或绝对精神的产物。虽然它们的说法和表现形式有所不同,但本质上并没有差别,都否认认识是人脑对客观世界的反映,反对唯物主义的反映论,坚持唯心主义的先验论。

2. 辩证唯物主义坚持能动的认识论

辩证唯物主义认识论认为,认识的本质是主体在实践基础上对客体的能动反映。对于这种能动反映我们可以从两个方面理解:

(1)摹写、反映的特性。人的认识作为对客观事物的反映,必然要以客观事物为原型和模本,在头脑中再现客观事物的状态、属性、关系、本质和规律。形象地说,这种反映也就是一种摹写,反映的摹写性表明了反映的客观性。

(2)能动、创造的特性。反映的摹写性不是简单、照镜子似的原物映现,而是在实践的基础上,对认识对象的信息进行分析、选择、运用、重组等,达到对事物本质的认识。甚至基于对事物本质和规律的认识,在头脑中塑造出客体未来的理想形象和功能,是一种能动的、具有创造性的活动。

3. 辩证唯物主义认识论实现了人类认识史上的变革

首先,辩证唯物主义认识论把实践的观点引入了认识论,科学地规定了认识的主体和客体及其相互关系,认为主体与客体的关系首先是一种改造与被改造的关系,在此基础上才产生了它们之间的反映与被反映的关系。就是说,主体是为了实现一定认识目的而自觉地、主动地在改造世界的过程中反映世界的,人对世界的反映能力也是随着实践的发展而历史地变化发展着的。这个过程实际上是一个客体主体化和主体客体化的双向互动过程,是一个认识主体能动地创造的过程。

其次,辩证唯物主义把辩证法应用于反映论,应用于考察认识的发展过程,科学地揭示了认识过程中多方面的辩证关系。例如主观和客观、认识和实践、感性和理性、相对真理和绝对真理等。因而,它全面地揭示了认识过程的辩证性质,把认识看成一个由不知到知、由浅入深的充满矛盾的能动的认识过程。

辩证唯物主义以实践观点和辩证观点为特征的反映论,不仅驳倒了唯心主义先验论和不可知主义怀疑论，而且克服了旧唯物主义直观反映论的缺陷，创立了以科学实践观为基础的能动的革命的反映论，实现了人类认识史上的变革。

（四）感性认识与理性认识的辩证关系

1. 感性认识和理性认识

感性认识是人们在实践基础上，由感觉器官直接感受到的关于事物的现象、事物的外部联系、事物的各个方面的认识。感性认识包括感觉、知觉和表象三种形式。从感觉、知觉到表象，是由个别的特性到完整的形象，由当时感知到印象的直接保留和事后回忆的认识过程，这里已经包含着认识由部分到全体、由直接到间接的趋势。

感性认识是认识的初级阶段，直接性是其突出的特点。感性认识是用具体的、生动的形象直接反映外部世界，以事物的现象即外部联系为内容，还没有深入到对事物的本质的认识。所以，感性认识虽然是生动的、形象的，但是还不深刻，这是其局限性所在，因而必须上升到理性认识。

理性认识是指人们借助抽象思维，在概括整理大量感性材料的基础上，达到关于事物的本质、全体、内部联系和事物自身规律性的认识。理性认识包括概念、判断、推理三种形式。从概念到判断再到推理，是理性认识由低级到高级的发展。人们在社会实践中，形成概念，做出判断，进行推理，表现为一系列的抽象概括、分析和综合，所以这个阶段就是“抽象的思维”阶段。理性认识是认识的高级阶段，具有抽象性、间接性的特点，它以反映事物的本质为内容，因而是深刻的。

2. 感性认识和理性认识的辩证联系

首先，理性认识依赖于感性认识，理性认识必须以感性认识为基础。坚持理性认识对感性认识的依赖关系，就是坚持了认识论的唯物论。

其次，感性认识有待于发展和深化为理性认识。只有使感性认识上升到理性认识，才能把握住事物的本质，满足实践的需要。坚持了这一点，就是坚持了认识论的辩证法。

最后，感性认识和理性认识相互渗透，相互包含，二者的区分是相对的，人们不应当也不可能把它们截然分开。

感性认识和理性认识是辩证统一的，统一的基础是实践。感性认识是在实践中产生的，由感性认识到理性认识的过渡，也是在实践的基础上实现的，是认识过程的第一次飞跃。如果割裂二者的辩证统一关系，就会走向唯理论和经验论。在实际工作中就会犯教条主义和经验主义的错误。

（五）认识运动的基本规律

1. 从实践到认识

从实践到认识，“实践、认识、再实践、再认识，如此循环往复，以至无穷”是认识的辩证发展过程，也是认识发展的规律。

认识运动的辩证过程，首先是从实践到认识的过程。在这个过程中，认识采取了感性认识和理性认识两种形式，并经历了由前者到后者的能动飞跃。“这是整个认识过程的第一个阶段，即由客观物质到主观精神的阶段，由存在到思想的阶段。”[①]由感性认识向理性认识过渡的基本条件：

第一，在实践的基础上观察大量生动的现象，尽可能地占有丰富和真实的感性材料。这是实现由感性认识上升到理性认识的前提条件。

第二，在掌握了大量现象的基础上，要对现象、感性认识的材料进行“去粗取精、去伪存真、由此及彼、由表及里”的改造和分析，对它们之间的相互关系进行科学研究。

马克思主义认为认识活动是理性因素和非理性因素的辩证

---

① 《毛泽东文集》第8卷，人民出版社1999年版，第320页。

统一,其中理性因素在认识过程中居主导地位。主体的情感、意志、联想、直觉等非理性因素,对主体认识活动的发动与停止、对主体认识能力的发挥和抑制起着调节和控制的作用。因此,应当在理性认识的指导下,充分发挥非理性因素的积极作用。

2. 从认识到实践

从认识到实践,这是认识过程的第二次能动的飞跃。认识世界的目的是为了改造世界。要达到这个目的,就需要科学理论的指导。理论是行动的指南,没有革命的理论就没有革命的运动,没有正确的理论就没有正确的行动。只有在正确的思想理论指导下,才能自觉地实现改造世界的目的。

理论对实践的依赖,除了只有在实践中才能产生正确理论之外,还在于两个方面:一是理论只有回到实践中去,为群众所掌握,才会变成巨大的物质力量,真正实现对客观世界的改造,显示出理论的作用来。二是理性认识只有回到实践中去,才能得到检验和发展。理性认识是否正确,在从感性认识到理性认识的第一次飞跃中,是没有解决,也是不可能解决的。只有将已经获得的理论运用到实践中去,通过实践的检验,正确的理论才能得到证实,错误的理论才能被发现、纠正或推翻,并在指导实践的过程中,使自身得到发展。如果没有这个过程,对事物的认识就没有完成。

3. 认识运动的不断反复和无限发展

从实践到认识,再从认识到实践,如此实践、认识、再实践、再认识,循环往复直到无穷,一步步深化和提高,这就是认识发展的总过程,也体现了认识发展的规律。这个运动过程是螺旋式曲折上升的。从形式上看,表现为认识和实践的反复循环;从内容上看,实践和认识的每一循环的内容,都进到了高一级的程度。

造成认识过程反复性和无限性的原因是:

(1)人们对事物的认识,由于主、客观条件的限制,往往不是一次完成的。从主观方面说:人们总是受到自己认识能力和实践活动范围的限制。从客观方面说,不但受到科学技术条件的限制,而且受客观过程的发展和表现程度的限制。客观事物的本质有一个显露的过程,人的认识也就需要一个过程。

(2)不论是自然界还是社会领域,任何过程都在内部矛盾的推动下,向前推移,向前发展。人的认识活动也应当跟着向前发展。客观现实世界的变化运动永远不会完结,人的认识的任务,就在于不断地克服主观和客观、认识和实践之间的矛盾,求得它们之间的具体的历史的统一,而不是企图去发现所谓的"永恒真理""终极真理"。

(六)真理的客观性

1. 真理的客观性

真理是人们对于客观事物及其规律的正确认识。真理是客观的,凡真理都具有客观性。

首先,真理的内容是客观的。马克思主义哲学从彻底唯物主义的反映论出发,认为客观物质世界是人们认识的最终源泉,在实践基础上人们的思维能够正确地反映客观实在,客观实在是人们思维的内容,它具有不依赖于主体、不依赖于人类的客观性。

其次,检验真理的标准是客观的。实践是检验真理的唯一标准,这是由真理的本性和实践的特点决定的。真理是人们对客观事物及其发展规律的正确反映,本性在于主观和客观相符合。实践能够将主观认识和客观事物联系和沟通起来,并具有直接现实性的特点。实践成为最公正的审判官,具有最高的权威。

2. 真理是客观内容和主观形式的统一

真理的客观性原理,是唯物主义认识论即反映论的一般原理在真理问题上的贯彻。从"物质第一性、意识第二性"这一前提出发,就必须承认人们认识的内容是来自客观世界的,是能够和客观相符合、相一致的，承认了这一点，也就等于承认了客观真理。

同时，还必须正确认识真理形式的主观性。真理形式的主观性要求人们必须意识到，真理同它所反映、认识的客观对象之间的区别和联系。

我们既不能把真理思想内容的客观性等同于客观对象的客观性，把真理当作客观实在，又要反对唯心主义否认客观真理的错误观点。

3. 真理的一元性

真理的一元性是指对于特定的认识客体来说，真理只有一个，它不因主体认识的差别和变化而改变。在人们的认识活动中，虽然由于主体认识角度、立场、观点和方法等方面的差异，人们关于同一客体的认识结果往往会有所不同，有时甚至截然相反。但是，这并不表明观点不同的每个人都拥有真理。在任何情况下，对于特定实践活动中的特定的认识对象来说，只能有一种认识是与特定的认识客体的状态、本质和规律相一致的，这种认识就是真理。

（七）真理的绝对性和相对性

1. 真理的绝对性

真理的绝对性，指真理的确定性和无限性。首先，真理的绝对性是指真理的无条件性、无限性，任何真理都必然包含着同客观对象相符合的客观内容，都同谬误有着原则的界限，都不能被推翻。在此意义上，承认真理的客观性，就是承认真理的绝对性。其次，就人类的认识本性来说，能够正确认识无限发展着的物质世界，认识每前进一步，都是对无限发展着的物质世界的接近，这一点是绝对的、无条件的。在此意义上，承认世界的可知性，就是承认真理的绝对性。

2. 真理的相对性

真理的相对性，指真理的有条件性和有限性。首先，真理在广度上是有条件的、有限的。真理会受到人类实践水平和范围以及认识能力的限制,任何真理都是对无限发展的物质世界的某一方面、某一层次的认识。其次,真理在深度上是有条件的、有限的。任何特定的真理对认识对象的反映都是相对正确的、近似正确的反映。

3. 真理绝对性和相对性的辩证关系

马克思主义真理观坚持用辩证法的观点看待真理,认为任何真理都是绝对性和相对性的统一。这表现在:

第一,具有绝对性的真理和具有相对性的真理是相互渗透和相互包含的。一方面,相对之中有绝对,绝对寓于相对之中,真理的相对性之中,也包含着绝对性的颗粒。另一方面,绝对之中有相对,真理的绝对性通过相对性表现出来,无数具有相对性的真理之总和构成具有绝对性的真理。也就是说,从真理的两重性来看,任何真理既是绝对的,又是相对的,是两者的统一。就真理在一定条件下对有限事物的认识来说,它是相对的;就真理在这种条件下,反映客观世界、反映客观事物的本质和规律的真实情况来说,是绝对的。

第二,具有相对性的真理和具有绝对性的真理又是辩证转化的。真理永远处在由相对向绝对的转化和发展中,这是真理发展的规律。人类认识是一个不断深化的过程,是从相对性真理走向绝对性真理、接近绝对性真理的过程。任何真理性的认识都是由相对性真理向绝对性真理转化过程中的一个环节。

总而言之,绝对性真理和相对性真理,从"静态"上看,即从它们的相互渗透上看,任何客观真理既是绝对的,又是相对的;从"动态"上看,即从真理的发展上看,任何客观真理都是由相对性真理向绝对性真理转化的一个环节,又都表现为一个过程。

绝对性真理和相对性真理不是两个真理,而是同一个真理的两种不同属性。在这个问题上,我们必须反对割裂二者辩证关系的绝对主义和相对主义。实际工作中的教条主义、思想僵化，把马克思主义当成一种现成的公式，到处生搬硬套，是绝对主义的表现；否定马克思主义的基本原则，散布马克思主义“过时论”，是相对主义的表现。二者都是错误的。

（八）真理与谬误

1. 真理和谬误

真理是同客观事物及其发展规律相符合的认识，是对客观事物本来面目的正确反映。谬误则是同客观事物及其发展规律相违背的认识，是对客观事物本来面目的歪曲反映。

2. 真理和谬误的对立统一

首先，真理和谬误在一定范围内的对立是绝对的，真理就是真理，谬误就是谬误，二者有着原则的界限，不能混淆。

其次，真理与谬误又是相互联系、相互依存的。因为真理与谬误是一个认识的两个方面，互为存在的前提，没有真理就无所谓谬误，没有谬误就无所谓真理。

3. 真理和谬误在一定条件下能够相互转化

真理在一定条件下可以转化为谬误，谬误在一定条件下也能够转化为真理。

真理可能转化为谬误：第一，真理是具体的。任何真理都是在一定范围、一定条件下才能够成立，如果超出这个范围，失去了特定条件，它就会变成谬误。第二，真理是全面的。我们永远也不会完全做到把握住、研究清楚它的一切方面，忽视其中的任何一点，真理都可能变成谬误。

谬误也可以在一定条件下转变为真理。第一，错误往往是正确的先导，对自己所犯错误认真总结，是发现真理的最好办法。第二，当人们把特定的对象、条件、范围的错误认识加以纠正，使之重新与其所应用的对象、条件、范围相符合时，谬误就变成了真理。

真理与谬误相比较而存在，相斗争而发展，这是真理发展的规律。

(九)真理的检验标准

1. 实践是检验真理的唯一标准

这是由真理的本性和实践的特点所决定的:

(1)就真理的本性而言,真理是标志主观同客观相符合的范畴。要判明主观同客观是否符合以及符合的程度,只在主观范围内是根本无法解决的。同时,客观世界本身也不能充当检验真理的标准,唯一能够充当检验认识的真理性标准的,只能是把主观和客观联系、沟通起来的"桥梁",即社会实践。

(2)就实践的特点而言,实践是主观见之于客观的活动,具有直接现实性和普遍性的特点。其中实践的直接现实性是它能够成为检验认识真理性标准的主要根据。

2. 实践标准的确定性和不确定性

坚持实践是检验真理的唯一标准,还必须正确理解实践标准的确定性和不确定性。

(1)实践标准的确定性即绝对性,指的是实践是检验真理的唯一标准,离开了实践,再没有别的标准。

(2)实践标准的不确定性,指任何实践都会受一定具体条件的制约,因而都具有局限性,对真理的检验不可能一次完成,对真理的检验表现出相对性和有限性。

坚持实践是检验真理的唯一标准,就要防止和反对否认真理标准问题的唯心主义、怀疑主义和相对主义。坚持认识实践标准的不确定性,就要防止和反对教条主义和独断论错误。

(十)价值、价值评价和价值观

1. 价值

哲学上的"价值"是解释客观世界满足人类生存发展程度的关系范畴,是指具体历史过程中客体对于主体需要的意义。价值的特性有以下几个方面:

第一,客观性。人的需要具有客观性;用来满足人的需要的对象具有客观性;满足人的需要的过程和结果也具有客观性。

第二,主体性。价值关系的形成以主体需要为中介,因而客体对主体的价值会因主体及其需要的不同而不同。

第三,社会历史性。由于价值关系的主体具有社会性和历史性,因此人们的需要、实践以及需要被满足的形式都表现出了社会性和历史性。

第四,价值具有多维性。任何一个层次的主体都表现为一定的整体,由于其结构和规定性又是复杂的、立体的和全面的,因而每一主体的价值关系都具有多维性或全面性。

2. 价值评价

价值评价是一种关于价值现象的认识活动,价值评价依赖于人们对主体和客体的本质、规律及其相互关系的正确认识,它不是一种主观随意性的认识活动,而是具有客观性的认识活动,只有正确反映了价值关系的评价才是正确的。

价值评价有三个特点:第一,评价是以主客体的价值关系为认识对象的;第二,一般说来,评价结果与评价主体有直接联系,是根据主体的特点而转移的;第三,评价结果的正确与否依赖于相关的知识性认识。

3. 价值观

价值观是人们关于价值本质的认识以及对人和事物的评价标准、评价原则和评价方法的观点体系。价值观对人的行为起着规范和导向的作用,马克思主义的价值观以绝大多数人的利益为评价是非、善恶、美丑的标准,归根结底是以社会的进步和人类的彻底解放为标准。

在中国特色社会主义建设中,社会主义核心价值体系是社会主义价值观的具体体现,它以马克思主义为指导思想,以爱国主义为核心的民族精神,以改革创新为核心的时代精神,以社会主义荣辱观为基本内容，是全国各族人民团结奋斗的共同思想基础和实现科学发展与中华民族伟大复兴的精神动力。

（十一）真理和价值的辩证统一

1. 真理和价值的辩证统一

真理和价值在实践中的辩证统一关系，主要体现在以下几方面：

首先，任何成功的实践都必然是既遵循真理尺度，又符合价值尺度的结果。遵循真理尺度即我们通常所说的“按科学规律办事”；遵循价值尺度即我们通常所说的“满足人的需要”。无论何种实践，只有把“按科学规律办事”和“满足人的需要”相结合，才能达到目的，获得成功。

其次，价值的形成和实现以坚持真理为前提，而真理又必然是具有价值的。实践中的价值目标作为一种预见性的评价认识，它的确立是以对主客体及其相互关系的真理性认识为依据的。否则就不会有成功的实践。同时，任何真理都必然具有价值，一种认识只要是真理，就会或迟或早地显示出其对实践的指导作用，即显示出自身的价值。

最后，真理和价值在实践和认识活动中是相互制约、相互引导、相互促进的。

(1)真理和价值的相互制约表现在：

一方面，价值的实现有赖于对相关真理的把握，真理的发展水平制约着价值实现的程度；

另一方面，真理在实践中被验证的过程，则有赖于价值在实践中被实现的状况。价值的实现表明，在实践中所遵循的关于客观事物的本质和规律的认识是真理。

(2)真理和价值的相互引导表现在：

一方面，实现价值是人们追求真理的目的，满足人们需要的价值追求引导着人们去探索相关真理，所以认识活动的指向是受价值追求的指向规定的。

另一方面,真理的不断发展也引导着人们进一步提出新的价值追求,人们在哪一个领域中获得的真理越多,人们就会在哪一个领域中提出更多的价值目标,因此真理的发展同时也影响了价值发展的方向和程度。

(3)真理和价值的相互促进表现在:

一方面,真理的发展促进价值的实现,也就是说,真理的发展可以促使人们更深刻、更全面地理解其生活条件和发展方向,从而使人们的价值追求更合理,更符合人类自身发展的必然性。

另一方面,价值的实现又推动着真理的发展。人们对价值的追求越自觉、越合理、越深入,也就表明人们对真理的把握越全面、越深刻,同时也就越能够激发起人们探索真理的热情。

2. 科学精神与人文精神

坚持真理尺度和价值尺度的辩证统一,要求我们在实践中必须坚持和弘扬科学精神和人文精神。

科学精神要求我们必须坚持以科学的实事求是精神去认识世界和改造世界。在认识和实践活动中,必须如实地、准确地按照客观事物的本来面目去揭示其本质和规律,把追求真实、反对虚假看作是进行科学认识和实践活动的基本品格。要求我们必须崇尚理性思维,以清醒的、严谨的、合乎逻辑的思想从事科学认识和理论创造,进一步指导实践活动。

人文精神要求把人民的利益和人的发展看作是一切认识和实践活动的出发点,贯彻"以人为本"的原则。从人民群众的利益和发展要求出发,把美好的追求作为认识和实践活动的重要目标。要求人们时刻以符合人民的利益和发展要求的价值标准审视一切思想和行动的合理性。

(十二)认识世界和改造世界的辩证关系

从认识的角度来看,认识世界和改造世界是人类创造历史的两种基本活动。认识的任务不仅在于解释世界,更重要的在于为改造世界提供理论指导。

第一,认识世界和改造世界相互依赖、相互制约。认识世界是为了改造世界;要有效地改造世界,又必须正确地认识世界。认识世界与改造世界的统一,决定了理论与实践必须相结合。马克思主义理论与具体实际相结合,是达到正确地认识世界与有效地改造世界的根本途径。

第二,认识世界和改造世界的过程,是改造客观世界同认识与改造主观世界的统一过程。改造客观世界包括改造自然界和改造人类社会。改造主观世界就是改造人们自己认识的能力,改造主观世界和客观世界的关系,核心是改造世界观。

第三,认识世界与改造世界的统一是从必然走向自由的过程。自由是对必然的认识和对客观世界的改造。认识自然、争取自由,是人类认识世界和改造世界的根本目标,是一个长期的、历史的发展过程。由必然到自由,表现为人类不断地从必然王国走向自由王国的过程。

(十三)一切从实际出发、实事求是

一切从实际出发,就是要把客观存在的事物作为观察和处理问题的根本出发点,这是马克思主义认识论的根本要求和具体体现。从实际出发,就是要从发展变化着的客观实际出发,从特定的社会历史条件出发,按照客观世界的本来面目认识世界而不附加任何外部的主观成分。从根本上说,就是要从客观事物存在和发展的规律出发,在实践中按照客观规律办事。

从实际出发,关键是要注重事实,从事实出发。恩格斯曾经把从事实出发看作是唯物主义思想路线的根本点,并以此与从原则出发的唯心主义思想路线相对立。列宁还进一步阐明了应当从揭示规律的高度去把握事实,他认为,在社会现象领域,没有哪种方法比胡乱抽出一些个别事实和玩弄实例更普遍、更站不住脚的了。科学社会主义就是从事实出发得出的科学结论,并且要求结合新的具体事实进行阐发和运用。

一切从实际出发,说到底,就是要做到实事求是。实事求是是辩证唯物主义和历史唯物主义基本原理的集中体现和高度概括,是马克思主义的精髓。

在当代中国,一切从实际出发,就是一切要从社会主义初级阶段这个最大的实际出发。我们党的全部理论和实践活动只有符合这个实际,才能不断地把改革开放和社会主义现代化建设的伟大事业推向前进。

四、经典著作导读

1. **人的思维是否具有客观的**[gegenständliche]**真理性,这不是一个理论的问题,而是一个实践的问题。人应该在实践中证明自己思维的真理性,即自己思维的现实性和力量,自己思维的此岸性。**

——马克思:《关于费尔巴哈的提纲》(1845),《马克思恩格斯文集》第1卷,人民出版社2009年版,第500页。

解读:“思维的真理性”“思维的现实性和力量”是指思维与存在相符合,正确地反映了客观现实,并以真理性的认识去指导实践,成为改造世界的物质力量。“思维的彼岸性”是马克思援引康德哲学的用语,也是指正确地反映了客观世界,具有真理性的认识。马克思再次强调了人的思维是否具有客观的真理性,只能在实践中去证明。

马克思指出真理是人们在实践中对客观事物及其规律的正确反映。人的认识是否符合外界客观事物的本来面目,在认识范围内是得不到检验的,而必须到实践中去检验,只有在实践中,才能把主观与客观统一起来。确定人的思维是否正确地反映了客观实际,实践才是检验认识的真理性的唯一标准。

2. 环境的改变和人的活动或自我改变的一致，只能被看做是并合理地理解为革命的实践。

——马克思：《关于费尔巴哈的提纲》（1845），《马克思恩格斯文集》第1卷，人民出版社2009年版，第500页。

解读：旧唯物主义者和空想社会主义者认为，人是环境和教育的产物，人的精神面貌是由环境和教育决定的。这种观点一方面片面地夸大了环境和教育对人的影响，没有看到环境和教育都要在人们的实践中得到改造。另一方面，他们对环境也做了片面的理解，认为环境只是地理环境和政治法律制度，特别是他们错误地认为，天生的教育者可以制定法律改变环境，教育群众。马克思指出："这种学说忘记了环境正是由人来改变的，而教育者本人一定是受教育的。"

马克思主义认为，环境主要是物质的社会关系，人不能自由地选择他们出生的社会环境，社会环境决定人们的思想和行动，但人可以通过实践改变环境。人们在实践中，既改造了环境又改造了人自身。人的活动与环境、教育是相互作用的，它们在实践的基础上得到了统一。

3. 全部社会生活在本质上是实践的。凡是把理论引向神秘主义的神秘东西，都能在人的实践中以及对这种实践的理解中得到合理的解决。

——马克思：《关于费尔巴哈的提纲》（1845），《马克思恩格斯文集》第1卷，人民出版社2009年版，第501页。

解读：马克思阐述了社会实践在社会历史发展中的重大意义，从而揭示了唯物史观和唯心史观的本质区别。马克思指出社会实践是人类社会存在和发展的基础。在诸多社会实践中，生产实践是决定其他一切活动的最基本的实践活动。生产实践使人类最终从动物界分化出来，产生了人类社会。生产以及人们在生产过程中结成的生产方式决定社会的性质及其进一步发展的趋势,是历史发展的根本动力。因此,人们应透过错综复杂的社会现象,认清社会生活的本质。

按照唯物主义的基本观点,是物质决定精神。马克思发现社会实践在人类社会存在和发展中的意义,从而创立了社会存在决定社会意识这一唯物史观的基本原理。任何社会意识都是由社会存在决定的,是对社会存在的反映。为此,马克思特别强调指出:"凡是把理论引向神秘主义的神秘东西,都能在人们的实践中以及对这种实践的理解中得到合理的解决。"这就是说,不仅正确的社会意识是社会存在的反映,而且任何错误的、荒谬的理论,甚至像宗教这样的社会意识,也是由社会存在决定的,是对社会存在的歪曲反映。对这些"神秘东西"也不能用意识本身去说明,只有从一定的物质生活条件中,才能找到它们的根源,才能科学地说明其本质。

4. 哲学家们只是用不同的方式解释世界,而问题在于改变世界。

——马克思:《关于费尔巴哈的提纲》(1845),《马克思恩格斯文集》第1卷,人民出版社2009年版,第502页。

解读:马克思的这句话,说出了马克思主义哲学与以往一切哲学的根本区别。马克思主义以前的哲学理论,有的把世界的本质归结为物质,有的把世界的本质归结为精神,但由于它们都不了解人类活动的实践本性,所以很难把精神与物质、主观与客观、主体与客体统一起来,形成认识世界和改造世界的科学理论。他们只是用不同的方式去说明世界,企图达到对世界的正确理解。马克思主义的创始人在人类认识史上的划时代贡献在于:他们从现实的人及人类社会出发,深入地考察了人类活动的实践本性,创立了唯物论和辩证法,强调认识世界和改造世界是人类的两大基本活动,更强调"问题在于改变世界"。对于共产主义者来说,就在于推翻现存的资本主义制度,建立共产主义社会,实现全人类的解放。

5. ……**理论的方案需要通过实际经验的大量积累才臻于完善。**

——马克思:《资本论》第1卷(1857.7—1867.9),《马克思恩格斯文集》第5卷,人民出版社2009年版,第437页。

解读:感性认识和理性认识有着密不可分的关系。理性认识依赖于感性认识,理性认识必须以感性认识为基础。理性认识是人们借助抽象思维,在概括整理大量感性材料的基础上,达到关于事物的本质、全体、内部联系和事物自身规律的认识。坚持理性认识对感性认识的依赖,就是坚持了认识论的唯物论。其次,感性认识有待于发展到理性认识和深化为理性认识,只有感性认识上升到理性认识,才能把握事物的本质,满足实践的需要。坚持了这一点,就是坚持了认识论的辩证法。感性认识和理性认识相互渗透,在实践的基础上辩证统一。勇于实践调查、深入调查,获取十分丰富和合乎实际的感性材料,这是实现由感性认识上升到理性认识的基础。

6. **必须研究自然科学各个部门的循序发展。首先是天文学——游牧民族和农业民族为了定季节,就已经绝对需要它。天文学只有借助于数学才能发展。因此数学也开始发展。——后来,在农业的某一阶段上和在某些地区(埃及的提水灌溉),特别是随着城市和大型建筑物的出现以及手工业的发展,有了力学。不久,力学又成为航海和战争的需要。——力学也需要数学的帮助,因而它又推动了数学的发展。可见,科学的产生和发展一开始就是由生产决定的。**

——恩格斯:《自然辩证法》(1873年年初—1882年夏),《马克思恩格斯文集》第9卷,人民出版社2009年版,第427页。

解读:实践是认识发展的动力。科学的最终发展动力来自生产实践的需要和技术改进的需要。因为科学不是从天上掉下来的,它的产生和发展从一开始就是由物质生产决定的。人们为了进行生产,必须了解自然现象,掌握自然规律,这就需要关于自然的知识。人们在长期的实践中,积累了丰富的经验和资料,对这些经验和资料进行理论概括,形成一定的理论体系就是科学。比如,正是古代水利工程、建筑、航海、战争等的需要,催生了古代的天文学、数学、力学等自然科学。

7. 社会一旦有技术上的需要,这种需要就会比十所大学更能把科学推向前进。

——恩格斯:《恩格斯致瓦尔特·博尔吉乌斯》(1894年1月),《马克思恩格斯文集》第10卷,人民出版社2009年版,第668页。

解读:关于科学发展的社会动力,马克思、恩格斯有过很多经典的论述,其中非常重要的一点即是生产力发展的"社会需要"对科技发展所起到的巨大推动作用。脱离开社会需要,科技的发展进步不仅是无意义的,而且从根本上来说是无法实现的,比如,即便是像数学这样极为抽象的科学,其根源也是在社会生产的需要之中。恩格斯着重阐明了生产技术和科学发展之间的辩证关系的更重要的方面,这就是生产的需要对自然科学发展的决定和推动作用,指明了社会在技术上的需要,归根到底也就是生产的需要,是推动社会历史发展的动力,社会上的技术需要,更能促使人们进行技术的研究,理论服务于实践。

8. 人的认识不是直线(也就是说,不是沿着直线进行的),而是无限地近似于一串圆圈、近似于螺旋的曲线。这一曲线的任何一个片断、碎片、小段都能被变成(被片面地变成)独立的完整的直线,而这条直线能把人们(如果只见树木不见森林的话)引到泥坑里去,引到僧侣主义那里去(在那里统治阶级的阶级利益就会把它巩固起来)。直线性和片面性,死板和僵化,主观主义和主观盲目性就是唯心主义的认识论根源。而僧侣主义(=哲学唯心主

义）当然有认识论的根源，它不是没有根基的，它无疑地是一朵无实花，然而却是生长在活生生的、结果实的、真实的、强大的、全能的、客观的、绝对的人类认识这棵活生生的树上的一朵无实花。

——列宁：《谈谈辩证法问题》，《列宁全集》第55卷，人民出版社1990年版，第311页。

解读：从辩证唯物主义的观点来看，唯心主义认识论是把认识的某一特征、某一方面、某一侧面，片面地、夸大地发展为“脱离了物质，脱离了自然的、神化了的绝对”。比如，“感觉”是感性认识的一种形式，是人们认识事物不可缺少的一个成分。如果把这个成分片面地加以夸大，夸大成脱离了物质的绝对，乃至得出“物是感觉的复合”的结论，那就成了主观唯心主义。又比如，“概念”是理性认识的一种形式，是人们认识过程中不可或缺的成分。如果把这个成分片面地加以夸大，夸大成脱离了物质的绝对，乃至认为绝对概念是世界的本原，自然界和人类社会都是由绝对概念派生出来的，那就成了客观唯心主义。列宁把唯心主义比作“一朵无实花”，即不能结出果实、不能认识真理的花。但是，这朵“无实花”却生长在“人类认识这棵活树上”，就是说，它有认识论的根源。直线性和片面性、死板和僵化、主观主义和主观盲目性就是唯心主义的认识论根源。

人的认识既然是对无比生动、无比丰富的客观世界的矛盾运动的反映，既然是一个矛盾运动的过程，它就不能不是活生生的、多方面的、曲折复杂的、表现为一连串对立面的统一的不断前进的过程。这个过程不是直线，而是一串圆圈式螺旋式曲线。认识的前进是在往复循环中实现的。它包含着物质和精神、认识和实践、感性认识和理性认识、个别和一般、特殊和普遍等丰富的内容。由物质到精神，由精神再到物质；实践、认识、再实践、再认识，这种形式，循环往复，以至无穷，由认识个别的和特殊的事物，逐步扩大到认识一般的事物，即由认识特殊本质上升到认识共同本质,然后又以这种共同认识为指导去认识新的特殊本质,以补充、丰富和发展这种共同认识。人类的认识总是这样循环往复地进行的。

9. **从生动的直观到抽象的思维,并从抽象的思维到实践,这就是认识真理、认识客观实在的辩证途径。**

——列宁:《列宁专题文集 论辩证唯物主义和历史唯物主义》,人民出版社2009年版,第135页。

解读:列宁的这句话指出认识来源于实践,是在实践的基础上,由生动的、形象的感性认识到抽象的理性认识,又由理性认识到实践的飞跃。

感性认识是人们在实践基础上通过感觉器官所获得的认识,有直接性、具体性的特点,有感觉、知觉、表象三种形式,是认识的初级阶段。理性认识是在人们感性认识基础上对事物的本质和规律的认识,有间接性、抽象性的特点,有概念、判断、推理三种主要形式,是认识的高级阶段。

感性认识是理性认识的基础或理论认识依赖于感性认识;感性认识有待于发展到理性认识,达到对事物的本质和规律的认识,才能有效地指导感性认识和实践活动。两者是相互渗透的,感性认识包含理性认识,理性认识含有感性认识。

感性认识需要上升到理性认识,并且需要以下条件:要有丰富的感性材料;要经过辩证思维的加工,将丰富的感性材料加以去粗取精、去伪存真、由此及彼、由表及里的改造制作,形成概念和理论的系统,实现从感性认识跃进到理性认识。理性认识只有回到实践中,才能得到检验、修正、丰富和发展。理性认识只有回到实践中,才能指导实践、服务于实践,实现改造世界的目的。

10. **认为我们的感觉是外部世界的映象;承认客观真理;坚持唯物主义认识论的观点,——这都是一回事。**

——列宁:《唯物主义和经验批判主义》(1908年2月—10

月),《列宁专题文集 论辩证唯物主义和历史唯物主义》,人民出版社 2009 年版,第 36 页。

解读:真理是标志主观和客观相符合的范畴,真理是对客观事物及其规律的正确反映。真理具有客观性,凡是真理都是客观真理,这是真理问题上的唯物论。客观性是真理的本质属性。真理的客观性是指,真理的内容是对客观事物及其规律的正确反映,真理中包含着不依赖于人和人的意识的客观内容。真理的客观性表现为:第一,真理是人们关于事物及其规律的正确反映,因而从其内容来讲具有客观性;第二,实践是检验真理正确与否的唯一依据,而实践是客观物质性的活动;第三,真理不会因人而异,在同一时空条件下,对于同一个事物的真理性的认识只有一个,真理不以人的意志为转移,真理面前人人平等。

11. **对自然界的一切真实的认识,都是对永恒的东西、对无限的东西的认识,因而本质上是绝对的。**

——恩格斯:《自然辩证法》(1873 年年初—1882 年夏),《马克思恩格斯文集》第 9 卷,人民出版社 2009 年版,第 499 页。

解读:真理是一个过程,就真理的发展过程以及人们对它的认识和掌握程度来说,真理既具有绝对性又具有相对性。

真理的绝对性,是指真理的内容表明了主客观统一的确定性和发展的无限性。它有两方面的含义:一是任何真理都必然包含同客观对象相符合的客观内容,都同谬误有原则的界限。否则,就不成其为真理,这一点是绝对的、无条件的。在这个意义上,承认了客观真理也就是承认了真理的绝对性。二是认识按其本性来说,能够正确认识无限发展的物质世界,认识每向前一步,都是对无限发展的物质世界的接近,这一点也是绝对的、无条件的。在这个意义上,承认了世界的可知性,承认人能够获得关于无限发展着的物质世界的正确认识,也就是承认了真理的绝对性。

12. **事实上,世界体系的每一个思想映象,总是在客观上受到**

历史状况的限制,在主观上受到得出该思想映象的人的肉体状况和精神状况的限制。

——恩格斯:《反杜林论》(1876.9—1878.6),《马克思恩格斯文集》第9卷,人民出版社2009年版,第40页。

解读:真理是一个过程,就真理的发展过程以及人们对它的认识和掌握程度来说,真理既具有绝对性又具有相对性。

真理的相对性是指,人们在一定条件下对事物客观过程及其发展规律的正确态度总是有限度的。真理的相对性具有两个方面的含义:一是真理所反映的对象是有条件的、有限的。由于任何真理都会受到人类实践水平和范围以及认识能力的限制,它只能是对无限的物质世界发展的某一阶段、某一方面、某一层次的认识,因而是有限的。这是真理在广度上的有条件性、有限性。二是真理反映客观对象的正确程度也是有条件的、有限的。任何特定的真理不仅所反映的对象在范围上是有限的,在其正确程度上也是有限的。由于条件的限制,任何真理对认识对象的反映都只能是相对正确的,即认识的深刻程度、精确程度都是有限的或者只能是相对正确的。这是真理在深度上的有条件性和有限性。

13. **只要我们在上面指出的狭窄的领域之外应用真理和谬误的对立,这种对立就变成相对的,因而对精确的科学的表达方式来说就是无用的;但是,如果我们企图在这一领域之外把这种对立当做绝对有效的东西来应用,那我们就会完全遭到失败;对立的两极都向自己的对立面转化,真理变成谬误,谬误变成真理**。

——恩格斯:《反杜林论》(1876.9—1878.6),《马克思恩格斯文集》第9卷,人民出版社2009年版,第96页。

解读:真理和谬误是对立统一的,它们是认识这个矛盾统一体中互相对立的两个方面。真理和谬误两者是相互排斥、相互斗争的,有着确定的原则界限,不能互相混淆。真理和谬误又是统一的,二者互相依存,并在一定条件下相互转化。

真理和谬误是相比较而存在的,没有谬误,就无所谓真理;没有真理,也无所谓谬误。真理和谬误只是在有限的范围内,它们的对立才是绝对的。一旦超出这个有限的范围,两者就可相互转化。真理向谬误的转化,主要有以下几种情况:第一,从空间来看,任何真理都有它一定的适用范围,如果超出这个范围,就会使原来的真理转化为谬误。例如,尊重理论与犯教条主义错误,重视实践与犯经验主义错误,自力更生与自我封闭,开放引进与崇洋媚外等。第二,从时间来看,任何真理都是对一定时间客观事物的正确反映,如果超出这个时间,也会使原来的真理转化为谬误。因为不同发展阶段的具体条件也是不同的,客观事物和社会实践都是不断变化发展的,作为正确反映客观实际的真理也应该随着发展,否则就不再符合发展了的客观实际了,从而走向谬误。第三,从联系来看,真理是全面的,是对客观事物一切方面及其相互关系辩证统一的正确反映,是一个完整的科学体系,其中每一个原理都同其他原理处在相互联系、相互制约之中,如把其中某一原理同其他原理割裂开来,或者对立起来,就会使它丧失自己的真理性而转化为谬误。所以要真正地认识事物,就必须尽力把握住、研究清楚它的一切方面、一切联系和"中介"。如果忽视其中的人和一点,或者把其中的人和一个原理孤立起来,真理都可能变成谬误。

谬误向真理转化的情况,主要有以下几种:第一,前面已经说明,超出一定范围,脱离特定条件,真理就会变成谬误。因此,只要原来的范围及其条件得到恢复,使谬误回到原来的界限之内,那么谬误就又能转化为真理。第二,错误往往是正确的先导,失败常常是成功之母。人们在认识世界和改造世界的过程中,错误和失败是难免的。只要认真总结经验,正确分析犯错误的原因,深刻吸取教训,就能达到对事物的正确认识,使谬误转化为真理。对于人民内部思想理论上的错误,通过总结经验、民主讨论、说服教育、批评和自我批评的方法来解决，以克服错误，发扬真理，这也是错误向真理转化的一种表现。第三，在批判谬误中发展真理，这也是谬误向真理转化的一种形式。谬误可以起到反面教员的作用，从反面启发我们思考和研究问题，通过对谬误的批判，能使我们的正确认识更加全面、深刻，从而丰富和发展真理。由此可见，在一定条件下，真理和谬误可以互相转化。我们要掌握和运用这一原理，自觉地防止真理向谬误转化，积极促进谬误向真理转化，更好地坚持真理和发展真理。

14. **在这里不要忘记：实践标准实质上决不能完全地证实或驳倒人类的任何表象。这个标准也是这样的“不确定”，以便不让人的知识变成“绝对”，同时它又是这样的确定，以便同唯心主义和不可知论的一切变种进行无情的斗争。**

——列宁：《唯物主义和经验批判主义》（1908 年 2 月—10 月），《列宁专题文集 论辩证唯物主义和历史唯物主义》，人民出版社 2009 年版，第 49 页。

解读：坚持实践是检验真理的唯一标准，还必须正确处理实践标准的确定性与不确定性，准确把握实践检验真理的辩证发展过程。

实践标准的确定性和不确定性，又称“真理标准的绝对性和相对性”，是辩证唯物主义关于真理标准辩证性的一对重要范畴。实践标准的确定性，即真理标准的绝对性，指认识是否具有真理性，只能由社会实践来检验，实践是检验真理的唯一标准，而只要是经过实践检验证明为真理性的认识，就具有不可推翻的性质。即使在一定条件下的实践不能证明某一认识是否具有真理性，但随着实践的发展，最终一定能判明它是否是真理。实践标准的不确定性，即真理标准的相对性，指在一定历史条件下的实践对认识的每一次检验都不具有最终完成的性质，即不能完全证实或驳倒现存的一切真理性的认识，而只能证实或驳倒当时的部分认识。由此可见,实践标准既具有确定性,又具有不确定性,是确定性与不确定性的统一。

因此,坚持实践是检验真理的唯一标准,既要看到实践标准的确定性,防止和反对否认真理标准问题的唯心主义、怀疑主义和相对主义,又要看到实践标准的不确定性,防止和反对教条主义和独断论错误。实践检验真理是一个永无止境的发展过程。

15. **必须把人的全部实践——作为真理的标准,也作为事物同人所需要它的那一点的联系的实际确定者——包括到事物的完整的"定义"中去。**

——列宁:《再论工会、目前局势及托洛茨基和布哈林的错误》(1921. 1. 25),《列宁专题文集 论辩证唯物主义和历史唯物主义》,人民出版社 2009 年版,第 314 页。

解读:哲学上的价值概念,是指具有特定属性的客体对于主体需要的意义。价值评价是一种关于价值现象的认识活动。价值评价的特点主要有三个方面:

第一,评价是以主客体的价值关系为认识对象的,与知识性的认识以"求真"为目的不同,评价性的认识以"善""美"的认识为目的。

第二,一般说来,评价结果与评价主体有直接联系,是依主体的特点而转移的,因此,对于同样的现象,不同的价值主体所形成的评价往往无法达成共识。

第三,评价结果的正确与否依赖于相关的知识性认识。只有当人们对主体和客体都有了正确的知识性认识之后,人们才能依据这种认识做出关于主客体间价值关系的正确评价。

在现实生活中,由于价值的主体是具体的,可以是人、群体或人类,而这些不同的主体在需要方面往往存在差异和矛盾,这就决定了不同主体对同一事物的评价也常常会产生差异或矛盾。但是,这并不是说价值评价就是"公说公有理,婆说婆有理",纯粹是一种没有任何客观评价标准的评价。一般说来，任何价值评价要与社会历史发展的客观规律相一致，要以人们的理性认识为依据，真理的评价高于价值评价。从马克思主义的观点来看，任何价值评价的结果只有与人民、人类整体的要求或利益相一致，才是正确的价值评价。成功的实践，既表明知识性认识是正确的，同时也表明评价性认识是正确的，表明评价正确地反映了客体对于主体的价值关系。

16. **实现中华民族伟大复兴的梦想、应对各种前所未有的困难和挑战、创造辉煌而美好的未来，动力从哪里来？只能从发展中来、从改革中来、从创新中来。**

——习近平：《让工程科技造福人类、创造未来——在2014年国际工程科技大会上的主旨演讲》，《人民日报》2014年6月4日。

解读：马克思主义的批判的革命的本质，就是创新。创新的科学内涵就是推陈出新、除旧布新、破旧立新，破除与客观事物进程不相符合的旧观念、旧理论、旧做法，发现和运用事物的新联系、新属性、新规律，更有效地进行认识世界和改造世界的活动。创新是社会发展的不竭动力，整个人类发展进步的历史，就是一个不断创新和创造的历史。没有创新，就没有人类的进步和未来。

创新是一个民族进步的灵魂，也是一个国家兴旺发达的不竭动力。中华民族最深沉的民族禀赋就是创新。几千年来，以刻苦耐劳著称于世，富有创新精神的中华民族，牢记“苟日新，日日新，又日新”，“不日新者必日退，未有不进而不退者”的古训，自强不息、锐意创新、锲而不舍，创造了灿烂辉煌、高度发达的中华文明，对世界进步影响深远、贡献巨大，也使我国长期居于世界强国之列。

创新也是一个政党永葆生机的源泉。中国共产党正是执着于创新，才由小到大、由弱变强，胜利地走到今天；也必将继续依靠创新,胜利地走向明天。重视创新是中国共产党的一个根本特点,也是中国共产党的一条重要政治经验。中国共产党领导人民在革命、建设和改革的实践创新的基础上所实现的理论创新,是中国社会发展和变革的先导。通过理论创新推动科技创新、制度创新、文化创新以及其他各方面的创新,不断在实践中探索前进,是中国共产党的治党治国之道,也是坚持和发展马克思主义之道。

17. **动物仅仅利用外部自然界,简单地通过自身的存在在自然界中引起变化;而人则通过他所作出的改变来使自然界为自己的目的服务,来支配自然界**。

——恩格斯:《自然辩证法》(1873 年年初—1882 年夏),《马克思恩格斯文集》第 9 卷,人民出版社 2009 年版,第 559 页。

解读:人类来自自然界,既是地球上自然界中平等的一员,受自然界的限制,又通过自己的劳动活动超越了特定的物种界限,成为能够支配自然的特殊存在。将人与自然界其他动物最终区别开来的只能是人类的活动及其由此形成的新的特性。恩格斯指出,动物仅仅利用外部自然界,简单地通过自身的存在在自然界中引起变化;而人则通过他所做出的改变来使自然界为自己的目的服务,来支配自然界。与动物本能的、被动的适应性活动不同,人的活动总是有意识、有目的的,在人的实践活动结束时得到的结果,在这个过程开始时就作为目的在实践者的头脑中以观念的形式存在着,这个目的决定了实践者的行为。马克思曾经形容,蜜蜂建造的蜂房使许多建筑师感到惭愧,但它本质上只是一种本能活动,即使最蹩脚的建筑师,从一开始比蜜蜂高明的地方,就在于他用蜂蜡建筑蜂房之前,已经在头脑中把它建成了。所以实践是人的自觉能动性的活动。

18. **自由是对必然的认识和对客观世界的改造**。

——《毛泽东文集》第 8 卷,人民出版社 1999 年版,第

306页。

解读:哲学上的自由标识的是人的活动状态的范畴,指的是人在活动中通过认识和利用自然所表现出的一种自觉自主的状态。必然性即规律性,指的是不依赖人的意识而存在的自然和社会发展所固有的客观规律。人们只有在认识必然的基础上,才能有自由的活动,这就是自然和必然的辩证规律。

自由是有条件的,一是认识条件,二是实践条件。就认识条件而言,就是要正确认识客观事物,最主要是对客观事物运动发展规律性的正确认识;就实践条件而言,就是能够将获得的规律性认识用于指导实践,实现改造世界的目的,才是真正的自由。

五、教学资源与拓展

(一)教学案例

1. 四月桃花

817年,唐朝著名诗人白居易在游览江西庐山时,写下一首著名的诗《大林寺桃花》。诗中写道:"人间四月芳菲尽,山寺桃花始盛开。长恨春归无觅处,不知转入此中来!"宋代著名的科学家、文学家沈括看到这首诗,感到非常惊讶,他带着讥讽的口吻评论说:"既然'四月芳菲尽'了,怎么会'桃花始盛开'呢?大诗人也会写出这样自相矛盾的句子,可谓'智者千虑,必有一失'呀!"后来,有一年春夏之交的季节,沈括去游山,见到了白居易诗中所描写的景象:四月的天气,山下众花已经凋谢,而山顶上却是桃花红艳,一片灿烂。沈括猛然想起白居易的诗来,才领悟到自己错怪了大诗人,也从中发现了海拔高度对季节的影响:由于山上气温低,春季的到来也就晚于山下。沈括又仔细地读了白居易的这首诗,才发现这首诗的前面有一篇序。序中写道:"(大林寺)山高地深;时节绝晚,于时孟夏月(即四月),如正二月天;梨桃始华(花),涧草犹短。人物风候,与平地聚落不同。"白居易的这篇序特意对为什么在人间四月众花已凋的时候大林寺桃花却“始盛开”的原因进行了说明。现代科学研究表明，根据高山气温垂直分布的规律，海拔每升高100米，气温便降低0.6℃。白居易诗中所描写的大林寺位于庐山香炉峰顶，海拔约1200米，比平地气温约低7℃左右。因此，在农历四月上旬，当庐山脚下的江西九江市已是“芳菲尽”的时候，山顶上的大林寺却是桃花盛开，一片春色。

无独有偶，冯梦龙的小说《警世通言》中，也有一则《王安石三难苏学士》的故事。据说，苏东坡去拜访宰相王安石，恰逢王不在。苏东坡看见书桌上有一纸咏菊的诗稿，只写了两句：“昨夜西风过园林，吹落黄花满地金。”才高气傲的苏学士心想，这老夫子大概糊涂了，菊花最能耐寒傲霜，如何秋风一吹便落呢？于是提笔顺口续道：“秋花不比春花落，说与诗人仔细吟。”不久，苏东坡被贬到黄州任团练副使，心情不快，到了当年九月重阳，一夜秋风刚过，苏东坡邀友赏菊。走进花园一看，只见花瓣纷落，铺金满地。这时，他才猛然省悟，原来真有“吹落黄花满地金”的事。

案例评析：实践是认识的基础，人的认识不是头脑里固有的，也不是从天上掉下来的，人的认识只能在实践的基础上产生。只有通过实践，人的感官才能同客体接触获得感性认识，并通过实践逐渐促进事物暴露本质，在这一基础上，才能深入事物的内部联系，认识事物的本质和规律。所以实践是认识的来源。案例中白居易的诗得自于他的游山所见，他在诗序中的分析也是源于他对于实际情况的观察。沈括起初嘲讽和批评白居易的这首诗，是因为他没有真正到这个地方去观察，只是凭想当然的推测就下结论。他后来意识到自己的错误，也是由于他看到了实际的情况，在实践中认识到自己原有认识的局限性。同样，苏东坡否定王安石的咏菊诗也是因为没有亲身经历，等到亲眼所见，才知道是自己错了。这正是古人所说的：纸上得来终觉浅，绝知此事要躬行。否则，就容易犯错误、闹笑话。

案例讨论:(1)沈括为什么批评白居易的诗句,而后又纠正了自己的错误?(2)苏东坡在否定王安石的诗句后,如何认识到自己的错误?

2. 第谷、开普勒和行星三大定律

丹麦天文学家第谷用了二十多年的时间坚持不懈地精细观察行星的位置,做了详尽的记录,还把古代流传下来的星表上的错误一一纠正,积累了大量既丰富又可靠的感性材料。可惜由于缺乏理论分析和数学计算,尽管他长年累月、几十年如一日地观测,却始终没有能从这些材料中发现行星运动的规律,错误地认为行星围绕太阳转,太阳又绕地球转。

后来第谷的助手约翰·开普勒,对第谷积累的感性材料进行了艰苦的连贯起来的思索和认真的分析,充分发挥自己的理论思维和数学才能,提出了许多假设。起初,他假设太阳绕地球转,所得的结果误差很大,与观察资料不符。后来改用"日心说",假设火星绕太阳做圆周运动,计算的结果仍不理想。于是,他大胆地假设"火星的运动轨道是椭圆,太阳位于椭圆的一个焦点上",结果与观察资料相符。就这样,前后用了十几年的时间,经历了多次尝试和失败,运用了一系列的推理和计算,终于从第谷积累的感性材料中引出行星三大定律,被誉为"天空的立法者"。

案例评析:本案例通过开普勒发现著名的行星三大定律的过程,说明感性认识和理性认识的特点,二者的辩证关系,以及由感性认识上升到理性认识的必要性和条件。

第谷擅长观察,长期的观察实验为研究天体运行情况提供了大量的、准确的感性材料。但由于他不善于理性思考和数学计算,只能使认识停留在感性阶段。感性认识是对事物外部联系、事物的各个片面的认识,是认识的初级阶段。第谷没有上升到理性认识,因而没有深入到客观事物的内在本质和规律,没有得出正确的规律性的认识。开普勒之所以能成为天空的立法者,主要在于他充分利用第谷留下的资源，又充分发挥了理性思维的优势。没有大量的感性材料不能凭空产生科学的理论，但是单纯的感性材料的积累，也不能自然而然地形成科学理论。任何一个科学理论的提出，就是对大量的感性材料进行分析研究的结果。

案例讨论：(1)第谷用了20多年的时间，坚持不懈地从事天文观察，积累了丰富的天文观测资料，为什么得到错误的结论？(2)开普勒为什么能够获得"天空立法者"的美誉？

3. 九方皋相马

秦穆公见伯乐年事已高，请伯乐推荐继任者，伯乐说九方皋可堪此重任。九方皋奉秦穆公之命外出找马，过了三个月，九方皋回来报告说："我已经在沙丘找到好马了。"秦穆公问道："是匹什么样的马呢？"九方皋回答说："是匹黄色的母马。"秦穆公派人去把那匹马牵来，一看，却是匹纯黑色的公马。秦穆公很不高兴，把伯乐找来对他说："坏了！您所推荐的那个找好马的人，毛色公母都不知道，他怎么能懂得什么是好马，什么不是好马呢？"

伯乐长叹了一声，说道："九方皋相马竟然达到了这样的境界吗？这正是他胜过我千万倍乃至无数倍的地方！九方皋所观察的是马的天赋的内在素质，深得它的精妙，而忘记了它的粗糙之处；明悉它的内部，而忘记了它的外表。九方皋只看见所需要看见的，看不见他所不需要看见的；只观察他所需要观察的，而遗漏了他所不需要观察的。像九方皋这样相马，包含着比相马本身价值更高的道理！"

等到把那匹马牵回驯养使用，事实证明，它果然是一匹天下难得的好马。

案例分析：认识的辩证过程，首先表现为由实践到认识的辩证过程。在这个过程中认识采取了感性认识和理性认识两种基本形式。感性认识是对事物外部联系和表面特征的认识，理性认识是对事物内部规律的认识。感性认识要通过思考，将感性材料去粗取精、去伪存真、由此及彼、由表及里地改造，才能从感性认识飞跃到理性认识。九方皋相马，区分了事物的现象和本质，主要方面和次要方面，抓住了事物的本质和主要方面，这正是他的高明之处。科学的思维方法是人们认识世界特别是理性思维的重要工具，是实践获得成功的重要条件。科学的思维方法具有普遍意义，它比认识结果更为重要，只有掌握科学的思维方式，才能增强人的认识能力，做好各项工作。

案例讨论：比起伯乐，九方皋相马的高明之处是什么？

4. 牛痘和天花的故事

英国的牛痘接种法是人痘接种法的一次重大革新，它最终完全降服了曾经肆虐全球的天花。18 世纪，欧洲天花横行，人们因天花难以遏制的传染而陷入惶恐。而当时从中国传去的人痘法并没用被广泛采用。同时，人痘接种还具有一定的危险性，因为在古代人们对于病毒的特性还不太了解，对于减毒的效果也不能确定，有时候由于人痘没有完全被减毒，接种以后反而可能就感染天花了。那么，能否找到一个更有效、更安全的办法来杜绝可怕的天花呢？英国的一位乡村医生爱德华·琴纳开始了对这个难题的艰难探索。

有一天，一位姑娘到琴纳的诊室看病，琴纳判定姑娘患的是天花，但姑娘却坚决地肯定自己得的不是天花。因为在她们的奶牛场，几十个女工从来都没有得过天花，只不过是在手上长过小痘疮。牛痘是牛的一种轻微传染病，发病时在牛的乳房附近会长出脓疱，挤奶时会通过伤痕传染到人的手指。有意思的是，凡是患过牛痘的人就不会再患上天花了。这次意外收获让琴纳产生了灵感，挤奶女工身上的小痘疮和天花到底有什么关系？通过仔细观察发现，牛身上长出的牛痘水疱和天花病人身上的症状十分相似。这使他进而想到是不是有可能给人接种牛痘呢？

1796 年 5 月 14 日，琴纳在自己 47 岁生日的这一天给一位 8

岁的男孩接种牛痘。琴纳用小刀在小孩上臂的皮肤上轻轻地划了一道刀痕，然后十分小心地将他从牛奶女工那里获得的出痘的浆液轻轻地涂抹在男孩皮肤的刀痕处，完成了牛痘的接种。随后的一段时间，琴纳对这个接种了牛痘的男孩进行了严密的观察，从种痘到结痂、长脓包到最后脱痂，牛痘接种成功了。

但同时一个新的问题又摆在了琴纳的面前：种了牛痘的人是不是就一定不会得天花呢？为此，琴纳又进行了更深入的研究。他给种了牛痘的男孩又接种了天花，半个月过去了，被接种天花的那个小男孩安然无恙。人类历史上第一次接种牛痘预防天花的试验终于成功了。这是人类数千年来向天花病毒发起的最大反击，被医学家们称为"死神的帮凶"的天花终于被人类征服了。试验成功后，琴纳为附近的村民们免费接种牛痘。但在当时，教会认为琴纳的发现违背了上帝的旨意，因为这意味着作为万物之灵的人的命运居然要取决于牛脓疤疮。伦敦上流社会的人们也对此不理解。面对这一切，琴纳选择了保持沉默。他回到家乡，继续为村民们免费接种牛痘。1798 年，英国、法国、俄国等地区又流行天花，这时经过琴纳接种牛痘的人已达到 2000 多人。在这次天花流行期间，这 2000 多人没有一个人被传染天花，琴纳牛痘接种法的成功再一次得到了印证。由于琴纳的牛痘接种法简便、安全而且高效，十几年间迅速传遍欧洲各国和美洲大陆。1803 年，西班牙还特地派遣医疗船队向所有海外属地推广实施牛痘法。1805 年，牛痘接种法传入中国，逐渐取代了人痘接种。随着接种牛痘法在中国的不断推广，1961 年中国全面消灭了天花。1979 年 10 月 26 日，世界卫生组织宣布天花已经从地球上彻底根除。

天花的消灭让我们记起了琴纳在两百年前说过的一句话，这句话在当时的人们看来只是个遥不可及的梦想——"虽然我没有十足的信心，但请容许我祝贺国家和普通大众，一种方法将能使一个每小时都夺走人命的疾病，一个被视为人类最严重灾祸的疾病，从地球上永远销声匿迹。”

在人类历史上，天花长期以来是危害人类生命健康的一个最严重的疾病，但经过不懈的努力，从18世纪起人类用了170年的时间，通过接种牛痘，最后战胜了天花。这是到目前为止人类历史上用人工方法消灭的唯一疾病。战胜天花是人类医学史上最伟大的事件之一，作为牛痘接种法的发明者，琴纳并没有看到这一天。不过，在他去世后，人们在他的墓碑上刻下了这样一句话：向母亲、孩子和人民的恩人致敬！

案例分析：本案例叙述了牛痘战胜天花的过程，揭示了马克思主义认识论两个重要的方面。一方面是世界的可知性。人的意识能够正确地反映客观事物，不仅能够正确反映事物的现象，而且能够正确反映事物的本质和规律。世界上没有不可认识的事物，只有尚未被认识的事物。另一方面是认识过程的辩证性。实践—认识—再实践—再认识的认识过程具有反复性和无限性。世界上万事万物在本质上都是不断变化发展的，各种病毒和细菌也是如此，认识的每一反复过程都必须从实践出发。人类对天花病的认识和防治的历程，说明人的认识来源于实践，是随着实践的发展而发展的。而人的认识水平，又要受到社会实践的发展水平和科学技术等时代条件的制约，人类认识和战胜天花病毒必然需要一个过程。在早期，由于对天花的了解甚少，人们认为这是一种可怕的神秘疾病。随着人类对天花的研究和探索，尤其是18世纪英国医生琴纳通过自己的长期研究和多次实践，终于发现了防止天花的根本方法——接种牛痘。可以看到，人类对于防治天花手段的认识正是随着人类防治天花的实践而不断发展的，如果没有这些实践，人们对于防治天花手段的认识就不会发展。

案例讨论：(1)琴纳为什么开始对天花的艰难探索？(2)琴纳是如何确定牛痘能够防止天花的？

5. 武汉大学的樱花是国耻吗?

每年春暖花开之际,武汉大学的1000多株日本樱花、山樱花、垂枝樱花和云南樱花竞相绽放。被誉为“樱花城堡”的老斋舍与它面前这条“樱花大道”交相辉映,相得益彰。不仅校内众多学子争相观赏、留影,而且吸引了校外众多市民与其他院校学子络绎不绝地争相观瞻。珞珈山下好一派人头攒动、热闹非凡的景象,业已成为江城的一大人文景观。然而,近年来,一场关于“是耻不是花”与“是花不是耻”的争论也迅速在网上升温。争论相当激烈。持“是耻不是花”的一派意见认为,樱花虽美,但国耻勿忘。武大的樱花正是侵华的罪证。那里的樱花当年是为了慰藉日本的士兵,鼓舞他们的士气,以望其为继续侵略而努力。所以,这里的樱花不能成为全国人民追逐、“瞻仰”的对象。另一派意见持“是花不是耻”的立场。他们反驳说,“树木无辜”“景物无分国界也”,认为这些樱花虽然的确是穷凶极恶的日本侵略者在中华大地上耀武扬威的产物,但它本身是无罪的:人们之所以会欣赏它、喜欢它,完全是因为它自身的美丽。花只是花,花无罪。人犯的错误是人的错,对樱花的喜爱和对日寇侵华暴行的愤恨,根本就是两回事,单纯的自然景物之美的欣赏和民族仇恨的情绪,实在不应扯在一起。另外,也有网民表示,生长在珞珈山上的这些日本人的樱花,也不失为国耻教育的好素材。当然,更多的人则持论较为理性,他们认为,“侵略之樱”已谢,友好之樱常开。所以,争论归争论,每当樱花时节,校园内赏花者依旧人头攒动,人流如织。

案例分析:在现实生活中,对于同一事物或同一行为,人们可以做出美或者丑、善或者恶的不同结论。从哲学角度看,这类问题涉及价值和价值评价等问题。

目前,在国内学界关于(价值)评价是否是“认识”的问题上,主要存在两种观点:有人主张评价也是一种认识,是价值认识即对价值事实的认识，以往认识论没顾及评价；持不同意见的人认为，评价不同于认识，认识是对客体的如实描述，而评价则是以主体的体验和情感为基础，是对事物意义的把握，所以它在形式、内容和任务方面都与认识不同。

其实，这一问题的关键在于如何理解“认识”。是不是仅仅主观趋近客观的纯反映性认识才是唯一的真正的“认识”形式？如果只有这样的认识形式才是真正唯一的认识形式，无疑价值评价不属于“认识”的范畴。但事实上，我们认为在人类的实践活动中，除反映性认识外，还有广泛的评价性认识和创造性认识，它们都是实践活动所不可或缺的。按照这样广义理解的“认识”，价值评价无疑也属于认识范畴。所以，教材中将价值评价界定为“一种关于价值现象的认识活动”。

案例讨论：(1)对于同一现象，为什么会出现不同的声音？(2)价值评价是怎样的一种认知活动？

6. 爱因斯坦认错

世界级的伟大科学家爱因斯坦，一直为他“一生中最大的错事”而愧疚。爱因斯坦究竟做错了什么事？

1917年，也就是他创立广义相对论的第二年，为了解释宇宙的稳恒态性问题，爱因斯坦和荷兰物理学家德西特各自独立进行此项工作的研究。他们发现引力场方程的宇宙解是动态的而不是静态的。也就是说宇宙要么膨胀，要么收缩。由于物理直觉上的偏见和数学运算上的失误，爱因斯坦决不放弃静态宇宙的概念，为求得一个静态的宇宙模型解，不惜在方程中引进一个“宇宙项”。这个结论在当时既符合宇宙学原理，又符合已知的观测事实。然而，1922年，美国学者弗里德曼求出了这个方程的另一个动态解，1927年比利时学者勒梅特也独立求得同一解。从数学角度证明，宇宙不是静态的，而是均匀地膨胀或收缩着。然而，爱因斯坦仍然不肯接受这个结果，坚持他的静态宇宙模型观。

两年后,美国天文学家哈勃根据远距星云的观测,发现远距恒星发出的光谱线有红移现象,离地球越远的恒星光谱线红移越大。这说明恒星在远离地球而去。哈勃的发现支持了弗里德曼等人的动态宇宙模型,也改变了爱因斯坦对宇宙的看法。爱因斯坦把坚持静态宇宙模型的失误称为他"一生中最大的错事",并收回了对弗里德曼等人的批评。

后来,在他70岁生日之时,还向好友索洛文表示:"我感到在我的工作中没有一个概念是很牢靠地站得住的,我也不能肯定我所走的道路一般是正确的。"这句话在很大程度上包含了他在1917年的这次失误。

一位举世闻名的伟大科学家能勇于承认自己的失误,谦虚地回顾自己已被世人承认和称颂的成就,说明了爱因斯坦实事求是、尊重科学的坦荡胸怀。这也正是爱因斯坦能取得伟大成就的原因。

案例分析:爱因斯坦作为世界著名的科学家,令人钦佩。但更令人敬重的是这位伟大的科学家能够勇于承认自己的错误,反映了科学家在科学研究中应当坚持实事求是的精神。坚持实事求是的科学态度,不仅无损于他的科学家形象,从一个侧面也解释了大师之所以成为大师的秘密所在。在科学上,如果不坚持实事求是的态度,不去纠正自己的错误和偏差,不懂装懂、模棱两可,不仅对科学发展无益,甚至还会给人类科学事业的发展带来无可挽回的误导和损失。实事求是不仅是科学家应当坚持的可贵品质,也是人类一切社会实践所应当遵守的方法,是不断追求真知的正确途径。

案例讨论:(1)对于爱因斯坦勇于承认错误的做法,你是如何评价的?(2)爱因斯坦勇于承认错误的做法体现的是什么精神?说明什么问题?

7. 袁隆平趣谈“灵感”

和艺术家一样,科学家也需要灵感。面对台下1000多名青年学子,已经70岁高龄的袁隆平教授在讲完我国水稻发展的几个阶段后,又兴致盎然地向他们传授起自己的“成才经”。他说:“但你们记住,灵感从来只惠顾那些有心者。”当台下的同学们发出热烈的掌声时,这位农业科学家又不失时机地给他们泼了点“冷水”:“不要指望躺在床上就能获得灵感,也不要指望苦思冥想几天就能获得灵感。”

在西南农业大学举行50周年校庆活动中,袁隆平教授作为校友向他的“师弟师妹们”进行“成才教育”。他说:“我从1964年开始培育杂交水稻,但连续6年没有搞成,原因就是没有培育出‘不育系’。1970年我在与日本学者交流时,听他们谈起‘这路不通走那路’的思维方式,我忽然就想到,能不能从野生的水稻植株里发现不育株呢?有了这个想法后,我立即跳出原先人工栽培水稻的圈子,带着助手到海南岛崖县进行野生水稻资源考察,结果就在当年发现了一株雄花不育的野性稻。经过反复试验后,终于在1973年培育出了我国第一批籼型杂交水稻。”

随着袁教授“终于”两个字的出口,西南农业大学的礼堂里顿时响起雷鸣般的掌声。他又接着说:“我想,这‘忽然’之间产生的念头,应该说是灵感。但这灵感是我6年来不停地搜索和思考的结果。”这时台下有同学递上了纸条,袁教授一边乐一边念:“请问袁教授,您是怎样培育灵感的?”念完了,他郑重地说:“我培育灵感有四个字,这就是知识加汗水。”

案例分析:在人的认识过程中,既有理性因素的作用,又有非理性因素的参与。非理性因素包括情绪、情感、幻想、直觉、灵感、潜意识等,是人们心理活动中的非条理化、非程序化的方面,非理性因素对认识活动起到诱导、激发等作用。案例以著名科学家袁隆平为例,介绍了灵感在科学研究中的作用,灵感是非理性因素中很不确定的因素，科学发明和发现可能就出现在一闪而过的突发念头中，随时随地都可能发生，任何东西都可能成为诱发灵感的因素，带有很大的偶然性。灵感同时又是瞬间即逝的短暂思维，不能把灵感的作用无限夸大，也不能把灵感当作玄妙的东西来对待，从袁隆平谈灵感的经验中能够找到灵感产生的基础——知识和经验的积累以及坚持不懈地努力探索和奋斗。非理性因素在人的认识中起着重要的作用，是对理性认识的重要补充，并与理性认识因素相互渗透而发生作用。同时要辩证地看待非理性因素，既要看到非理性因素的积极作用，也要看到消极作用，我们应在理性主导下发挥非理性因素的积极作用，首先树立远大目标，以坚强的意志作支撑，善于把握机会、抓住灵感。

案例讨论：(1)怎样理解案例中最后一句话，“我培育灵感有四个字，这就是知识加汗水”？(2)灵感产生的基础是什么？

8. 逆流而上

从前，沧州城南有一座临河寺庙，庙前有两尊面对流水的石兽，据说是“镇水”用的。一年暴雨成灾，大庙山门倒塌，将那两尊石兽撞入河中。庙僧一时无计可施，待到十年后募金重修山门，才感到那对石兽不可或缺，于是派人下河寻找。按照他的想法，河水东流，石兽理应顺流东下，谁知一直向下游找了十里地，也不见其踪影。这时，一位在庙中讲学的先生提出他的见解：石兽不是木头做的，而是由大石头制成，它们不会被流水冲走，石重沙轻，石兽必然于掉落之处向下沉，你们往下游找，怎么找得到呢？旁人听来，此言有理。不料，一位守河堤的老兵插话：我看不见得，凡大石落入河中，水急石重而河床沙松者应求之于上游。众人一下子全愣住了：这可能吗？老兵解释道：我常年守护于此，深知河中情势，那石兽很重，而河沙又松，西来的河水冲不动石兽，反而把石兽下面的沙子冲走了，还冲成一个坑，时间一久，石兽势必向西倒去，掉进坑中。如此年复一年地倒，就好像石兽往河水上游翻跟头一样。众人听后,无不服膺。寻找者依照他的指点,果真在河的上游发现并挖出了那两尊石兽。

案例分析:任何真理都是具体的。从内容上讲,真理是运动发展着的事物的多方面规定的综合,是多样性的统一。从形式上讲,真理是由一系列的概念、原理所构成的理论体系。也就是说,真理是全面的、历史的、有条件的。任何真理都是在一定时间、地点、条件下主观与客观的符合,它要受条件的制约,并随条件的变化而变化,离开具体的时间地点和条件,真理就是抽象的无意义的。超出一定范围,真理就能变成谬误。河水东流,石兽顺流东下,这是常理,但它是在一定条件下才有效的。庙僧的失当之处在于离开了客观的具体时间、地点和条件来考虑问题,只凭自己的想法,片面地、静止地形而上学地找石兽,没有认识到真理的具体性。只是抽象地对待常理,因而判断失误。

所谓辩证地思考问题,就是用联系的、发展的、全面的观点,特别是用对立统一的观点看问题,从对立中把握同一,从同一中把握对立。守河堤老兵不受已有思维定式的束缚,根据实际中的具体情况,提出解决问题的新思路,其见解对我们的启示是,对任何问题都要加以辩证地思考,多角度地或从相反方向去思考和解决问题。

案例讨论:(1)庙僧按照常理,认为石兽应顺流而下,为什么没有找到?(2)守河堤老兵关于石兽“逆流而上”的见解对我们辩证地思考问题有何启示?

9. 世界因你而美丽

近日,“世界因你而美丽——2007 影响世界华人盛典”之最受瞩目奖项“终身成就奖”获奖人已经确定。“杂交水稻之父”中国工程院院士袁隆平最终荣膺 2007 年度“影响世界华人盛典”终身成就奖。至此,袁隆平先生成为继著名华人科学家杨振宁先生后,第二位“影响世界华人终身成就奖”得主。

获奖人的最终确定经由中国新闻社、北京青年报社、解放日报报业集团、明报企业及亚洲周刊、南方报业传媒集团、凤凰卫视及凤凰新媒体、新加坡联合早报、搜狐、《香港文汇报》、《世界日报(北美)》、《欧洲时报》及《美国侨报》、北京大学共12家在中国内地、中国香港、东南亚、美加及欧洲地区富影响力的华文媒体和机构的百名资深媒体人组成"百人评审团",最终推举产生。为此,凤凰卫视记者也专门采访了袁隆平先生。

在袁隆平的眼中,堪称影响世界的华人应该是那些"对世界经济、社会乃至观念上起到影响作用的华人",他还列举了如中国古代的思想家孔子、军事家孙子,当代社会的诺贝尔奖获得者杨振宁,奥运金牌获得者刘翔、邓亚萍,以及世界顶级运动健将姚明等。但对于自己获得终身成就奖,他却谦虚地表示:"这个称号对我来说过奖了,我感到我的工作够不上。"而谈到华人在当今世界的影响力时,袁隆平的回答亦颇具深意,"有一定的影响力,还不大,但潜力很大,因为中华民族是一个优秀、勤劳、智慧的民族",同时,他坚信"今后会对世界和平与进步发挥越来越大的作用"。

2006年4月29日,袁隆平于华盛顿正式就任美国科学院外籍院士,是中国工程院院士中的唯一当选者,并出席了有世界数百名顶级科学家参加的美国科学院院士年会。在新当选院士就职典礼上,诺贝尔化学奖获得者、美国科学院院长西瑟罗纳介绍袁隆平时说:"袁隆平先生发明的杂交水稻技术,为世界粮食安全做出了杰出贡献,增产的粮食每年为世界解决了7000万人的吃饭问题。"回应如此高的赞许,在采访中,袁隆平只是平静地说:"美国科学院是世界顶级的科学院。当选美国科学院外籍院士,说明我国在杂交水稻研究领域取得的成就以及中国科学家为人类科学事业做出的贡献得到了世界和最高级科学界的认可,对此我感到很欣慰!"

袁隆平曾经说过自己有两个心愿:一是把“超级杂交稻”合成;二是让杂交稻走向世界。现在,杂交稻早已引起世界范围的广泛关注,引种的国家已达20多个。联合国粮农组织把在全球范围内推广杂交稻技术作为一项战略计划。国际水稻研究所所长、印度前农业部部长斯瓦米纳森博士就曾高度评价说:“我们把袁隆平先生称为‘杂交水稻之父’,因为他的成就不仅是中国的骄傲,也是世界的骄傲,他的成就给人类带来了福音。”与此同时,杂交水稻已经成为中国一张强有力的外交王牌,不仅促进了我国对发展中国家经济外交工作,争取了更多的国际朋友,更对提高我国的国际地位和影响力发挥了积极作用。国际上一些总统级的人物,比如利比里亚总统、印度尼西亚前总统等都曾访问袁隆平的研究中心。袁隆平本人也应邀到菲律宾、美国、日本、法国、英国、意大利、埃及、澳大利亚等国家开展讲学、技术合作研究等国际性学术活动。

在和记者谈到从事学术研究的成功之道时,袁隆平表示赞成这样一个公式:知识+汗水+灵感+机遇=成功。所以,谈到对年轻人的建议时,袁隆平说:“要有理想、有追求;在追求中坚持不懈、百折不挠。”

案例分析:案例讲述了荣获“世界因你而美丽——2007影响世界华人盛典”之最受瞩目奖项“终身成就奖”的得主“杂交水稻之父”中国工程院院士袁隆平的事迹。涉及的原理是:价值评价的功能。所谓价值评价是一种关于价值现象的认识活动,是以主客体的价值关系为认识对象的。评价性的认识是以客体和主体之间的价值关系为反映内容,以获得关于客体对于主体的意义即“善”“美”的认识为目的的。“世界因你而美丽——2007影响世界华人盛典”这一评奖活动的意义就在于通过介绍典型人物的事迹,在实践中起到激励、制约和向导作用。说明典型人物对于社会、对于他人的积极意义。袁隆平心里想的是中国人民和世界人民,他的杂交水稻科技成果不但在很大程度上解决了我国人民的吃饭问题,同时也为解决人类仍面临的饥饿问题做出了贡献。正是这种伟大的理想和价值观使他迎难而上,走上艰辛的探索之路。

案例讨论:(1)袁隆平是我国当代知识分子的杰出代表,是一位德艺双馨的人民科学家,在他身上体现出来的是永不满足的科学创新精神,无私奉献精神。结合案例谈谈你对本案例的感受。(2)你认为当代大学生怎样才能在实践中坚持科学精神和人文精神相统一?

(二)教学视频

1. 嫦娥一号升空过程

视频地址:http://baidu. ku6. com/watch/4763758832728363733. html? page = videoMultiNeed

2. 大航海——魏格纳

视频地址:http://v. youku. com/v_show/id_XMzI3OTUxMjg4. html

3. 欧美近代社会生活的变迁

视频地址:http://v. youku. com/v_show/id_XMzIxMzc1NzY =. html? tg = fl2&tpa = dW5pb25faWQ9MjAwMDAxXzEwMDE4M18wMV8wNw

4. 1978 年之真理标准问题大讨论

视频地址:http://baidu. ku6. com/watch/02032278709962382998. html? page = videoMultiNeed

5. 年轻人能为这个世界做什么

视频地址:http://my. tv. sohu. com/us/265201463/81006940. shtml

第三章　人类社会及其发展规律

一、教学目的和要求

学习和把握历史唯物主义的基本原理，着重了解社会存在与社会意识的辩证关系、社会基本矛盾运动规律、社会发展的动力，以及人民群众和个人在社会历史中的作用，提高运用历史唯物主义正确认识历史和现实、正确认识社会发展规律的自觉性和能力。

二、教学重点

- 社会存在与社会意识的辩证关系
- 物质生产方式在社会存在和发展中的作用
- 社会基本矛盾运动的规律
- 社会基本矛盾在社会发展中的作用
- 阶级斗争和革命在社会发展中的作用
- 改革在社会发展中的作用
- 科学技术在社会发展中的作用
- 人民群众和个人在历史上的作用

三、基本原理阐释

(一)两种根本对立的历史观

在对待社会历史问题上，历来存在着两种根本对立的观点：一种是唯物史观，另一种是唯心史观。在马克思主义产生之前，唯心史观一直占据统治地位。它的主要缺陷是:至多考察了人们活动的思想动机,而没有进一步考究思想动机背后的物质动因和经济根源,因而从社会意识决定社会存在的前提出发,把社会历史看成是精神发展史,根本否认社会历史的客观规律,根本否认人民群众在社会历史发展中的决定作用。马克思发现了人类社会发展的客观规律,科学地解决了社会存在与社会意识的关系问题,创立了唯物史观。唯物史观认为,人类社会的发展是有规律的,不以人的意志为转移,社会存在决定社会意识,人民群众是历史的创造者。

(二)社会存在与社会意识

社会存在也称社会物质生活条件,是社会生活的物质方面,主要是指物质生活资料的生产及生产方式,也包括地理环境和人口因素。其中,生产方式是社会历史发展的决定力量。社会意识是社会生活的精神方面,是社会存在的反映。在阶级社会中,占统治地位的思想文化,本质上是经济上占统治地位的阶级的意识形态,因而具有鲜明的阶级属性。

(三)社会存在与社会意识的辩证关系

社会存在和社会意识是辩证统一的。社会存在决定社会意识,社会意识是社会存在的反映,并反作用于社会存在。社会意识以理论、观念、心理等形式反映社会存在。这是社会意识对社会存在的依赖性。但社会意识又有其相对独立性,即它在反映社会存在的同时,还有自己特有的发展形式和规律。主要表现在:

首先,社会意识与社会存在发展的不完全同步性和不平衡性。进步的社会意识可以在一定程度上预见、推断未来,指导人们的实践活动;落后于社会存在的社会意识则阻碍社会的发展。其次,社会意识内部各种形式之间相互影响且各自有其历史的继承性。最后,社会意识对社会存在的能动的反作用。这是社会意识相对独立性的突出表现。先进的社会意识,反映了社会发展的客观规律,对社会发展起着积极的促进作用;落后的社会意识不符合社会发展的规律,对社会发展起着阻碍的作用。

社会意识的能动作用是通过指导人们的实践活动实现的。而社会实践的主体是人民群众。因此,一种社会意识发挥作用的程度及范围大小、时间久暂,同它实际掌握群众的深度和广度密切联系在一起。

社会存在与社会意识辩证关系的原理具有重要的理论意义。它在人类思想史上第一次正确解决了社会历史观的基本问题,是社会历史观革命性变革的基础。依据这一原理,马克思主义从社会生活的各种领域划分出经济领域,从一切社会关系中划分出生产关系,并把它当作决定其余一切关系的基本的原始的关系,进而将一切社会关系归结于生产关系,将生产关系归结于生产力发展的高度,从而将社会形态的发展看作自然历史过程,破天荒地破解了“历史之谜”,从而揭示了人类社会发展的规律。把握这两个“划分”、两个“归结”的思想,对于认识社会历史具有重要意义。

(四)生产力与生产关系

生产力是人类在生产实践中形成的改造和影响自然以使其适合社会需要的物质力量。生产力具有客观现实性和社会历史性,是人类社会生活和全部历史的基础。生产力的基本要素包括:一是劳动资料,也称劳动手段。它是人们在劳动过程中所运用的物质资料或物质条件,其中最重要的是生产工具。二是劳动对象。三是劳动者。劳动者是生产力中最活跃的因素。生产力中还包含着科学技术。科学技术能够应用于生产过程、渗透在生产力诸基本要素之中而转化为实际生产能力。在现代,科学技术是先进生产力的集中体现和主要标志,是第一生产力。

生产关系是人们在物质生产过程中形成的不以人的意志为转移的经济关系。生产关系有狭义和广义之分。狭义的生产关系是指人们在直接生产过程中结成的相互关系,包括生产资料所有制关系、生产中人与人的关系和产品分配关系。广义的生产关系是指人们在再生产的过程中结成的相互关系，包括生产、分配、交换和消费等诸多关系在内的生产关系体系。在生产关系中，生产资料的所有制关系是最基本的。

历史上在社会中占统治地位的生产关系，依据生产资料所有制关系的性质区分为两种基本类型。一种是以生产资料公有制为基础的生产关系，另一种是以生产资料私有制为基础的生产关系。随着生产力的进一步发展，以生产资料公有制为基础的生产关系必将取代以生产资料私有制为基础的生产关系。

（五）生产力与生产关系的矛盾运动及其规律

生产力与生产关系的相互关系是：生产力决定生产关系，而生产关系又反作用于生产力。

第一，生产力决定生产关系。在两者的矛盾运动中，生产力是居支配地位、起决定作用的方面。首先，生产力状况决定生产关系的性质。其次，生产力的发展决定生产关系的变革。

第二，生产关系对生产力具有能动的反作用。主要表现为两种情形：当生产关系适合生产力发展的客观要求时，它对生产力的发展起推动作用；当生产关系不适合生产力发展的客观要求时，它就会阻碍生产力的发展。

生产力与生产关系的相互作用是一个过程，表现为二者的矛盾运动。这种矛盾运动中的内在的、本质的、必然的联系，就是生产关系一定要适合生产力状况的规律，亦称生产力与生产关系的矛盾运动规律。这一规律就内容看，概括了生产力和生产关系相互作用的两个方面：一方面，生产力的状况决定一定的生产关系的产生及其变化发展的方向和形式；另一方面，生产关系反作用于生产力，当生产关系适合生产力的状况时对生产力发展起着促进作用，反之将起着阻碍作用。从过程上看，这一规律表现为生产关系对于生产力总是从基本相适合到基本不相适合，再到基本相适合;与此相适应,生产关系也总是从相对稳定到新旧更替,再到相对稳定。生产力和生产关系的这种矛盾运动循环往复,不断推动社会生产发展,进而推动整个社会逐步走向高级阶段。

生产力与生产关系矛盾运动规律具有极为重要的理论意义和现实意义。首先,这一规律在人类思想史上彻底否定了以“道德说教”作为评判历史功过是非的思想体系,第一次科学地确立了生产力发展是“社会进步的最高标准”。其次,这一规律是马克思主义政党制定路线、方针和政策的重要依据。马克思主义政党必须自觉地认识和把握这一规律,把解放生产力、发展生产力,不断扫除生产力发展的障碍作为自己制定路线、方针和政策的出发点和归宿。

(六)经济基础与上层建筑

经济基础是指由社会一定发展阶段的生产力所决定的生产关系的总和。上层建筑是建立在一定经济基础之上的意识形态以及相应的制度、组织和设施。意识形态又称为观念上层建筑,包括政治法律思想、道德、艺术、宗教、哲学等思想观点。政治法律制度及设施和政治组织又称为政治上层建筑,包括:国家政治制度、立法司法制度和行政制度;国家政权机构、政党、军队、警察、法庭、监狱等政治组织形态和设施。观念上层建筑和政治上层建筑的关系是:首先,政治上层建筑是在一定意识形态指导下建立起来的,是统治阶级意志的体现。其次,政治上层建筑一旦形成,就成为一种现实的力量,影响并制约着人们的思想理论观点。

在整个上层建筑中,政治上层建筑居主导地位,国家政权是核心。马克思主义依据国家的性质和政权的组织形式,相应地将国家分为国体和政体两个方面。国体是指社会各阶级在国家中的地位,政体是指统治阶级实现其阶级统治的具体组织形式,也就是政权构成形式。一般来说,国体决定政体,政体服从于国体;

政体为国体服务,并对保证国家的性质起重要作用。

(七)经济基础与上层建筑矛盾运动的规律

经济基础和上层建筑是辩证统一的。

首先,经济基础决定上层建筑。经济基础是上层建筑赖以产生、存在和发展的物质基础,经济基础的性质决定上层建筑的性质,有什么样的经济基础就有什么样的上层建筑。经济基础的变更必然引起上层建筑的变革,并决定着其变革的方向。

其次,上层建筑对经济基础具有能动的反作用。集中表现在:为自己的经济基础的形成和巩固服务,确立或维护其在社会中的统治地位。上层建筑的反作用可能是积极的进步的,也可能是消极的衰退的,当它为适合生产力发展要求的经济基础服务时,就成为推动社会发展的进步力量,反之,就会成为阻碍社会发展的消极力量。

再次,经济基础与上层建筑相互作用构成二者的矛盾运动。这种矛盾运动在实际运行中是极为复杂的。其一,在同一性质的经济基础和上层建筑的关系中,上层建筑的不完善部分、没有反映经济基础要求的部分都会同经济基础发生矛盾。其二,在不同性质的经济基础与上层建筑的关系中,矛盾更为复杂,主要表现在:占统治地位的经济基础同旧上层建筑的残余、未来上层建筑的萌芽之间的矛盾;新旧上层建筑之间、新旧经济基础之间的矛盾等。其三,当一种社会形态处于上升发展阶段时,上层建筑对于经济基础一般是适应的;当一种社会形态处于没落时期,上层建筑同经济基础变革的客观要求则是不适应的,其矛盾则变为对抗性的、全局性的矛盾。

最后,经济基础与上层建筑之间的内在联系构成了上层建筑一定要适合经济基础状况的规律。这里的“一定要适合”表明:经济基础状况决定上层建筑的发展方向,决定上层建筑相应的调整或变革,而不允许上层建筑长期落后于或不适应自己的发展;上层建筑的反作用,也必须取决于和服从于经济基础的性质和客观要求,而不允许上层建筑脱离自己的发展状况和水平。

（八）社会形态更替的统一性和多样性

依据生产关系的性质,社会历史可划分为五种社会形态:原始社会、奴隶制社会、封建制社会、资本主义社会和共产主义社会(其第一阶段是社会主义社会)。这五种社会形态的依次更替,是社会历史运动的一般过程和一般规律,表现了社会形态更替的统一性。

社会形态更替形式的多样性是指每一国家或民族的社会发展的历程不一样。有些国家在发展中经历了几种社会形态依次更替的典型过程;有些国家在发展中超越了一个甚至几个社会形态而跨越式地向前发展;有些国家在历史发展的一定阶段上社会形态性质不够典型,甚至多种社会形态特征交叉渗透;有些国家在一定时期由较为落后的社会形态快速跃迁为先进的社会形态,而有些国家的社会形态则长期陷于停滞状况甚至由先进转为长期落后;即使是同一种社会形态,在不同国家也会显现出不同特点等。

（九）社会形态更替的必然性与人们的历史选择性

社会形态更替的客观必然性,主要是指社会形态依次更替的过程和规律是客观的,其发展的基本趋势是确定不移的。生产力与生产关系矛盾运动的规律性,从根本上规定了社会形态更替的客观必然性。

规律的客观性并不否定人们历史活动的能动性。人们的历史选择性包含三层意思:第一,社会发展的客观必然性造成了一定历史阶段社会发展的基本趋势,为人们的历史选择提供了基础、范围和可能性空间。第二,社会形态更替的过程也是一个合目的性与合规律性相统一的过程。第三,人们的历史选择性,归根结底是人民群众的选择性。

（十）社会形态更替的前进性与曲折性

社会形态的更替，还表现为历史的前进性与曲折性、渐进性与跨越性的统一。社会形态更替的前进性、渐进性主要是指五种社会形态依次演进的基本趋势，其历史过程是一个“扬弃”的过程。但是，社会形态更替的进步性、渐进性并不否认历史发展的曲折性和跨越性。一种新社会制度取代旧社会制度，往往并不是从旧社会制度发展较为充分的典型国家开始，而更易于在旧制度发展不很完善或者很不充分的地方突破。这既体现了社会形态更替过程的曲折性，又为社会形态更替的跨越性提供了条件和历史契机。

（十一）社会基本矛盾是社会发展的根本动力

社会基本矛盾作为社会发展的根本动力，它在社会发展中的作用主要表现在：

首先，生产力是社会基本矛盾运动中最基本的动力因素，是人类社会发展和进步的最终决定力量。生产力是社会进步的根本内容，是衡量社会进步的根本尺度。其次，社会基本矛盾特别是生产力和生产关系的矛盾，是“一切历史冲突的根源”，决定着社会中其他矛盾的存在和发展。最后，社会基本矛盾具有不同的表现形式和解决方式，并从根本上影响和促进社会形态的变化和发展。

（十二）阶级斗争是社会发展的直接动力

阶级斗争对阶级社会发展的推动作用突出地表现在社会形态的更替中。当社会基本矛盾尖锐化时，即当旧的生产关系不适应生产力的发展，变成生产力发展的桎梏时，维护旧的生产关系的反动阶级，必然同代表生产力发展要求的先进阶级形成尖锐的对抗。这时，只有通过先进阶级反对反动阶级的革命斗争，推翻反动阶级的统治，才能建立新的社会形态，以解放和发展生产力，推动社会前进。阶级斗争的作用还表现在同一社会形态的量变过程中。被剥削阶级反对剥削阶级的斗争不同程度地打击了剥削阶级的统治,迫使反动统治阶级做出某些让步,不得不调整某些经济关系和政策,使社会矛盾得到一定程度的缓和,从而或多或少地推动了生产力的发展和社会的进步。

(十三)阶级分析方法

坚持阶级分析方法,就是运用马克思主义的阶级和阶级斗争观点去观察和认识阶级社会的社会历史现象。阶级分析方法要求全面地、动态地分析阶级状况,分析各阶级的经济地位、政治立场和意识形态,准确把握各阶级之间的关系和阶级力量的对比,把握社会运动和社会生活的脉搏。这是马克思主义政党制定正确路线、方针、政策和策略的重要依据。在认识和处理阶级矛盾时,要严格区分阶级矛盾和非阶级矛盾,区分对抗阶级与非对抗阶级之间的矛盾,区分敌我矛盾和人民内部矛盾。

(十四)社会革命的实质和作用

革命是解决社会基本矛盾的主要方式之一,是推动阶级社会发展,特别是社会形态更替的重要动力。社会革命的实质是革命阶级推翻反动阶级的统治,用新的社会制度代替旧的社会制度,解放生产力,推动社会发展。国家政权从反动阶级手里转移到革命阶级手里,是实现社会形态变革的首要的、基本的标志。

社会革命在社会发展中的重要作用表现在:首先,社会革命是实现社会形态更替的重要手段和决定性环节。其次,社会革命能充分发挥人民群众创造历史的积极性和伟大作用。最后,无产阶级革命将会为消除阶级对抗,并充分利用全人类的文明成果,促进社会全面进步而创造条件。

(十五)改革在社会发展中的作用

改革在社会历史发展中的重要作用集中表现在,它是在一定程度上解决社会基本矛盾，促进生产力发展，推动社会进步的有效途径和手段。在一定社会形态的量变过程中，当社会基本矛盾发展到一定程度但又尚未激化到引起社会革命的程度时，需要依靠改革的途径或手段，来改变与生产力不相适应的生产关系和与经济基础不相适应的上层建筑。社会改革则适用于解决旧的社会体制，在不改变社会基本制度的情况下，对生产关系和上层建筑的某些方面和环节进行变革，从而促进生产力发展和社会进步。

（十六）科学技术在社会发展中的作用

科学技术作为先进生产力的重要标志，对于推动社会发展有着非常重要的作用。首先，对生产方式产生了深刻影响。其一，改变了社会生产力的构成要素。其二，改变了人们的劳动形式。其三，改变了社会经济结构，特别是导致产业结构发生变革。产业结构的变化又导致就业结构的变化。其次，对生活方式产生了巨大影响。最后，新的科学理论和技术手段通过影响思维主体、思维客体和思维工具，引起了思维方式的变革。

（十七）英雄史观及其产生的根源

唯心史观从社会意识决定社会存在的基本前提出发，否认物质资料生产方式是社会发展的决定力量，抹杀人民群众的历史作用，宣扬少数英雄人物创造历史，因而这样的唯心史观被称为英雄史观。英雄史观的产生有其深刻的认识根源、社会历史根源和阶级根源。从认识根源看，英雄史观之所以产生，主要是因为停留于历史现象的表面，把活动在历史舞台前面的少数英雄人物的作用尤其是他们的意识的作用加以夸大并绝对化，而把默默无闻的广大人民群众及其历史活动置于视野之外。从社会历史根源看，英雄史观的产生同社会生产力水平较低，大多数人从事物质资料的生产活动，少数人从事政治统治、垄断精神文化生活有关。广大人民群众在私有制社会处于无权的地位，受剥削，受压迫，其积极性备受压抑,其历史创造性得不到充分发挥和社会应有的承认,而少数剥削阶级则掌握经济、政治权力,高高在上,独断专行,似乎他们在为所欲为地主宰历史。这就为英雄史观的产生提供了社会土壤。从阶级根源看,剥削阶级的思想家为了维护本阶级的利益,出于阶级偏见,不敢承认广大人民群众的历史作用,而需要用英雄史观来为自己服务。这是英雄史观得以产生并长期占据统治地位的重要原因。

(十八)人民群众是历史的创造者

人民群众是历史的主体,是历史的创造者。人民群众的社会实践最终决定历史发展的结局。人民群众是社会物质财富的创造者。人民群众是社会精神财富的创造者。人民群众是社会变革的决定力量。人民群众创造历史的活动要受到一定社会历史条件的制约。经济条件对于人民群众的创造活动有着首要的、决定性的影响。政治条件对人民群众的创造活动也具有直接的影响。精神文化条件也是制约人民群众创造活动的重要因素。

(十九)个人在社会历史中的作用

个人在历史上的作用存在着差别。有的人的作用大些,可称为"历史人物";有的人的作用小些,可称为"普通个人"。历史人物是实现一定历史任务的主要倡导者、组织领导者或思想理论、科学文化的重要代表人物。历史人物按其发挥作用的性质,可分为杰出人物和反面人物。杰出人物是历史人物中对推动历史发展做出重要贡献或起重要作用的人。历史人物的活动要受到社会发展客观规律的制约,而不能决定和改变历史发展的总进程和总方向。

(二十)从必然与偶然的辩证统一中理解个人的历史作用

任何历史人物的出现都体现了必然性与偶然性的统一。时势造英雄,杰出人物的出现具有必然性。杰出人物对社会进程发生影响仅仅是历史进程中的偶然性现象，只能够成为社会发展的个别原因，不能改变历史发展的基本方向。如果看不到历史人物活动的社会制约性，割裂必然与偶然的关系，就势必会夸大个人的作用，进而否定或歪曲历史发展的规律。历史人物的作用性质取决于他们的思想、行为是否符合社会发展规律，是否符合人民群众的意愿。只有顺应历史发展的要求和人民群众的意愿，历史人物才能起到推动社会前进的积极作用；违背了社会历史发展的规律性或必然性，历史人物也会走向反面。

（二十一）无产阶级政党的群众观点和群众路线

马克思主义的群众观点具体内容是：坚信人民群众自己解放自己的观点，全心全意为人民服务的观点，一切向人民群众负责的观点，以及虚心向群众学习的观点。马克思主义政党的群众路线是：一切为了群众，一切依靠群众，从群众中来，到群众中去。群众路线是无产阶级政党的根本路线。

（二十二）评价历史人物必须坚持历史分析法和阶级分析法

历史分析法要求从特定的历史背景出发，根据当时的历史条件，对历史人物的是非功过进行具体的、全面的考察。阶级分析法要求把历史人物置于一定的阶级关系中，同他所属的阶级联系起来加以考察和评价。在阶级社会中，贯彻历史分析的方法与坚持阶级分析的方法是一致的。

四、经典原著导读

1. 人们在自己生活的社会生产中发生一定的、必然的、不以他们的意志为转移的关系，即同他们的物质生产力的一定发展阶段相适合的生产关系。这些生产关系的总和构成社会的经济结构，即有法律的和政治的上层建筑竖立其上并有一定的社会意识形式与之相适应的现实基础。物质生活的生产方式制约着整个

社会生活、政治生活和精神生活的过程。不是人们的意识决定人们的存在,相反,是人们的社会存在决定人们的意识。社会的物质生产力发展到一定阶段,便同它们一直在其中运动的现存生产关系或财产关系(这只是生产关系的法律用语)发生矛盾。于是这些关系便由生产力的发展形式变成生产力的桎梏。那时社会革命的时代就到来了。随着经济基础的变更,全部庞大的上层建筑也或慢或快地发生变革。

——马克思:《〈政治经济学批判〉序言》,《马克思恩格斯文集》第2卷,人民出版社2009年版,第591页。

解读:这段话深刻地概述了唯物史观的基本思想,是我们考察人类社会历史及其发展规律的基本理论依据。

首先,唯物史观在人类思想史上第一次正确解决了社会历史观的基本问题,是社会历史观革命性变革的基础。社会存在和社会意识是辩证统一的,社会存在决定社会意识,社会意识是社会存在的反映,并反作用于社会存在。唯物史观对历史观基本问题的科学回答,宣告了唯心史观的彻底破产。依据这一原理,马克思主义从社会生活的各种领域划分出经济领域,从一切社会关系中划分出生产关系,并把它当作决定其余一切关系的基本的原始的关系,进而将一切社会关系归结于生产关系,将生产关系归结于生产力发展的高度,从而将社会形态的发展看作自然历史过程,破天荒地破解了"历史之谜",从而揭示了人类社会发展的规律。把握这两个"划分"、两个"归结"的思想,对于认识社会历史具有重要意义。在马克思以前,社会学家们曾经就社会的本质问题进行过广泛的探讨,但总是难以分清错综复杂的社会现象中的主要现象和次要现象。只有马克思才真正揭示了社会关系中的最本质的关系,进而解决了社会发展的动力问题。

其次,唯物史观揭示出人类社会发展的根本动力在于社会的两大根本矛盾——生产力与生产关系之间的矛盾运动、经济基础与上层建筑之间的矛盾运动。生产力与生产关系的相互作用是一个过程,表现为二者的矛盾运动。这种矛盾运动中的内在的、本质的、必然的联系,就是生产关系一定要适合生产力状况的规律,亦称生产力与生产关系的矛盾运动规律。这一规律就内容看,概括了生产力和生产关系相互作用的两个方面:一方面,生产力的状况决定一定的生产关系的产生及其变化发展的方向和形式;另一方面,生产关系反作用于生产力,当生产关系适合生产力的状况时对生产力发展起着促进作用,反之将起着阻碍作用。从过程上看,这一规律表现为生产关系对于生产力总是从基本相适合到基本不相适合,再到基本相适合;与此相适应,生产关系也总是从相对稳定到新旧更替,再到相对稳定。生产力和生产关系的这种矛盾运动循环往复,不断推动社会生产发展,进而推动整个社会逐步走向高级阶段。经济基础和上层建筑是辩证统一的。经济基础决定上层建筑,上层建筑对经济基础具有能动的反作用。经济基础与上层建筑相互作用的矛盾运动规律,就是上层建筑一定要适合经济基础状况的规律。这里的"一定要适合"表明:经济基础状况决定上层建筑的发展方向,决定上层建筑相应的调整或变革,而不允许上层建筑长时期落后于或不适应自己的发展;上层建筑的反作用,也必须取决于和服从于经济基础的性质和客观要求,而不允许上层建筑脱离自己的发展状况和水平。

最后,唯物史观使社会主义由空想变成了科学。因为它揭示了资本主义必然灭亡、社会主义必然胜利的规律,揭示了无产阶级的历史使命及其实现这一使命的道路,是马克思主义革命理论的思想基础。革命是生产力与生产关系、经济基础与上层建筑的矛盾运动的体现,是总体性的、结构性的社会变革。人们在社会生活中形成的生产关系不以个人的意志为转移,同样,为适应生产力和经济基础发展的生产关系和上层建筑的变革也是不以个人的主观好恶为转移的,即无产阶级革命具有历史必然性。物质生产力的发展是革命的决定性因素，只有相应的物质生产力和物质条件已经存在或初步具备，改变生产关系和上层建筑的社会革命才会发生。因此不同历史阶段的革命任务是不能随便提出的，而必须满足具体的社会历史条件。因而，马克思主义的革命主张看起来是激进的，但马克思主义在分析革命的发生和发展时又是非常现实的，有时甚至是保守的，它特别注重革命的物质生产和生活条件，对在短时间内毕其功于一役式的革命从来不抱幻想。

2. 无论哪一个社会形态，在它们所能容纳的全部生产力发挥出来以前，是决不会灭亡的；而新的更高的生产关系，在它存在的物质条件在旧社会的胞胎里成熟以前，是决不会出现的。所以人类始终只提出自己能够解决的任务，因为只要仔细考察就可以发现，任务本身，只有在解决它的物质条件已经存在或者至少是在形成过程中的时候，才会产生。大体说来，亚细亚的、古希腊罗马的、封建的和现代资产阶级的生产方式可以看做是经济的社会形态演进的几个时代。资产阶级的生产关系是社会生产过程的最后一个对抗形式，这里所说的对抗，不是指个人的对抗，而是指从个人的社会生活条件中成长出来的对抗；但是，在资产阶级社会的胎胞里发展的生产力，同时又创造着解决这种对抗的物质条件。因此，人类社会的史前时期就以这种社会形态而告终。

——马克思：《〈政治经济学批判〉序言》，《马克思恩格斯文集》第2卷，人民出版社2009年版，第592页。

解读：马克思认为，社会历史的发展是一个自然历史的过程，具有自己的客观规律性。旧的社会形态的消亡和新的社会形态的产生都取决于生产力的发展状况，也就是说，社会形态的变革归根到底是由生产力和生产关系这一矛盾运动决定的。以此为基础，马克思揭示了社会形态演进的客观进程，并探索了未来社会发展的基本趋势，即人类社会的发展基本上是原始社会、奴隶社会、封建社会、资本主义社会、共产主义社会这五种社会形态的依次更替。这种依次更替体现了社会发展的前进性，是历史发展的一般规律。但是不同国家由于社会发展条件不同，面临的历史任务不同，可能会出现跳跃式发展，或者其他的特殊性的表现。因而决不能机械理解马克思的这一思想。社会形态的更替是一般性与特殊性的统一。

马克思指出了资本主义社会形态的历史发展趋势，论证了共产主义代替资本主义的历史必然性。马克思认为，资本主义社会形态是人类社会最后一个阶级对抗的社会，社会化大生产的生产力既提出了变生产资料私有制为生产资料公有制的革命要求，也在创造着这种革命的物质条件。人类必将进入自觉创造历史的时代，实现从必然王国到自由王国的飞跃。

社会形态更替的根本原因是物质生产力的发展，而社会形态更替的目的正是解放和发展生产力。不论是政治革命、思想革命，还是经济革命，都是由于生产力的发展引起的。判断一个革命时代不能以它的意识为依据，只能从生产力和生产关系的矛盾运动中得到解释。生产力发展了，原有的生产关系就会成为生产力进一步发展的“桎梏”，生产力必然要冲破这一“桎梏”，那时，社会革命的时代才到来。因而，人类始终只能提出自己能够解决的任务，这个任务的提出科学与否，就看其有无客观条件，即新的生产关系赖以建立的客观基础。

3. 现在马克思则证明，至今的全部历史都是阶级斗争的历史，在全部纷繁复杂的政治斗争中，问题的中心仅仅是社会阶级的社会的和政治的统治，即旧的阶级要保持统治，新兴的阶级要争得统治。

——恩格斯：《卡尔·马克思》，《马克思恩格斯文集》第3卷，人民出版社2009年版，第458页。

解读：阶级斗争是马克思主义观察人类历史的重要视角。在马克思主义看来，革命的主体是阶级，阶级斗争是革命的主要形式,是生产力与生产关系、经济基础与上层建筑关系的矛盾运动的集中体现。阶级斗争理论在整个马克思主义体系中有着重要地位,是一种在唯物史观基础上分析和理解人类社会历史发展的科学方法或框架。阶级和阶级斗争是人的具体性和历史性的体现,它们的存在也是不以个人的主观意志为转移的。马克思主义把阶级和阶级斗争看作人类历史发展特定阶段的产物,由于资本主义的发展,阶级斗争将达到其最高和最后的形式,即无产阶级领导地位的确立和对其敌人的全面专政,其最终目标是消灭阶级和阶级斗争。马克思主义固然强调阶级和阶级斗争在生产的一定历史阶段不可避免,但也绝不会把阶级和阶级斗争永恒化、绝对化,而是追求阶级和阶级斗争的消亡。阶级和阶级斗争都是中介、手段、工具,甚至是人类生活异化的表现,马克思主义的最高理想是实现没有阶级对立和斗争的共产主义社会。

4. 火药、指南针、印刷术——这是预告资产阶级社会到来的三大发明。火药把骑士阶层炸得粉碎,指南针打开了世界市场并建立了殖民地,而印刷术则变成新教的工具,总的来说变成科学复兴的手段,变成对精神发展创造必要前提的最强大的杠杆。

——马克思:《政治经济学批判(1857—1858 年手稿)摘选》,《马克思恩格斯文集》第 8 卷,人民出版社 2009 年版,第 338 页。

解读:马克思充分认识到技术进步对于社会发展和文明进步的重要意义。技术是区分不同社会形态的重要标志,手推磨产生的是封建主为首的社会,而蒸汽机所代表的是工业资本家为首的社会。技术的革新成为社会形态更替的重要推动力。马克思把科学技术看成是第一生产力,技术的发展推动了物质生产力的进步,最终促进人类历史的发展。因此技术的分析被结合到物质生产过程中,由此展开的政治经济学批判才能深刻地把握资本主义的本质。

马克思之后的很多西方思想家离开生产过程来考察技术的

作用，表现出某种形式的技术决定论倾向，即把技术看成是独立、自主的，认为技术是当代社会最基本的组织原则，也是社会变革最根本的动力源。这种单一的技术决定论忽视了技术与社会生产之间的紧密关系，没有认识到技术只有借助于物质生产转化为现实的生产力，才能影响整个社会的政治、文化和思维方式，才能最终推动整个社会的进步。这种观念必然抹杀了现象背后资本逻辑的奴役和统治。从而消解了任何变革和反抗的可能，最终以技术的话语来为社会制度进行合法性证明，从而沦为一种资本主义的意识形态。

5. 思想的历史除了证明精神生产随着物质生产的改造而改造，还证明了什么呢？任何一个时代的统治思想始终都不过是统治阶级的思想。

——马克思、恩格斯：《共产党宣言》，《马克思恩格斯文集》第2卷，人民出版社2009年版，第51页。

解读：纵观历史，任何一个社会的统治阶级，为维护其经济上、政治上的统治，总要维护和发展其占统治地位的意识形态。马克思主义是我们立党立国的根本指导思想，是指导我们一切工作的理论基础，是中国先进文化的灵魂，必须坚持马克思主义的指导地位不动摇。在共产党领导的社会主义中国，能够把党员和广大人民群众思想统一起来、意志凝聚起来的思想体系，只有一个，那就是马克思列宁主义、毛泽东思想、邓小平理论和“三个代表”重要思想，如果动摇和取消这个思想体系，就不能巩固马克思主义在意识形态领域的指导地位，放任“多元化”发展，就势必造成思想混乱，导致社会动荡。对坚持马克思主义的指导，绝不能采取教条主义的态度，而应该采取实事求是、与时俱进的科学态度。理论是灰色的，而生活之树常青。客观事物是不断发展变化的，要使党和国家的事业不停顿，首先理论上不能停顿；要使党始终保持先进性，关键在于坚持与时俱进，在理论上不断创新。我们既要坚持马克思主义的指导地位不动摇，又要主动顺应时代潮流，坚持与时俱进，随着时代发展不断推动马克思主义的理论创新，努力开拓马克思主义的新境界；既要坚持马克思主义的科学精神和基本原理，又要以此为指导，对当前亟须进行理论引导或说明的突出问题做出科学的、有说服力的、符合实际的解释和说明，更好地统一全党的思想认识。

6. 在人民群众中，我们毕竟是沧海一粟，只有我们正确地表达人民的想法，我们才能管理。否则共产党就不能率领无产阶级，而无产阶级就不能率领群众，整个机器就要散架。

——列宁：《俄共(布)中央委员会政治报告》，《列宁专题文集 论社会主义》，人民出版社 2009 年版，第 340 页。

解读：唯物史观认为，人民群众是人类社会发展的决定性力量。人民群众是社会物质财富的创造者，是社会精神财富的创造者，是社会变革的决定性力量。这一观点决定了我党的群众路线：一切为了群众，一切依靠群众，从群众中来，到群众中去。我党只有在马克思主义理论的指导下，充分动员组织人民群众发展我国的经济、政治、文化、社会、生态。只有各方面获得长足有效的发展，才能更好地把发展成果与人民共享。唯物史观始终把实现人的自由全面发展作为最高的价值追求，走群众路线符合了人的自由全面发展的价值追求。

立党为公，执政为民，是党的执政宗旨，也是党执政的核心问题。正确认识党与人民群众的关系，始终坚持党的执政宗旨，既是党永葆先进性和执政资格的根本条件，也是党经受住改革开放和长期执政考验的根本保证。历史和现实都表明，一个政党也好，一个政权也好，其前途和命运最终取决于人心向背。在长期的革命、建设和改革实践中，党始终把全心全意为人民服务作为自己的根本宗旨和行为准则，从而赢得了中国最广大人民群众的衷心拥护和爱戴，赢得了执政资格和执政地位。执政党最大的政治优势是保持党同人民群众的血肉联系，最大的危险是脱离群众。要防止脱离群众现象的出现，就要求我们自觉地联系群众。执政时间越长，就越要切实尊重人民群众的历史主体地位，切实为广大人民群众谋利益，切实加强与人民群众的密切联系。

党与人民群众的关系，是休戚与共的关系。除了广大人民群众的利益以外，党没有自己的特殊利益。我们党公开申明和庄严承诺：所有党员干部，都绝不允许以权谋私，绝不允许党内形成既得利益集团，并特别强调最大多数人的利益是最紧要和最具有决定性的因素，必须首先考虑和满足最大多数人的利益要求。因此，必须始终把代表中国最广大人民的根本利益作为关系党执政的全局、关系国家经济政治文化发展的全局、关系全国各族人民的团结和社会安定的全局的大事来抓，作为制定党的路线、纲领、方针政策和开展各项工作的出发点和归宿。

7. ……**根据唯物史观，历史过程中的决定性因素归根到底是现实生活的生产和再生产。无论马克思或我都从来没有肯定过比这更多的东西。如果有人在这里加以歪曲，说经济因素是唯一决定性的因素，那么他就是把这个命题变成毫无内容的、抽象的、荒诞无稽的空话。经济状况是基础，但是对历史斗争的进程发生影响并且在许多情况下主要是决定着这一斗争的形式的，还有上层建筑的各种因素：阶级斗争的各种政治形式及其成果——由胜利了的阶级在获胜以后确立的宪法等等，各种法的形式以及所有这些实际斗争在参加者头脑中的反映，政治的、法律的和哲学的理论，宗教的观点以及它们向教义体系的进一步发展。这里表现出这一切因素间的相互作用，而在这种相互作用中归根到底是经济运动作为必然的东西通过无穷无尽的偶然事件**……

——恩格斯：《恩格斯致约瑟夫·布洛赫》，《马克思恩格斯文集》第10卷，人民出版社2009年版，第591页。

解读：不少西方学者断言马克思是经济决定论者，是经济一元论的形而上学家,这一论断是错误的。马克思主义虽然强调物质生产的重要性,但是并不是"经济决定论"。马克思强调经济是决定整个社会生活的主要因素,但不是唯一因素,如果把它看成唯一因素,那就对马克思的结论做了简单化的形而上学理解。

首先,马克思向来重视生产关系的反作用、上层建筑的反作用。生产关系对生产力的反作用主要表现为两种情形:当生产关系适合生产力发展的客观要求时,它对生产力的发展起推动作用;当生产关系不适合生产力发展的客观要求时,它就会阻碍生产力的发展。在一定条件下,生产关系对生产力发展的反作用尤为突出。当不变更生产关系,生产力就不能发展的时候,生产关系的变更就起了主要的决定的作用。上层建筑对经济基础的反作用集中表现在:为自己的经济基础的形成和巩固服务,确立或维护其在社会中的统治地位。统治阶级总是利用和依靠自己政治上、思想上的统治地位,通过国家政权和意识形态的力量,排除异己势力及其思想,力图将社会特别是经济关系控制在"秩序"的范围之内,维护自己经济基础的统治地位和根本利益。上层建筑的反作用可能是积极的进步的,也可能是消极的衰退的,当它为适合生产力发展要求的经济基础服务时,就成为推动社会发展的进步力量,反之,就会成为阻碍社会发展的消极力量。

其次,马克思肯定经济的重要性,但却把人类的生存和发展放在第一位,用人类的生存和发展衡量一切。因此,他的立脚点是人类社会或社会化的人类,他不是从经济人出发,而是从现实的人出发,从人的完整性出发,从人的五种需求全面满足角度出发思考问题,从而获得了理解和批判现实的根本维度和立场。在马克思看来,人是现实的人。因此,除了必须进行物质生产以外,人还必须进行其他各种生产,经济只是满足人的全面需求的一个方面,把经济当作唯一方面,是对人类生活做了片面理解。不仅如此,经济的发展本质上也是依赖于其他各种生产的,这是统一社会过程的不同方面，如果认为只有经济才是唯一的决定因素，它们是单向的关系而不是辩证的关系，那么，从思想方法上就会陷入形而上学，这是马克思所反对的。

8. 费尔巴哈的道德是完全适合于现代资本主义社会的，不管他自己多么不愿意或想不到是这样。

可是爱啊！——真的。在费尔巴哈那里，爱随时随地都是一个创造奇迹的神，可以帮助克服实际生活中的一切困难，——而且这是在一个分裂为利益直接对立的阶级的社会里。这样一来，他的哲学中的最后一点革命性也消失了，留下的只是一个老调子：彼此相爱吧！不分性别、不分等级地互相拥抱吧！——大家都陶醉在和解中了！

——恩格斯：《路德维希·费尔巴哈和德国古典哲学的终结》，《马克思恩格斯文集》第4卷，人民出版社2009年版，第294页。

解读：马克思主义认为，道德是有历史性的。一切道德原则都是具体的、历史的，根本不存在抽象的、超历史的道德。不同的时代有不同的道德，道德是随着社会历史的发展而不断变化的，不同的社会、民族、国家，有不同的道德原则。超历史、抽象的、永恒的道德原则是不存在的。因而，恩格斯指出，费尔巴哈企图建立一种适用"一切时代、一切民族、一切情况"的道德，本质上是唯心主义的。这种道德观念否认了道德的阶级性、时代性，表面上看适用于一切时代，实际上却由于否认社会条件对道德观念的限制而变得没有任何实际价值。

马克思主义认为，道德是有阶级性的。道德是在一定的经济基础上产生，反过来又为这个经济基础服务。在阶级社会中，"每一个阶级，甚至每一个行业，都各有各的道德"，超阶级的道德是不存在的。因此，超阶级的普遍的爱是没有的，在阶级对立的社会，人与人之间在利益上尖锐对立，个人利益与社会利益之间尖锐对立,因而带来了个人与个人之间、个人与社会之间的严重冲突,存在的只是战争、争吵、诉讼、家庭纠纷、离婚以及人和人之间的剥削和压迫。费尔巴哈提倡以爱来解决社会中的所有矛盾是十分荒谬的。社会现实是对费尔巴哈爱的道德的最有力的批判和反击。

费尔巴哈宣扬抽象的爱是完全适合于现代资本主义社会的。他抹杀了阶级对立这一事实,企图以此调和统治与被统治阶级、剥削与被剥削阶级之间的矛盾,削弱和涣散了无产阶级的革命意志,起到了取消无产阶级革命斗争的消极作用。

9. 由于国家是从控制阶级对立的需要中产生的,由于它同时又是在这些阶级的冲突中产生的,所以,它照例是最强大的、在经济上占统治地位的阶级的国家,这个阶级借助于国家而在政治上也成为占统治地位的阶级,因而获得了镇压和剥削被压迫阶级的新手段。因此,古希腊罗马时代的国家首先是奴隶主用来镇压奴隶的国家,封建国家是贵族用来镇压农奴和依附农的机关,现代的代议制的国家是资本剥削雇佣劳动的工具。

——恩格斯:《家庭、私有制和国家的起源》(1884),《马克思恩格斯文集》第4卷,人民出版社2009年版,第191页。

解读:唯物史观认为,国家是由经济基础决定的,在生产中占支配地位的统治阶级为了维护和发展自己的经济利益,免遭内部和外部敌人的侵犯,建立了一个机关,这就是国家。因而,国家是社会发展的从属因素,是由经济关系决定的。为了争夺国家政权的政治斗争是阶级斗争的重要部分,凡是阶级斗争都要采取政治斗争的形式,但政治斗争的最终目的是为经济上的利益而进行的,也就是为了经济上的解放而进行的,是为了打破过时的生产关系,建立新的生产关系,使本阶级获得解放。政治斗争是实现经济利益的手段,因为政治是经济的集中表现,只有通过政治斗争,才能推翻敌对阶级的统治,夺取国家政权,从而从根本上满足自己的经济利益。因此,阶级斗争,其结局都必然集中到国家政权问题上。从这个意义上说,任何阶级斗争都是政治斗争,经济上的利益,只有通过国家政权才能得到最后的满足。国家本身并不是目的,只不过是各阶级为了争夺或维护自己的经济利益而建立起来的一种工具和手段,是从属于经济利益并为经济利益服务的东西。

国家的意志是由占统治地位的阶级利益决定的。国家的意志是在生产中占统治地位的阶级在经济上的要求之集中表现。由此可见,不是国家决定经济基础,恰恰相反,是经济基础决定国家制度。当然国家并不是消极的,国家的制度、政策、保护关税、贸易自由、财政制度等,也都会对经济基础产生强大的影响,起到促进或破坏经济基础的作用。但是,国家制度对经济基础的重要影响并不能否定经济基础的决定作用。

国家是由经济基础决定的这一历史唯物主义的基本原理,既适用于现代国家,也适用于古代国家。不论什么时代,国家都是不能脱离社会经济条件而独立存在的。现代历史不过是封建贵族、资产阶级和无产阶级为了经济利益,互相争夺国家统治权的斗争史。所以,现代国家是由经济利益决定的,它只是用来实现经济利益的一种手段。

10. **政治统治到处都是以执行某种社会职能为基础,而且政治统治只有在它执行了它的这种社会职能时才能持续下去。**

——恩格斯:《反杜林论》,《马克思恩格斯文集》第 9 卷,人民出版社 2009 年版,第 187 页。

解读:恩格斯将国家职能分为两个基本方面:政治统治职能和政治管理职能。政治统治重点在于维护社会秩序稳定,社会管理重点在于效率,即充分调动一切因素促进经济水平的提高和社会的发展。国家职能的推行是为了实现国家实质。在阶级社会中,统治阶级掌握国家权力,为了实现统治阶级的利益要求,必然会加强政治统治，国家成为统治阶级实现自身利益的工具。但是，这丝毫不会排除国家履行政治管理职能，毋宁说，在阶级社会中，国家履行政治管理职能是为了更好地追逐和实现统治阶级的利益。

质言之，国家的政治统治职能不可能是随心所欲的。一方面，社会管理职能与政治统治职能是相互影响的，管理职能是政治统治职能的基础和实现途径，政治统治职能则通过政治管理职能掩盖自己的本质，进而巩固统治阶级的利益；另一方面，如果国家的社会管理职能履行不当或履行不了时，最终会影响国家的政治统治职能，甚至可能引起社会动荡，威胁到统治阶级的利益。所以，统治阶级着眼于长远利益和整体利益，维护社会稳定和经济的健康有序发展，强调国家职能尤其是管理职能的重要性，并在某些时候可以牺牲统治阶级的局部利益或短期利益，以标榜国家职能的全民性和中立性，使国家职能脱离经济的束缚，披上了"国家服务于全社会"的外衣，模糊了阶级对立，缓和了统治阶级内部冲突，维护了社会的稳定。社会管理问题说到底就是如何处理国家与社会关系的问题。所以，当社会管理水平较高时，也就意味着国家与社会关系逐渐缓和，国家从社会中获得的认同和支持越来越多而阻力越来越少，国家意志的推行更加顺利，从而更容易实现统治阶级的利益。

11. **这样，我们看到，宗教一旦形成，总要包含某些传统的材料，因为在一切意识形态领域内传统都是一种巨大的保守力量。但是，这些材料所发生的变化是由造成这种变化的人们的阶级关系即经济关系引起的。**

——恩格斯：《路德维希·费尔巴哈和德国古典哲学的终结》，《马克思恩格斯文集》第4卷，人民出版社2009年版，第312页。

解读：唯物史观指出，宗教是现实社会在人的主观意识中的反映(歪曲、幻想、颠倒)。宗教等社会意识形态一旦形成,就具有相对独立性,必然会包含一定的传统在内。所有的意识形态在自己的发展中,都要继承前代的思想成果,在历史遗留下来的思想材料基础上继续前进,不可能完全脱离社会历史提供的基础。

社会意识形态的这种独立性最突出的表现在它能够反作用于社会。先进的社会意识促进社会的发展,落后的社会意识阻碍社会的发展。统治阶级必然会利用经济和政治上占统治地位的优势充分发挥社会意识形态的作用,以此加强自身的统治。

社会意识形态的独立性是建立在经济基础的决定性作用基础上的,即宗教的产生、发展变化、消亡都是由经济基础决定的,其独立性是相对的。宗教产生的根本原因是生产力极端低下,恩格斯随即分析了宗教在原始社会、奴隶社会、封建社会的发展情况以及基督教的产生情况,说明宗教是随着社会经济条件的发展变化而发展变化的。

12. 我认为,所谓"社会主义社会"不是一种一成不变的东西,而应当和任何其他社会制度一样,把它看成是经常变化和改革的社会。

——恩格斯:《恩格斯致奥托·冯·伯尼克》,《马克思恩格斯文集》第10卷,人民出版社2009年版,第588页。

解读:改革是推动社会发展的重要动力。改革的实质是在保持社会基本制度不变的前提下,对生产关系和上层建筑的某些方面和环节进行变革,实现社会的自我调整和局部改善,从而促进生产力发展和社会进步。改革在社会历史发展中的重要作用集中表现在,它是在一定程度上解决社会基本矛盾,促进生产力发展,推动社会进步的有效途径和手段。在一定社会形态的量变过程中,当社会基本矛盾发展到一定程度但又尚未激化到引起社会革命的程度时,需要依靠改革的途径或手段,来改变与生产力不相适应的生产关系和与经济基础不相适应的上层建筑。社会改革所涉及的领域是多方面的，包括经济改革、政治改革、文化改革等。

社会主义社会的改革是一场伟大的改革。社会主义改革是社会主义制度的自我完善、自我发展，是为了解放生产力，发展生产力，促进社会全面进步。改革的直接对象是束缚生产力发展的旧体制和思想观念等。改革就是要用新体制取代旧体制，使生产关系适应生产力的发展，使上层建筑适应经济基础的发展。从用新体制代替旧体制并解放生产力这个意义上说，改革也是一场革命。我国经过40年的改革，不断破除了束缚经济社会发展的旧观念和旧体制，初步建立起社会主义市场经济体制，推动了我国经济和社会的全面进步和人的全面发展，使中国特色社会主义事业充满了生机和活力。事实雄辩地证明，改革开放是决定当代中国命运的关键抉择，是发展中国特色社会主义、实现中华民族伟大复兴的必由之路；只有社会主义才能救中国，只有改革开放才能发展中国、发展社会主义、发展马克思主义。

13. **布鲁诺先生……有意识地扮演世界精神的角色，进入目前的同群众的戏剧性的关系中，在深思熟虑之后有目的地发明历史和完成历史。**

一方面是群众，他们是历史上的消极的、精神空虚的、非历史的、物质的因素；另一方面是精神、批判、布鲁诺先生及其伙伴，他们是积极的因素，一切历史行动都是由这种因素产生的。改造社会的事业被归结为批判的批判的大脑活动。

——马克思、恩格斯：《神圣家族，或对批判的批判所做的批判——驳布鲁诺·鲍威尔及其伙伴》，《马克思恩格斯文集》第1卷，人民出版社2009年版，第293页。

解读：布鲁诺·鲍威尔是青年黑格尔派的代表人物，他们承继黑格尔的英雄史观，将“英雄”等同为主动的“精神”，把“群众”等同为消极的“物质”，从而将精神与物质、英雄与群众根本对立了起来,甚至认为人类社会的历史就是英雄反对群众,精神反对物质的历史。针对这种英雄史观,在《神圣家族》中,马克思不仅强调了物质利益在历史发展中的重要作用,而且有力地论证了人民群众才是历史的主体,历史活动是群众的事业。马克思特别强调了工人阶级创造历史的伟大作用,指出,无产阶级能够而且必须自己解放自己。

唯物史观和唯心史观的分歧表现在历史创造者问题上就是群众史观和英雄史观。马克思主义产生以前,占统治地位的历史观是英雄史观。唯心史观从社会意识决定社会存在的基本前提出发,否认物质资料生产方式是社会发展的决定力量,抹杀人民群众的历史作用,宣扬少数英雄人物创造历史。英雄史观的产生有其深刻的认识根源、社会历史根源和阶级根源。从认识根源看,英雄史观之所以产生,主要是因为停留于历史现象的表面,把活动在历史舞台前面的少数英雄人物的作用,尤其是他们的意识的作用加以夸大并绝对化,而把默默无闻的广大人民群众及其历史活动置于视野之外。从社会历史根源看,英雄史观的产生同社会生产力水平较低,大多数人从事物质资料的生产活动,少数人从事政治统治、垄断精神文化生活有关。广大人民群众在私有制社会处于无权的地位,受剥削,受压迫,其积极性备受压抑,其历史创造性得不到充分发挥和社会应有的承认,而少数剥削阶级则掌握经济、政治权力,高高在上,独断专行,似乎他们在为所欲为地主宰历史。这就为英雄史观的产生提供了社会土壤。从阶级根源看,剥削阶级的思想家为了维护本阶级的利益,出于阶级偏见,不敢承认广大人民群众的历史作用,而需要用英雄史观来为自己服务。这是英雄史观得以产生并长期占据统治地位的重要原因。

马克思主义认为,在社会历史发展过程中,人民群众起着决定性的作用。人民群众是历史的主体,是历史的创造者。人民群众创造历史的作用是同社会基本矛盾运动推动社会前进的过程相一致的。在社会基本矛盾的解决过程中，人民群众是顺应生产力发展要求的社会力量，是具有变革旧的生产关系的愿望的社会力量，是主张变革旧的社会制度和旧的思想观念的社会力量。人民群众的总体意愿和行动代表了历史发展的方向，人民群众的社会实践最终决定历史发展的结局。

14. **人们自己创造自己的历史，但是他们并不是随心所欲地创造，并不是在他们自己选定的条件下创造，而是在直接碰到的、既定的、从过去承继下来的条件下创造。**

——马克思：《路易·波拿马的雾月十八日》，《马克思恩格斯文集》第2卷，人民出版社2009年版，第470页。

解读：人民群众创造历史的活动要受到一定社会历史条件的制约。经济条件对于人民群众的创造活动有着首要的、决定性的影响。一定历史阶段所达到的生产力水平，是人民群众创造活动的物质基础和前提。在不同的生产关系或经济制度中，人民群众的经济地位、经济利益和在生产过程中的作用是不同的。政治条件对人民群众的创造活动也具有直接的影响。在不同的政治制度下，人民群众的政治地位和享受到的政治权利不同，他们在政治以及其他领域中的创造作用的发挥也不相同。精神文化条件也是制约人民群众创造活动的重要因素。一定历史时期的人们总是自觉或不自觉地受到一定社会的思想文化传统和意识形态的影响。消极落后的文化意识会削弱人民群众创造历史的作用。而先进的科学文化和思想道德则对人民群众的创造活动起积极的促进作用。

我国的社会主义制度为人民创造历史的活动提供了极为有利的经济、政治和精神文化等方面的条件，但也存在着许多有待完善和改进的方面。我国的生产力水平还不够高，经济体制和政治体制还有不完善之处，科学文化还比较落后。这就要求我们必须坚持社会主义改革，加强经济建设、政治建设、文化建设、社会建设以及生态文明建设，进一步调动和发挥人民群众的积极性和创造性。

15. **不能因为他们伟大就把他们像神那样顶礼膜拜，不容许提出并纠正他们的失误和错误；也不能因为他们有失误和错误就全盘否定，抹杀他们的历史功绩，陷入虚无主义的泥潭。**

——习近平：《在纪念毛泽东同志诞辰120周年座谈会上的讲话》，人民出版社2013年版，第12页。

解读：马克思主义一向主张用历史分析法和阶级分析法评价历史人物。历史分析方法要求从特定的历史背景出发，根据当时的历史条件，对历史人物的是非功过进行具体的、全面的考察。要尊重历史事实，如实反映历史人物与当时社会历史条件的关系，如实反映历史人物的历史作用和历史地位。无视历史人物的历史局限性，夸大或过分美化或拔高古人是不对的。脱离具体的历史条件，用现代人的标准苛求前人，也是不可取的。阶级分析方法要求把历史人物放置于一定的阶级关系中，同他所属的阶级联系起来加以考察和评价。一定的阶级总是要推举或产生出自己的代表人物，以表达自己的利益和愿望，因而历史人物的作用受到阶级的制约；历史人物的命运，也往往同他所属的阶级的兴衰沉浮息息相关。在历史上，阶级的局限性决定了它的代表人物的局限性。离开了一定的阶级背景，就难以理解历史人物的产生、作用及其性质。

无产阶级领袖不同于以往历史上的杰出人物，因为他们所代表的是历史上最革命、最先进的阶级，他们在革命和建设中发挥了重大作用。但无产阶级领袖的活动必然受到一定历史条件的限制，有时也会有这样或那样的失误。评价无产阶级领袖人物，同样应该坚持历史分析方法和阶级分析方法。对于他们的功绩和失误，应放到特定的历史条件下来认识，做出实事求是的评价。

不能夸大个人作用,神化领袖。使领袖脱离群众的个人崇拜,只能损害领袖的形象,破坏群众和领袖的联系,不利于领袖作用的发挥,不利于社会主义革命和建设事业。

16. **没有自然界,没有感性的外部世界,工人什么也不能创造。自然界是工人的劳动得以实现、工人的劳动在其中活动、工人的劳动从中生产出和借以生产出自己的产品的材料。但是,自然界一方面在这样的意义上给劳动提供生活资料,即没有劳动加工的对象,劳动就不能存在,另一方面,也在更狭隘的意义上提供生活资料,即维持工人本身的肉体生存的手段。**

——马克思:《1844 年经济学哲学手稿》,《马克思恩格斯文集》第 1 卷,人民出版社 2009 年版,第 158 页。

解读:地理环境是人类社会生存和发展的永恒的、必要的条件,是人们生活和生产的自然基础。地理环境的重要性主要表现在以下两个方面:第一,地理环境是人类生存的场所。我们必须十分爱惜、妥善保护、合理利用我们所处的地理环境。第二,地理环境为人类提供生活资料和生产建设的资源。这些资源可以分为:(1)生态资源,如太阳辐射、气温、水分等,它们不以人类意志为转移,可以长久使用;(2)生物资源,如森林、草原、鸟兽鱼虫、菌类等动植物和微生物,此类资源具有再生机能;(3)矿物资源,包括煤、铁、石油等各种矿藏,此类资源储量有限,而且属于非再生资源。

人类生存既然依赖地理环境,地理环境就必然影响社会的发展。这种影响作用主要表现在两个方面:第一,地理环境通过对生产的影响、加速或延缓社会的发展。地理环境影响劳动生产率的高低和生产部门分布,在一定程度上决定不同国家经济发展的特点,制约一个国家经济发展的潜力和前景。第二,地理环境还可以通过对军事、政治的影响,在一定程度上制约不同同家社会的发展。地理环境虽然对社会发展起制约和影响作用,但对社会发展不起主要的决定作用,这是因为地理环境不能决定社会制度的性质和社会形态的更替,地理环境在社会发展中的作用受社会因素,主要受生产力和生产关系的制约。

在当今世界环境面临严重污染的情况下,必须提倡人与自然的和谐发展,把保护环境与发展科学技术和生产力有机地统一起来。首要任务是要人们认识保护环境的重要性和迫切性,端正人们对自然环境的态度。其次,要提高人们利用自然的科学性,把利用与保护、开发与培育、排污与治理合理地结合起来。再次,要把当前的发展与可持续发展结合起来。当今的环境问题是由人们不正确地利用科学和生产力所引起的,但要真正解决这个问题,还是要依赖生产力和科学技术的发展。为了保护环境而反对或停止科学技术和生产力的发展,是不可取的,也不能真正保护环境。

17. **根据唯物主义观点,历史中的决定性因素,归根结底是直接生活的生产和再生产。但是,生产本身又有两种。一方面是生活资料即食物、衣服、住房以及为此所必需的工具的生产;另一方面是人自身的生产,即种的繁衍。**

——恩格斯:《家庭、私有制和国家的起源》,《马克思恩格斯文集》第 4 卷,人民出版社 2009 年版,第 15 页。

人口因素是一个包括人口数量、素质、密度、构成、人口的发展、人口分布和迁移、人口的自然变动和社会变动等各种因素的综合范畴,也是重要的社会物质条件,对社会发展起着制约和影响的作用。主要有两方面:人口是社会物质生产的自然基础。没有一定数量的人口,就不可能有一定规模的物质生产,也会影响人类社会的存在和发展;人口状况会加速或延缓社会发展。人口因素各方面的状况和社会的生产力、科技、经济发展水平相适应会促进社会的发展,反之,人口状况不适应社会发展的需要,数量上太多或太少,人口素质低下,结构、分布不合理等则会阻碍社会的发展。人口因素不能决定社会的发展,不能决定一个国家社会制度的性质,不能决定社会制度的更替,不能说明社会制度的先进与落后,反而一个国家的人口状况却始终受该国的经济、政治、历史文化传统等条件的制约和影响。

人口问题是我国现代化建设中的一个严重问题,突出表现为人口数量多,在一定历史阶段增速过快,人口生产与物质生产比例严重失调,从而导致了人口生产与物质生产的尖锐矛盾,由此阐释了一系列的社会问题。此外,我国人口的老龄化趋势和初生婴儿男女比例失调问题也非常突出。我们要充分认识我国人口问题的严重性,采取切实可行的人口政策与措施加以解决。

18. **关于艺术,大家知道,它的一定的繁盛时期决不是同社会的一般发展成比例的,因而也决不是同仿佛是社会组织的骨骼的物质基础的一般发展成比例的。**

——马克思:《1857—1858 年经济学手稿摘选》,《马克思恩格斯文集》第 8 卷,人民出版社 2009 年版,第 34 页。

解读:艺术是通过塑造具体生动的形象来反映社会生活的意识形式。它靠形象来表现人们对社会生活的理解、情感、愿望和意志,按照审美的规则来把握和再现生动的社会生活,并通过美的感染力来影响人的思想情感和社会生活。但是,艺术等社会意识又有其相对独立性,即它在反映社会存在的同时,还有自己特有的发展形式和规律。主要表现在:

首先,社会意识与社会存在发展的不平衡性。社会经济发展水平较高的国家或地区,社会意识的发展水平未必都是最高的;某些经济水平相对落后的国家,其社会意识的某些方面却可以领先于经济发达的国家或地区。其次,社会意识内部各种形式之间相互影响且各具有其历史的继承性。社会生活的内在联系及其统一性,决定了社会意识诸形式之间也必然是相互影响、相互作用的。同时,社会意识诸形式均有自成系统、前后相继的历史链条，因而具有历史继承性，有其发展的特殊规律。最后，社会意识对社会存在具有能动的反作用。这是社会意识相对独立性的突出表现。先进的社会意识，反映了社会发展的客观规律，对社会发展起着积极的促进作用；落后的社会意识不符合社会发展的规律，对社会发展起着阻碍的作用。

社会意识的能动作用是通过指导人们的实践活动实现的。思想本身并不能实现什么，要实现思想就要付诸实践。而社会实践的主体是人民群众。因此，一种社会意识发挥作用的程度及范围大小、时间长短，同它实际掌握群众的深度和广度密切联系在一起。

正确而充分地发挥社会意识的能动作用，有赖于社会文化建设特别是先进文化的建设。文化是人类社会特有的现象。文化之中蕴涵着人类的智慧、价值追求和审美情趣，文化的核心是价值观，在根本上是民族的血脉、人类精神家园。凡是适应先进生产力发展要求、代表人民群众的长远利益、顺应人类文明发展趋势的文化都能起到促进社会进步和发展的作用。在人类历史发展中，先进文化是有效地解决人类社会生存和发展中各种矛盾的精神武器。在当代，文化与经济和政治相互交融，在综合国力竞争中的地位和作用越来越突出。在当代中国，发挥先进文化的能动作用，就必须走中国特色社会主义文化发展道路，坚持社会主义先进文化前进方向，传承和弘扬中华优秀传统文化，推进社会主义核心价值体系建设，树立高度的文化自觉和文化自信，推动文化事业全面繁荣，文化产业健康发展，兴起文化建设新高潮，提高国家文化软实力，发挥文化引领风尚、教育人民、服务社会、推动发展的作用，不断以思想文化新觉醒、理论创造新成果、文化建设新成就激发全民族创造活力，促进人的全面发展，建设社会主义文化强国，为人类的文明进步做出更大贡献。

19. **我们不是到犹太人的宗教里去寻找犹太人的秘密，而是**

到现实的犹太人里去寻找他的宗教的秘密。

——马克思:《论犹太人问题》,《马克思恩格斯文集》第1卷,人民出版社2009年版,第49页。

解读:马克思主义指出,宗教是支配人们日常生活的外部力量在人们头脑中的幻想的反映,本质上是一种“颠倒的世界观”,是由对神灵的信仰和崇拜来支配人们命运的一种意识形式。

宗教产生的根源有两点:第一是自然压迫的产物。由于生产力水平极端低下和缺乏科学知识,以及人们对自然现象的无知和恐惧,从而产生了各种形式的宗教观念;第二是阶级压迫的产物。阶级压迫给劳动人民带来苦难而人们又不能科学地解释这些社会现象,是宗教产生的又一重要根源。

宗教的功能和作用:宗教最初是被压迫者对现实苦难的叹息和抗议,而后被统治阶级所利用,成为统治被压迫者的思想工具。宗教将会长期存在并发挥作用。宗教与一定社会的经济、政治、文化问题交织在一起,对社会发展和稳定产生重大影响,我们必须积极引导宗教与社会主义社会相适应;宗教常常与现实的国际斗争和冲突相交织,是国际关系和世界政治中的一个重要因素,我们必须高度警惕和抵制境外敌对势力利用宗教进行渗透。要正确贯彻党和国家的宗教政策,加强思想政治工作,努力进行马克思主义宗教观的教育,进行辩证唯物主义和历史唯物主义科学世界观的教育,提高全民族的思想道德素质和科学文化素质。

五、教学资源与拓展

(一)教学案例

1. 温饱与道德

有个财主,家离县城200多里。有年冬天,下着鹅毛大雪,这个财主早晨起来,穿上狐皮大衣就准备骑马出门。有个老家奴,蓬头垢面,战战兢兢地跑到他的跟前,抓住他的马缰绳问:“天气这么冷，老爷还到哪里去？”财主说：“我去城里二程祠，给人家讲理学。”家奴说：“我也想去听听。”财主呵斥他说：“你懂得什么叫理学，又能听懂什么？”家奴用手指着腿说：“我主要是想听听，寒冬腊月，我该不该有条裤子穿？”

这个故事，涉及道德教化和物质基础之间的矛盾。老爷的皮大衣和马使他能够在大冬天出去讲理学，去进行道德教化。而对于家奴来说，冬天最迫切的是要有一条裤子穿，理学的大道理对于他来说是很遥远和不现实的事。

如何解决道德教化和物质基础的矛盾，儒家解决这个问题的办法是“先富后教”。

《论语·子路》记载：有一次，孔子到卫国去，冉有给他驾车。孔子说：“卫国人真多啊！”冉有问：“人已经很多了，该怎么办呢？”孔子说：“让他们富裕起来。”冉有又问：“富裕了，又该怎么办呢？”孔子说：“对他们进行教化。”这里所指的教化，主要是指道德教育。显然，孔子认为物质利益、物质生活和道德规范、道德教育在次序上有先后关系，“先富后教”包含着后者受到前者制约的意思。

对儒家先富后教的思想，我们可以从两个方面来理解。一方面，富而后才能教，富为教提供了可能，富是教的基础。孟子把孔子的“先富后教”思想加以展开，考察“恒心”和“恒产”的关系，认为“有恒产者有恒心，无恒产者无恒心”。恒产作为稳定的产业，是形成稳定的道德意识的前提。

在孟子看来，道德原则不是某种抽象概念，并不远离人的基本物质需要。物质生活对人的道德面貌影响很大。年成好的时候，人们的心地就很善良；年成不好的时候，人们就会变得很残暴。把富置于教之前，孟子看到了道德需要离不开一定的物质基础，这个看法是深刻的。

许多道德问题的产生正是与物质财富的不足有关。比如儒家最讲究孝,按照孝的要求,儿子应该把最好吃的东西留给父亲吃,最好的衣服应该留给父亲穿,据《孟子》记载:"五十者食肉,七十者衣帛。"之所以如此,一个很大的原因就是肉与帛这类东西在古代被视为高档消费品,在社会生产力欠发达的当时很难做到每个人都充分享受。当儿子有粗粮吃、有粗布穿的时候,儿子会想办法让父亲食肉衣帛。但是如果儿子自已饥寒交迫,恐怕他既没有心情也没有可能给父亲创造条件食肉衣帛。在现代社会,物质财富大大地增加了,特别是在一些比较发达的城市里,老年人随时可以"食肉衣帛",让父亲食肉衣帛不再是儿子表现自己道德感情的方式。可见随着社会的发展,不少原来的道德问题会随着物质条件的改善而不再成为道德问题。

富而后教的另一个方面是富而后必须教。物质利益作为道德教化的基础,只是为进行道德教化提供了一种可能。并不是有了一定的物质基础,就自动有道德行为、道德思想。验之以历史,验之以现实,"为富不仁""饱暖思淫欲"的事多得很。物质利益的满足并不必然地带来道德水平的提高。物质财富能满足人的自然属性,但人不仅是自然意义上的生物人,也是有着精神追求的道德人。财富的增加可以为道德问题的解决提供必要的物质基础。在封建社会,修撰史书、地方志,树碑,立牌坊,都要消耗大量的人力、物力。在现代社会,媒体上宣传先进人物,城乡精神文明建设的投入都非常大。但是,财富只是为道德问题的解决提供了物质条件,这只是解决道德问题的外在方面。道德观念、道德行为能否转化为大多数人的自觉思想,并通过自然而然的行为表现出来,这需要人们建立起稳定的道德人格。这是内在的方面,只有通过教化才能将外在的规范内化为内在的人格素养。

在现实生活中,如果单纯以满足物质生活与否来评价道德行为,这种片面性有可能导致否认在物质生活相对贫困时也有实行道德的可能。如果非要等到物质生活富裕了才会有道德,那么有些人在此之前为了追求物质生活利益，就可能会无所不为。道德的深层次问题如高尚的人格、自觉的意识，相对于物质具有一定独立性，做一个高尚的人并不一定要在成为大富翁以后。

对于大多数人来说，“仓廪实则知礼节，衣食足则知荣辱”。富了可能会自发产生对善的追求，努力过有道德的生活。但人对物欲的追求是无止境的，已经满足的欲望往往会激发起更多的欲望，物质财富永远不可能满足所有欲望。等待全部物欲满足后再进行教化是不可能的。道德教化不应该在物质财富全部满足之后再进行，而应该贯穿于富的过程中。

道德问题是很复杂的问题，一个社会的道德状况是由多方面的原因决定的，贫富只是其中之一。但是，先富后教的思想看到了道德问题与物质生活水平的相关性，这无疑抓住了关键，为我们解决现实生活中的一些问题提供了一个好的视角。

2. 历史发展有规律吗

有人说，历史是任人打扮的小姑娘。意思是历史是人根据人的主观需要制造出来的，没有客观性，当然也就没有规律。也有很多人认为历史有规律，《圣经》里面说：“太阳底下没有新鲜事”，认为历史会一再重复。《三国演义》里说：“天下大事，分久必合，合久必分。”也认为天下的合与分是有规律的。

中国传统哲学讲究“通古今之变”，要求认识和把握古今变迁的原因，这就涉及历史规律的问题。儒家思想家往往认为冥冥之中有一种天意在决定着人间的命运。孔子说：“死生有命，富贵在天”，这还是说个人的命运掌握在天手里。他还用“天命”来解释历史，把历史看成是圣人根据“天命”再造的，他说：“唯天为大，唯尧则之。”认为尧效法天创造了一套制度，这套制度可能会有所损益，也就是小的调整。但从根本上说，是不会变化的。孟子也讲天命论，他说：“五百年必有王者兴”，又说：“莫之为而为者天也，莫之致而致者命也”。他认为现实生活中的一切都是由天命所规定的。孟子认为历史进程最终是受非人力所能左右的天命支配的。他说舜得天下并不是由尧传授的,而是由天授予的;天不是通过语言来下命令,而是通过对历史进程的支配来体现其意志。可见,孔孟都认为历史的进程具有某种必然性,但这种必然性以天命的面目出现,而圣人则是天命的代言人。天命论者把历史发展和人生祸福都归结为主宰人类命运的某种神秘力量。认为在天命面前人只能服从,任何改变现实的努力都是徒劳无益的。

道家主张"道法自然",要求人们在社会历史活动中效法天地的自然法则。这多少意识到了社会历史也存在着同自然界类似的运动规律。但是,道家完全否定人的作为,否认人有认识规律的可能性,因而认为人在社会历史领域中的任何活动都是由"命"所支配的:"死生、存亡、穷达、贫富、贤与不肖、毁誉、饥渴、寒暑,是事之变,命之行也。"作为自然界和人类社会发展规律的"道",不仅具有不可捉摸的神秘性,而且走向了完全否定人为的命定论。

法家具有历史进化的观念,认为历史进化是一种必然趋势和客观规律。《君书》说:"圣人知必然之理,必为之时势,故为必治之政。"不过他们认为掌握了这种必然之理和必为之势的统治者所推行的"必治之政",必须以实力来支配一切,包括使用暴力,这里表现了他们对历史发展必然之势的认识的偏颇。

先秦诸子虽然都不同程度地认识到社会历史要受某种必然性的支配,但往往把这种必然性归结为神秘的天命或圣王的意志,从而导致历史观上的神秘主义。

王夫之是中国古代对这个问题做过认真思考的哲学家。他提出了"理势合一"的历史观。"理"是历史规律,"势"是历史发展趋势。他认为合乎历史发展规律,就自然成为发展趋势,而不得不然的历史趋势正体现了历史发展的规律。"理势合一"意味着可以通过外在的、具体的、可感知的历史趋势,来把握内在的、抽象的、不可直接感知的历史规律。这里肯定历史趋势是由内在规律支配的，对于传统的以圣王意志左右历史和在现实历史之外去设置"天命""天理"等主宰者的历史观，显然是一种批判。

王夫之意识到历史规律是随历史趋势之不同而不同的。他说："势因乎时，理因乎势。"势依存于现实的历史条件，时代条件不同，历史就有不同的发展趋势，不同的发展趋势就有不同的历史规律。王夫之还认识到历史规律是目的性和规律性的统一，主张势中见理，力图说明正是通过人的实际活动，才使历史规律得以实现，从而形成了历史发展的某种趋势。王夫之在分析秦始皇以郡县制代替分封制时说，秦始皇废除分封制，实现郡县制，是出于家天下的私心，但结果却是"天借其私以行其大公"，这里的"天"，就是客观历史规律。这意味着历史趋势正是借助于某些历史人物的活动而形成的。

王夫之不仅看到了历史趋势是人的合目的的客观活动的结果，而且意识到了历史的必然规律是通过表面上看来是偶然的东西为自己开辟道路的。这就是说王夫之已经从必然性和偶然性的关系中来探寻历史规律。

作为清初三大启蒙思想家之一的王夫之，由于已经有初步的民主思想的萌芽，还努力地把探求历史的趋势、规律和历史活动的主体力量联系起来，认为体现历史规律的历史趋势，虽然和个别人物的动机不完全相符，但却总是适应了大多数人的意愿。他说，从历史上看，社会上流行的风俗，总是过一段时间就变化了。能够行之千年而不易即表现为某种历史趋势的东西，就一定是人民乐于接受的，而人民乐于接受的，就一定是合乎历史规律的。这说明他意识到历史趋势是历史规律和人民意愿的统一。

3. 不敢属马的刘墉

刘墉是乾隆皇帝的宠臣。一天，乾隆跟刘墉说："朕今年 45 岁，属马的，你呢？"刘墉垂手说："臣也 45 岁，属驴的。"乾隆感到惊奇,又问:"朕属马,爱卿怎么属驴呢?"刘墉说:"万岁属马,臣怎能同属?只好属驴了。"

在上面的故事里,我们可以看到在传统社会里人和人的不平等。"平等"是我们现在常见常用的一个词,可是如果有人问究竟是什么含义,大家又会感到茫然。

"平等"这个词,古人不大讲,讲得比较多的是"上天生人不齐","人分三六九等"。在封建时代,人和人之间天生就是不平等的。皇帝是天子,乐了叫"龙颜大悦",恼了叫"龙颜大怒"。即使贵为宰相、尚书,也常常觉得"伴君如伴虎"。同样是官,也不平等,官大一级压死人。官下面是民,"民不与官斗"。民之中也不平等,分四类:士、农、工、商。最高贵的是读书人,"万般皆下品,唯有读书高"。读书人的高贵还在于有可能做官,"朝为田舍郎,暮登天子堂"。

人与人之间存在着差距,这是事实。从生理上说,有的人体格强壮,有的人弱不禁风;从智力上说,有的人聪明,有的人愚鲁。这是人和人之间天然因素造成的不平等。至于人与人之间由社会因素造成的不平等,那就更多。既然存在着事实上的不平等,为什么还要追求平等,把它作为一种信念呢?也就是说平等的依据何在?

从功利的角度说,如果社会生活中的人都持平等态度,那么,我们生活中的烦恼要少得多。在社会生活中,如果能够以平等的态度对待人,那么得到的就多,失去的就少。曹操写诗:"周公吐哺,天下归心。"说的是有贤士来了,周公常常饭吃到一半就出去会见,所以他的威信很高。在当前的历史条件下,人和人之间更要平等相待。现在的社会分工很精细,一个人日常生活需要的东西,大多是他人生产出来的。农民种地,离不开工人的机器。工人要生产,首先要吃饭,吃饭离不开农民生产的粮食。如果没有人清除垃圾,一座城市,用不了一个星期,人们就会觉得难以生存下去。从这个角度说,我们应该尊重清洁工。

从非功利的思想讲,平等思想是一种高尚的思想,表现为人对自己同类的尊重、同情,体现了人性中美好的一面。人与禽兽不同,人能觉悟到自己与其他人是一类。一条狗饿极了,可能会咬死另一条狗,然后把它吃掉。但是,如果一个人要吃掉另一个人,我们会说他丧失人性,不承认他是人。人类的这种本质,表现在行动上就是能够推己及人。推己及人是道德理论上的黄金律,西方的基督教讲,中国人也讲。中国的儒家在这方面讲得尤其充分。孔子不愿意因为天下大乱就离群索居,他说:“如果不跟人类在一起,难道叫我去跟鸟兽在一起吗?”他说仁者爱人,就是要把人当作人。宋儒说:“民吾同胞,物吾与也”,胸怀就更加广阔,不仅把人看成是自己的同类,而且要视天地万物为自己的同类。佛教说万类有情,禅宗说:“狗子也有佛性”,平等的范围一直扩大到动物。这一类的平等思想主要是从道德的领域来讲,是理想,是信念,是对人的尊重。有这个理想和没有这个理想,区别是很大的。如果一个社会,每个人都能受到平等相待,都有平等发展的机会,那么,社会上的大多数人就会心平气和。反之,可能就会有很多人不满,社会就会动乱。中国封建社会的农民起义,打的旗号大多是“等贵贱,均贫富”,就是跟人与人之间的不平等有关。一个公正的社会,应该让每个人都看到机会。每个人都可以梦想自己做总统、做将军,社会应该提供这样的机会,至于最终能否做到,这要看每个人的努力和机遇。

4. 古代的民主

孟子和齐宣王谈话,谈到周武王杀死商纣这件事时,他说:“我只听说武王杀死了一个叫纣的人,却没有听说他杀死了国君。”孟子认为,如果一个国家遇到像桀、纣那样的暴君,就可以像杀死独夫一样把他杀掉。在孟子看来,像纣这样的国君,已经不能算是国君了。纣王为什么会失去天下呢,孟子总结说是由于失去了民心。孟子把这一思想概括为民贵君轻，现代人也把它称为民本思想。孟子的这种说法令后来的君王大为不满，比如明朝的开国皇帝朱元璋听人讲“民为贵，君为轻，社稷次之”，就很不高兴，一怒之下，撤掉了孟子在孔庙里的陪侍地位。

民本思想涉及的是民众与君主究竟谁是社会历史的主体的问题。

民本思想在中国历史上萌芽很早，周以一个偏僻的小邦，能够取代强大的殷商，一般的人可能会把原因归结为天命，认为天不再宠爱殷，转而宠爱周。但是像周公这样的大政治家则非常清醒地认识到民众在社会历史中的作用，提出“保民而王”的主张，强调统治者要考虑民众的利益，才能建立自己的统治。西周的另一位政治家召公要求君主重视民意，使民众有渠道把自己的意见表达出来，否则老百姓的愤怒情绪就会像大水冲垮堤坝一样，冲塌统治者的宝座。

孟子对前人的思想加以概括和提升，提出了以“民贵君轻”为核心的民本思想。为什么民贵君轻呢？孟子的这种认识来源于历史的经验：“桀纣之失天下，失其民也；失其民者，失其心也。得天下有道，得其民，斯得天下矣。”得民心者得天下的道理，往往在一场社会大动荡之后，就显得更为深刻。强大的秦朝，被揭竿而起的农民所推翻，汉代贾谊在《过秦论》中总结这一教训，说：“自古至于今，与民为仇者，有迟有速，而民必胜之。”肯定只有得民心者才能得天下，这是传统民本思想的基本观点。唐朝是在隋末农民大起义的血泊中建立起来的，唐代统治集团看到了人民的巨大力量，为了维护李唐王朝的长治久安，唐太宗时时不忘以隋亡为诫，认识到“国以民为本”，“君，舟也；人，水也。水能载舟，亦能覆舟”。老百姓是水，皇帝是船，皇帝既可以依仗百姓像船一样浮在水面上，而百姓也可以把皇帝随时推翻。因此，唐太宗实行了一系列有利于百姓的政策，唐朝人民的生活一度得到改善，国家政局稳定,唐朝由此逐步强盛起来,出现了著名的“贞观之治”。

由此出发,传统民本思想还多方面地讨论了如何得民心的问题。孟子说:“得其心有道:所欲与之聚之,所恶勿施,尔也。”就是说,要给人民以实际利益,与人民同忧乐,才能得到人民的支持。“乐民之乐者,民亦乐其乐;忧民之忧者,民亦忧其忧。”唐代的柳宗元进一步指出,官吏应是人民的仆役,他的职责就是给人民以实际利益。他说,如果一个官吏拿了俸禄又不给人民以实际利益,甚至还要盘剥人民,难道人民没有理由发怒吗?

我们现在应该如何看待民本思想呢?应该承认,民本思想在客观上有利于民众生活,但不能把民本思想等同于现代民主思想。传统所谓“民贵君轻”,并不是说老百姓真的比君主尊贵,而是说,老百姓对于稳固统治很重要。民本的出发点不是为了老百姓自身,而是把老百姓作为延长统治的手段。因为在传统社会没有人生而平等的观念,因而民本通常表现为官为民做主,老百姓自己不是自己的主人。与民本思想有关的中国传统的清官思想,比如“当官不为民做主,不如回家卖红薯”,总是隐含着民众在智力上、人格上不足以自我做主,需要有一个好官来保护他们的意味。民本思想由于总是把实施的可能寄托在君主、官员的个人品德上,实行起来没有制度上的保障,所以在中国历史上并没有得到真正贯彻,但它毕竟表现了古代哲人对民众力量在社会历史中作用的认识。

现代民主思想的起点是人和人之间的权利平等,充分肯定每个人的行为自主和道德自觉能力。社会中的每一个个体都是平等的成员,他们有分工的不同,但是每个人之间没有高低贵贱之分。每个人可以依据法律制度来保障自己的权利,不需要别人为他做主。公务人员依照法律、规章维护民众利益,但并不意味着他们在智力上或道德上更加高人一等。他们在行使职权的时候,也应该受到监督和制约。民主和民本在实施过程中最大的区别是,民主相信所有人都能依照制度来享受权利和承担义务,而民本则把希望寄托在少数人的个人品德上。因而,在建立现代民主制的过程中,要谨防传统民本思想的负面影响。

5. 美的趣谈

人们的审美观念是由他们的物质生活条件决定的。非洲有些部落以为拔掉上门牙或挫短上门牙是美的,因为前者使他们和反刍动物相像,后者使他们和食肉的野兽相像。还有些部落的妇女为了追求美丽,在自己的上嘴唇上钻一个孔,穿上一个金属的或竹制的大环子。

人们的审美观念也随着社会生活条件的发展变化而发展变化。唐朝初年,由于崇尚武功,封建统治者把长得健壮丰满当作美女的标志。而到了五代十国的后唐,由于封建阶级日趋没落,整天沉溺于酒色歌舞,因而逐渐把缠裹小足、轻盈瘦削、弱不禁风当作美人。

6. "血腥的法律"

在英国"圈地运动"中,被强制剥夺了土地的农民,走投无路,贫困交加,无衣无食,甚至找不到一个暂时遮蔽风雨的栖身之地。他们只好颠沛流离,扶老携幼,逃亡他乡,成群结队地流入新兴的城镇。虽然这时资本主义的工场手工业发展得很快,但是要立刻全部吸收成千上万的劳动者进去做工,还是不可能的。这样就造成许多人被迫沦为乞丐、流浪者,有些人甚至铤而走险,成为盗贼、小偷。英国政府为了强迫这些破了产的农民俯首帖耳地进入资本主义企业,成为资产阶级剥削的对象,制定了一系列所谓惩治流浪者的法律。

1503 年,英王亨利八世执政时,英国法律规定:允许年老和无劳动能力的乞丐行乞,但是对于身强力壮的流浪者,则加以残酷的鞭打和监禁。他们被绑在马车后面,被鞭打到身体流血为止。后来又增加了一些更加残酷的条文。如果在流浪时第二次被捕,就再受鞭打,并被割去半只耳朵,如果第三次被捕,就要被当作重罪犯和社会的敌人处死。

1547 年,爱德华六世时,又颁布了一项法令,规定:拒绝劳动的人,如被告发为游惰者,就要被判为告发者的奴隶。他有权利用鞭打或镣铐强迫奴隶从事艰苦的劳动。逃亡 14 天的奴隶,就要判为终身奴隶,并在额头上或脸颊上打上 S 字样的烙印。如果第三次逃亡,就要当作叛国犯处死。主人可以把奴隶出卖、馈赠、出租,完全像对待其他动物和牲畜一样。如果奴隶图谋反抗主人,也要被处死。这种残酷的迫害,连孩子们也不能幸免。法律规定:任何人都有权将流浪者的子女领去当"学徒"。男的当到 24 岁,女的当到 20 岁为止。如果他们逃亡,就要成为他们"师傅"的奴隶。师傅可以给他们戴镣铐、鞭打他们。为了便于识别和保险起见,每个主人可以在自己奴隶的脖子上、手上或脚上套上一个铁环。

在伊丽莎白女王执政时期的 1572 年,法令规定:没有得到行乞许可证的 14 岁以上的乞丐,如果没有人愿意使用他们两年,都要受到猛烈地鞭打,并在左耳上打上烙印。如果有人再度行乞,而且年过 18 岁,又没有人愿意使用两年,就要被判处死刑。第三次重犯,就要毫不留情地当作叛国犯处死。后来詹姆斯一世时,又规定:凡是游荡和乞食的人,被宣布为流浪者。法院的治安法官有权当众鞭打他们,监禁他们。被视为不可救药的危险流浪者,要在左肩上打上 R 字的烙印,并要从事强制劳动。如果他再度在行乞时被捕,那就要被毫不容情地处死。这类血腥的法律,一直到 18 世纪初还继续有效。根据这种血腥的法律,仅在亨利八世执政时期就有 7.2 万名所谓"盗犯"被处死。在伊丽莎白女王时代,差不多每年都有三四百个流浪者,被拉上绞刑架。

7. 一本书引起了一场战争

1850 年的一天,美国一位穷苦教师的妻子哈丽哀特·斯陀夫人，收到了弟媳妇的一封信，信上说："哈蒂，要是我能像你那样动笔写文章的话，一定要写点东西，使全国都认识到奴隶制度是多么可诅咒的事情。"

斯陀夫人看完信，抑制不住内心的激情，坚定地对自己说："我要写！只要我活着，我一定要写！"她要写什么呢？原来，当时美国南方还实行着黑人奴隶制度，几百万黑人遭受着奴隶主的残酷压榨和迫害。美国国会在 1850 年又通过了镇压黑人奴隶反抗的所谓"逃奴法案"，使广大黑人处境更悲惨了。这一切，激起了广大有正义感的美国人的义愤，废除奴隶制度的呼声越来越高。斯陀夫人决心要写的，就是一部暴露奴隶制度黑暗的小说——《汤姆叔叔的小屋》。她通过一个黑人奴隶汤姆的悲惨遭遇，控诉了奴隶制度的残暴，有力地宣传了废除奴隶制度的民主主义思想。

斯陀夫人的小说一出版，立即畅销全国，并迅速传遍世界，受到了广泛欢迎。这本书进一步激发了美国人民反对奴隶制度的斗争。1861 年 4 月，终于爆发了北方资产阶级和广大人民群众同南方奴隶主的南北战争。经过四年激烈的战斗，南方奴隶主军队被打败了，罪恶的奴隶制度也被推翻了。在南北战争期间，斯陀夫人到华盛顿访问了林肯总统。林肯见到她，高兴地说："噢，你就是写了引起这场伟大战争的那本书的妇女啊！"

林肯的这句话虽然有些夸张，却充分说明了《汤姆叔叔的小屋》这部小说在当时影响之大。斯陀夫人在小说中所表现的民主主义思想，对促进废除黑人奴隶制度的南北战争的爆发，确实起了重大的作用。

8. 巴黎公社与《国际歌》

巴黎公社失败后，欧仁·鲍狄埃的心头充满了悲愤。"我们不能沉默啊！要继续战斗，为了公社，为了劳苦大众。"鲍狄埃自言自语地说。

鲍狄埃是一个贫困家庭的孩子,此刻,他想到悲惨的童年,想到全世界千千万万饥寒交迫的奴隶,想到无数战友为了追求革命真理洒尽了自己的热血,想到全世界无产阶级为自己的解放进行英勇斗争的情景,他再也抑制不住自己的激情,写下了反映巴黎公社革命精神的诗篇《国际歌》。这首歌,后来成为全世界无产者的战歌。列宁曾指出:“公社被镇压了……但是鲍狄埃的《国际歌》却把它的思想传遍了全世界,在今天,公社比任何时候都更有活力。”

《国际歌》的创作过程充分说明,无产阶级的革命歌曲,只有在无产阶级的革命斗争中才会产生。没有巴黎公社的斗争,哪会有《国际歌》呢?

9. 近代外交史上破天荒的大事

五四运动虽然没有完成反帝反封建的任务,但罢免卖国贼和拒签《和约》取得了胜利。它充分显示了人民群众的伟大作用。就拿拒签《和约》来说,这是中国近代外交史上破天荒的大事。1919 年 6 月 17 日,北京政府电令出席巴黎和会的代表在《和约》上签字,全国各界拒签运动更加高涨。6 月 20 日,山东各界代表团赴京请愿,要求拒签和约,25 日,长沙各界人民在学生发起下示威游行,27 日,上海各界召开万人参加的国民大会,同日,北京学生及各界代表面见大总统徐世昌。

据统计,在巴黎的中国代表,接到国内要求拒签和约的电报达 7000 封之多。上海国民大会的电文中说:“今(27)日开各界大会,到者万人,决议拒绝签字及废除中日间一切不平等之条约。务请抵死坚持,否则国人必有以待公等。”(《新闻报》1919 年 6 月 28 日)6 月 28 日,为《和约》签字之日。但这一天,巴黎的“各专使的寓所满被侨法的中国工人和学生围住了,不准专使出门,扬言如果出门,当扑杀之。吾们已预备了。每一个专使的命用三个人的命去偿他。这预备偿命的人已开了名单,不管要出门的专使是被谁打死的,这预备偿命的人总去偿命,因此专使不敢出门。”(《时事新报》1919年7月6日)如果没有人民群众的直接斗争,这一壮举是不能实现的。

10.“大海”和“泡沫”

1956年6月,邓颖超同志和作家韩素音的一次谈话中,把中国人民比作大海,把领导人比作浪头上的“白色泡沫”,“大海生下了这些白色泡沫,负载着这些白色泡沫,这些白色泡沫常常更生,但是如果没有大海,这些白色泡沫就不存在了”。

这个形象的比喻,包含着丰富而深刻的内容,拿五四运动讲,当时一些代表人物,有的紧靠人民,站在时代潮流的前头,不断前进,有的则离开人民,昙花一现,迅速消失。

李大钊是中国最早的马克思主义者。“铁肩担道义,妙手著文章。”他的“道义”和“文章”,影响了“五四”时期的整整一代先进青年。他成为中国共产党创始人之一,为共产主义奋斗终生,最后慷慨就义于绞刑架下。“大节凛不辱”,“浩气贯长虹”。胡适是资产阶级的右翼代表。他反对文言,提倡白话,在新文化运动初期起过一定作用。但他以实用主义反对马克思主义,以改良主义反对革命,后来投入反动营垒中,受到了人民的谴责。在新文化运动中攻击封建礼教比较激烈的吴虞,名噪一时,被人称为“四川省只手打倒孔家店的老英雄”。但是,在“五四运动”之后不久,他却又尊孔讲经去了,并颓废、沉沦为大烟鬼。

11. 时装的变迁

1939年第二次世界大战爆发,战争带来了巨大冲击,几乎一夜间欧洲的奢华完全消失,取而代之的是严格的配给制。服装的款式也不得不缩水,从前盛行的百褶裙变得不切实际,女裙的褶裥数量受到严格控制,最后变成直筒的修身样式,袖子、领子、腰带的宽度也在减少,窄袖、小翻领、细腰带成为当时的流行。精美绝伦的刺绣及奢华的皮草全部受到禁止。穿上更为实用的服装成为当时女性的现实写照。

在战争背景下，军队制服成为一种时尚。1942 年的电影《卡萨布兰卡》中女主角的妆容严肃而美艳，同时又富有成熟温柔的风韵。此造型健康自然，一点也不奢华，代表了当时那个时代的美女。1945 年，历时 6 年的第二次世界大战终于结束。战后的第一年，服装的外形轮廓并没有发生太大变化。直到 1947 年，高级时装才在巴黎复苏。经过了多年经济萧条和战争之后，人们都渴望再次穿上漂亮而奢华的服装以抚平内心的创伤。

法国设计师 Christian Dior 意识到了这一点。于 1947 年 2 月 17 日，在巴黎推出了以“花冠”命名的系列时装。具有 19 世纪上层妇女的那种高贵、典雅的服装风格，但运用新的技术和新的设计手法，重新演绎，表现出的女性化与战争时期的男性化形成强烈的对比。“花冠”系列时装的袖子长度通常到小臂中央，即所谓四分之三袖，里面衬以长手套，圆润平滑的自然肩线，用乳罩衬托的高挺丰胸，束细的纤腰，用裙撑撑起来的宽摆大长裙长过小腿肚，离地 20cm，搭配细跟高跟鞋。整个外形十分优雅，女性味十足，充分展现了女性优美的形体，如此优雅的服装一经推出就完全征服了整个巴黎时装界。从此，Dior 的这个系列被称为 New Look。这个系列毋庸置疑地为饱受战争之苦的人们带去了希望，更成为战后乃至整个 20 世纪 50 年代的标准廓形。

总而言之，窄裙套装、小圆头高跟鞋都是 40 年代风格的重点，虽然不及以往的大胆和奢华，但却别具优雅。而烙有战争影子的军装制服更是 40 年代的绝对标志，女人从此有了优雅之外的另一种帅气选择。

（二）教学视频

1.《航拍中国》

《航拍中国》，央视 9 套纪录频道播出的纪录片。共 34 集，分五季播出，是近年国内航拍规模最大、单集投资金额最高的大型航拍纪录片。

《航拍中国》俯瞰华夏大地，从自然风光到城市人文，从中国最西端到最南端，从云端鸟瞰中国锦绣河山，品味美丽城市、生态城市、文明城市。《航拍中国》第一季的六集，用全航拍的方式呈现上海、新疆、海南、江西、黑龙江、陕西六个省级行政区域，涵盖我国东、西、南、北、中各区域。鸟瞰神州，地形地貌、气候环境、自然生态各不相同。从空中领略中华大地的大、美、奇、幻。观众从空中直观地看到，新疆特克斯为什么被叫作八卦城，三沙的永乐龙洞为什么被称为"大海瞳孔"，还有陕西两河交汇"泾渭分明"的奇观、江西庐山西海的心形岛、陆家嘴云端之上的摩天大厦、占据黑龙江六分之一面积的"森林海洋"大兴安岭。《航拍中国》想要表达的主题是爱，用导演余乐的话说，"是人类对自己所生存的这片土地的深情，是对其置身的这个世界的凝望，这份感情是超越时间和空间的。"纪录片播出后，有人坦言，"终于能理解艾青的那句诗'为什么我的眼里常含泪水，因为我对这片土地爱得深沉'。"

2.《舌尖上的中国》

《舌尖上的中国》，是中央电视台播出的美食类纪录片，主要内容为中国各地的美食生态。通过演绎中华美食的多个侧面，来展现食物给中国人生活带来的仪式、伦理等方面的文化；见识中国特色食材以及与食物相关、构成中国美食特有气质的一系列元素；了解中华饮食文化的精致和源远流长。《舌尖上的中国》对食物朴素细腻的描述，对人和食材的关系的微妙理解，悄然传达出几千年来中国人在劳动中所产生的智慧思考以及味觉审美，每一道食物都能勾起观者的浓浓思乡之情。正是因为这些，才使这部纪录片呈现出与众不同的魅力感召。"乡愁"是一种无法割舍的情怀，不管是从南方到北方，从国内到海外，所谓最好吃的菜是妈妈做的菜，最好的东西是故乡的东西，最好的回忆是童年的回忆。

《舌尖上的中国》勾起的不光是对美食的垂涎，还有流泪的冲动。"因为爱中国饮食，所以更爱中国。"该片把一批已经不常看电视的"80后""90后"又重新拉回电视机前，收到了传统爱国主义教育没有的效果，也许这是该片的"意外收获"。

3.《水问》

《水问》，中国国际电视总公司出品的纪录片，整部作品共360分钟，分为八集播出，分别从危机、饮水、生态、利用、分配、治理、节水、文明八个方面回答有关水的问题。该纪录片关注的是现实社会热点问题，展现了城市生活中的节水困境，披露了触目惊心的湖泊、河流污染调查结果，访问了中国乃至世界一流的水问题专家，分析了水危机出现的深层次原因，推荐了符合科学发展观的用水管水理念，并试图寻找一条符合中国国情的、人水和谐的发展道路。《水问》在拍摄过程中得到了中国一流水问题专家，以及部分国际水问题专家的全力支持，他们对作品所揭示问题的深度和广度给予了相当高的评价，认为《水问》不仅能够起到唤醒民众资源危机意识的作用，也能够为政府决策、社会发展提供相当水准的资料参照。

4.《大国崛起》

《大国崛起》，央视第一部以世界大国的强国史为题材并跨国摄制的大型电视纪录片，共12集。全片以15世纪后陆续崛起的葡萄牙、西班牙、荷兰、英国、法国、德国、日本、俄罗斯、美国九个国家作为解读的对象，展现它们通过不同方式、在不同时期内完成的强国历程，既体现出各自鲜明的不可重复的时代特征和民族个性，同时也探讨了某些相通的规律。这是《大国崛起》的主旨所在。该纪录片并不是一部以挖掘历史细节或揭秘历史真相为目的的纪录片，它更注重历史带给现实的思考，为讨论国家发展问题提供了可资借鉴的历史资源和文明资源。在中国持续快速发展的时代背景下，懂得聆听历史，更是一种深远的智慧。

5.《天启——第二次世界大战》

《天启——第二次世界大战》,法国制作的纪录片,在 CCTV - 1《魅力纪录》栏目播出。该片以亲历者的视角重现了二战的真相,很多珍贵的影像是第一次面世。《天启》共 6 集,分别为《闪电战》《耻辱的溃败》《兵临莫斯科》《燃烧的世界》《宿命难逃》和《苍鹰溃败》。纪录片中,出现了丘吉尔、罗斯福、斯大林、希特勒等左右战局的各方人物。片中对慕尼黑协议签订、敦刻尔克大撤退、奥斯维辛集中营等,这些举世震惊的重要历史事件都有详细的描述。本片除了采用从各国官方得到的普通素材外,还大量使用了绝密档案影片、平民纪录影像,以及当年未使用过的新闻影片等。其中,关于英法联军和德意法西斯各方的画面,多是随军记者实地拍摄,极为珍贵。

6.《这里是北京》

《这里是北京》,北京电视台唯一的一档全面介绍北京本土文化的节目。该节目用独特的方式探访北京的人文古迹、巷陌民风;用独特的视角反映北京的历史、文化、名人、掌故。在变化中看传统的北京,在变化中看现在的北京。探寻老北京的人文精神,留住易逝的文化根脉,《这里是北京》——一幅北京精神地图。

(三)国外学者评价

不是经济动机在历史解释中的首要地位(Vorherrschaft),而是总体的观点,使马克思主义同资产阶级科学有决定性的区别。总体范畴、整体对各个部分的全面的、决定性的统治地位(Herrscht),是马克思取自黑格尔并独创性地改造成为一门全新科学的基础的方法的本质。

——[匈牙利]卢卡奇:《历史与阶级意识》,杜章智等译,商务印书馆 1995 年版,第 76 页。

历史唯物主义最重要的任务是,对资本主义社会制度做出准确的判断,揭露资本主义社会制度的本质。因此,在无产阶级的阶级斗争中,历史唯物主义总是为以下目的而被加以运用:在资产阶级用各种意识形态成分来修饰和掩盖真实情况即阶级斗争状况的一切场合,用科学的冷静之光来透视这些面纱,指出这些面纱多么虚伪、骗人,多么同真相不一致。这样,历史唯物主义的首要功能就肯定不会是纯粹的科学认识,而是行动。历史唯物主义不是目的本身,它的存在是为了使无产阶级看清形势,为了使它在这种明确认识到的形势中能够根据自己的阶级地位去正确地行动。

——[匈牙利]卢卡奇:《历史与阶级意识》,杜章智等译,商务印书馆 1995 年版,第 307 页。

历史唯物主义正是资本主义社会的自我认识。

——[匈牙利]卢卡奇:《历史与阶级意识》,杜章智等译,商务印书馆 1995 年版,第 315 页。

不能没有马克思,没有马克思,没有对马克思的回忆,没有马克思的遗产,也就没有将来:无论如何得有某个马克思,得有他的才华,至少得有他的某种精神。

——[法]德里达:《马克思的幽灵》,何一译,中国人民大学出版社 1999 年版,第 21 页。

马克思主义也能够发展成一种批判性的知识形式,认为社会主义就是由自治主体所组成的,而科学存在的唯一理由是要让经验主体(无产阶级)从异化与压迫中获得解放。

——[法]利奥塔:《后现代状况:关于知识的报告》,岛子译,湖南美术出版社 1996 年版,第 117 页。

我认为费利克斯·加达里和我一直都是马克思主义者,也许方式不同,但是我们俩都是。我们不相信那种不以分析资本主义及其发展为中心的政治哲学。马克思著作中最令我们感兴趣的是将资本主义作为内在的体系加以分析。

——[法]德勒兹:《哲学与权力的谈判——德勒兹访谈录》,

刘汉全译,商务印书馆2000年版,第195页。

经济结构促进生产力发展的这一明显的事实并不损害生产力的首要性,因为生产力是按照经济结构促进生产力发展的能力来选择经济结构的。

——G. A. Cohen:Karl Marx's Theory of History:A Defence,Oxford:Clarendon Press,1978,P. 162.

比起我们美国和西方其他国家,中国实现生态文明的前景更令人乐观。这就是为什么我总是对远方来的中国客人讲“生态文明的希望在中国”。尽管我的许多美国同胞不同意我的看法,但我依然要说中国是最有希望实现生态文明的地方,这不仅因为理论上中国是《易经》的民族,推崇变化,欣赏中道,而且就现实的层面讲,与美国不同,中国政府仍控制着货币制造:在很大程度上,中国政府在使用这一权力去广泛分配增长的福利,而不是将福利集中在一小撮人的手里。这方面,中国所坚持的马克思主义有助于她抵抗力量金融寡头的霸权,谋求普通民众共同的福祉。

——[美]小约翰·柯布:《历史性的一步——评中国的生态文明建设》,摘自《当代中国马克思主义哲学研究(2013)》,中央编译出版社2013年版,第277~278页。

马克思主义主张消灭资本主义,主张科学技术推动社会发展的思想等,这些都与现代西方的科学主义思想和现代性思想是相一致的。但是,马克思主义反对人压迫人的社会制度,主张用社会主义代替资本主义,主张通过消除私有制来解决社会不公平等社会问题,这与某些资本主义学者的观点很不一样。马克思主张消灭私有制,实现人人平等的社会,这无疑有积极意义。但是,马克思主张通过社会革命的手段来消灭资本主义制度的设想,现在看来,人类社会历史的发展可能会有错综复杂的情况,会有不同的发展道路。

可喜的是,马克思主义是不断发展的。比如,西方近些年来出现了生态马克思主义学派。如美国的本·阿格尔、詹姆斯·奥康纳和约翰·贝拉米·福斯特等人倡导的生态学马克思主义，虽然其研究的具体内容和观点我不太了解，但是，这表明马克思主义者关注现实，随着时代的发展而不断前进，马克思主义也在不断地超越现代性，试图克服现代工业化的弊端，坚持生态文明建设道路。中国的马克思主义者开始关心西方生态马克思主义的进展，也是这方面的证明。我期待生态马克思主义研究在中国有重大发展，这对中国建设生态文明一定具有积极的促进作用。

——[美]小约翰·柯布：《寻求超越西方现代文明的新途径——美国建设性后现代哲学家柯布教授访谈录》，摘自《当代中国马克思主义哲学研究(2013)》，中央编译出版社 2013 年版，第 296 ~ 297 页。

如果“统治阶级”在原则上掌握国家权力(公开地或更多地借助于各阶级之间或各阶层之间的联盟)，因而能支配(镇压性)国家机器，那么我们可以肯定，就最后占统治地位的意识形态是真正在意识形态的矛盾中体现于意识形态国家机器里头的这个范围而言，这同一个统治阶级是活跃在意识形态国家机器里头。

——[法]阿尔都塞：《意识形态与意识形态国家机器》，摘自《列宁和哲学》，台北远流出版公司 1990 年版，第 167 页。

首先，所谓的经济基础明显地存在许多重要的超经济条件，诸如法律、国家。这使得它自身的运作依赖于这些条件在多大程度上和在什么方面得到保证。其次，经济基础本身具有根本的政治和意识形态，以及技术—经济方面的内容。这意味着所谓的经济基础不是纯粹经济的，在性质上是混合的或偶然的。第三，它不具有绝对的自主性，从而使它不能作为所谓的上层建筑现象的独一无二的原因而运转。第四，如果经济基础不能作为上层建筑的“无条件的原因”来运作，那么后者就不能当作是他治的。

——Jessop B. , State Theory: Putting Capitalist States in Their

Place. Cambridge:Polity Press. 1990. pp. 81 ~ 82.

国家可以作为这个权力集团的各个阶级和派别利益的政治保证人,来反对霸主阶级或派别的利益,并且,有时候国家也可以挑拨这些阶级和派别来反对霸主阶级或派别的利益,但是,它是按照它那霸主阶级或派别的政治组织者的功能而这么干的,而且,它强使霸主阶级承认为了它的霸权作出必不可少的牺牲……这就是国家的相对自主性。

——[希腊]波朗查斯:《政治权力与社会阶级》,叶林等译,中国社会科学出版社 1982 年版,第 343 页。

国家实际上是阶级统治的重要工具。国家并不是互相竞争的利益集团间的中立的裁判者,而不可避免地是一个深深介入其中的偏袒者。它对社会事务的干预是经常的、决定性的和无所不包的,这是由国家的最基本的特性决定的,即国家是统治阶级的工具,最终是所有这些工具中最重要的工具。

——[英]密利本德:《马克思主义与政治学》,黄子都译,商务印书馆 1984 年版,第 72 页。

国家的相对自主性并不减少它的阶级性质;相反,它的相对独立性使国家有可能以适当灵活的方式行使阶级的任务。如果国家果真仅仅是阶级统治的工具,那么它履行其任务就会不被避免地受到约束。国家的代理人决定如何最好地为现存的社会秩序服务,完全需要一定范围的自由。

——[英]密利本德:《马克思主义与政治学》,黄子都译,商务印书馆 1984 年版,第 95 页。

经典的马克思主义从来就不认为在资产阶级民主制度中为改良而斗争同推进革命的目的和目标是不相容的。相反,这种斗争是马克思主义传统的一个内在组成部分。

——[英]密利本德:《马克思主义与政治学》,黄子都译,商务印书馆 1984 年版,第 170 页。

国家体系中的立法因素,不管是普选权还是竞争性政治,仍然是统治阶级的工具,它们在现在比过去更是统治阶级的工具。立法机关也许有助于削弱统治阶级的模式,但它们仍然是阶级统治的一种手段。

——[英]密里本德:《资本主义社会的国家》,沈汉等译,商务印书馆1997年版,第173~174页。

第四章　资本主义的本质及规律

一、教学目的和要求

运用马克思主义的立场、观点、方法，准确认识资本主义生产方式的内在矛盾，深刻理解资本主义经济制度的本质，正确把握社会化大生产和商品经济运动的一般规律，正确认识和把握资本主义政治制度和意识形态的本质。

二、教学重点

- 私有制基础上商品经济的基本矛盾
- 劳动价值论及其意义
- 资本原始积累
- 剩余价值论及其意义
- 资本主义基本矛盾与经济危机
- 资本主义政治制度与意识形态的特点和本质

三、基本原理阐释

（一）商品经济的内涵、特征及产生的历史条件

1. 商品经济的内涵。商品经济是直接以交换为目的的，具有商品生产、商品交换和货币流通的经济形式。商品经济是同生产发展的一定历史阶段相联系的经济范畴，本质上是交换经济。在商品经济条件下，生产要素和消费资料的全部或大部分都要通过市场交换来获得，商品生产者以追求价值为目的，并通过市场交

换来实现。

商品经济是作为自然经济的对立物而产生和发展起来的。自然经济是一种以自给自足为特征的经济形式。自然经济以分散的、自给自足的家庭生产为基础，生产规模狭小，社会分工低下，以使用价值为生产目的。这就决定了自然经济是同社会生产力水平低下和社会分工不发达相适应的。

2. 商品经济的本质特征。(1)自主性。商品生产者具有独立自主地进行生产经营的权利，具有自己独立的经济利益，这是商品经济发展的内在动力。(2)平等性。商品生产者之间的交换是以等价交换原则为基础的，商品交换只有在平等原则的基础上才能得到真正的发展。(3)竞争性。不同的商品生产者之间为了自己的利益展开激烈的竞争，由此推动商品生产者不断提高经济效益。(4)以社会分工为基础，强调生产过程的分工与协作。随着分工的发展，商品生产者之间的联系日益密切，商品生产者交往的范围不断扩大。商品流通是全方位的，其市场也是世界性的。

3. 商品经济产生的历史条件。(1)社会生产力的发展和社会分工的出现。社会分工是商品经济存在的前提，是一切商品生产的一般基础。所谓社会分工，是指社会劳动划分和独立化为不同部门和行业。随着社会分工的产生和发展，形成了专门生产各种不同产品的生产者和经济单位。各行各业的生产者为了满足自身在生产和生活方面的多种需要，都要求互通有无，以取得对方产品作为生产资料或者消费资料，因而产生了相互交换产品的要求。(2)生产资料和劳动产品属于不同的所有者。这是商品生产和商品经济产生的决定性条件。在私有制下，生产资料和劳动产品归私人占有，一个人要想得到别人的产品以满足自己的需要，就只有进行交换。私有者为了维护自身的利益，在彼此发生经济联系和相互交换产品时，要求遵循等价交换原则，因而劳动产品便必然采取商品的形式，产品的生产和交换便必然采取商品生产和商品交换的形式，这种形式就是商品经济。

(二)商品的二因素与生产商品的劳动二重性

商品是用来交换的能满足人们某种需要的劳动产品。商品具有使用价值和价值两个因素，是使用价值和价值的矛盾统一体。商品具有使用价值和价值二因素，是由生产商品的劳动二重性决定的。任何一种生产商品的劳动，一方面是特殊的具体劳动，另一方面又是一般的抽象劳动，具体劳动和抽象劳动是同一劳动的两种规定。

1. 商品的使用价值。使用价值是商品能满足人们某种需要的属性，即商品的有用性。使用价值是商品的自然属性，反映的是人与自然之间的物质关系，是一切劳动产品所共有的属性。不论在什么社会形态下，使用价值总是构成社会财富的物质内容。商品的使用价值包括物质产品、精神产品、劳务产品。商品的使用价值不是用来满足生产者自身需要的，而是通过交换用来满足别人的、社会的需要的。使用价值是交换价值的物质承担者。交换价值首先表现为一种使用价值同另一种使用价值相交换的量的关系或比例。决定商品交换的比例的，不是商品的使用价值，而是价值。

2. 商品的价值。商品的价值是凝结在商品中的无差别的人类劳动，即人类脑力和体力的耗费。价值是商品所特有的社会属性，在本质上体现了生产者之间的一定的社会关系。任何物品都具有使用价值，但只有当这种有用物品作为商品时，它才具有价值，一般人类劳动构成商品价值的实体。但是并非任何生产条件下耗费的劳动都形成价值，只有为交换而生产商品所耗费的一般人类劳动才形成价值。使用价值不同的商品之所以能按一定比例相交换，就是因为它们都具有价值。商品的价值在质上是相同的，因而它们可以相互比较。价值是交换价值的基础，交换价值是价值的表现形式。商品价值的实体是凝结在商品中的无差别的人类劳动,商品交换实际上是商品生产者之间相互交换劳动的关系。

3. 商品的价值量及其决定。商品的价值包括质的规定与量的规定两个方面。价值的质的规定回答的是价值的实体是什么,价值的量的规定回答的是价值的大小由什么决定和怎样决定。马克思指出,商品的价值是凝结在商品中的劳动,价值量是由生产商品所耗费的劳动量决定的,而劳动量则按照劳动时间来计量。

单位商品的价值量是由生产该商品的社会必要劳动时间决定的。由社会必要劳动时间决定的价值量,是就同种商品生产而定的。生产各种不同的商品的劳动复杂程度不同,价值量的确定是通过把一定量的复杂劳动化为多倍的简单劳动来实现。在商品经济条件下,这种交换比例的折合,是在生产者背后,在无数次的竞争和交换活动过程中自发确定的。

商品价值量是由生产商品的社会必要劳动时间决定的。而社会必要劳动时间会随着劳动生产率的提高或降低而发生变化。劳动生产率越高,一定劳动时间内生产的使用价值量就越多,但所形成的价值总量却不变,从而平均物化到单位商品中的劳动量就越小,单位商品中所包含的价值量也就越小;劳动生产率越低,单位商品中所包含的价值量就越大。所以,单位商品的价值量,同生产该商品的劳动生产率成反比,而与体现在商品中的社会必要劳动量成正比。

4. 商品是使用价值和价值的对立统一体。首先,两者是统一的,相互依赖的,互为条件的,共处在商品体中,缺少哪一个因素,都不能成为商品。作为商品,必须同时具有使用价值和价值两个因素。使用价值是价值的物质承担者,价值寓于使用价值之中。一种物品如果没有使用价值,就是无用之物,即使人们为它付出了大量的劳动,也没有价值。一种物品尽管具有使用价值,但如果不是劳动产品,也没有价值。所以,任何商品都是使用价值和价值的统一体。其次,两者是对立的。商品的使用价值和价值是相互排斥的,二者不可兼得,要获得商品的价值,就必须放弃商品的使用价值,要得到商品的使用价值,就不能得到商品的价值。对于商品生产者而言,他生产商品并不是为了取得使用价值,而是为了取得价值,商品生产者只有将商品的使用价值让渡给商品购买者,才能取得价值。

5. 具体劳动及其性质。具体劳动是在特定的具体形式下进行的劳动,又称为有用劳动。具体劳动的性质:首先,具体劳动创造商品的使用价值;其次,具体劳动体现了人和自然的关系,是人类社会存在和发展的永恒条件。具体劳动必须同自然物质相结合,才能创造出使用价值。正如威廉·配第所说,劳动是财富之父,土地是财富之母。

6. 抽象劳动及其性质。抽象劳动是撇开劳动的具体形式的一般人类劳动。抽象劳动的性质:首先,抽象劳动形成商品价值,凝结在商品中的抽象劳动是价值实体;其次,作为价值实体的抽象劳动是劳动的社会属性,它体现着人与人之间的一定社会关系。形成价值的抽象劳动是一个历史范畴。

7. 具体劳动和抽象劳动的矛盾统一关系。具体劳动和抽象劳动是生产商品的劳动二重性。商品之所以具有使用价值和价值这二因素,正是由生产商品的劳动二重性决定的。具体劳动和抽象劳动也是矛盾统一关系:一方面,具体劳动和抽象劳动不是各自独立存在的两种劳动或两次劳动,它们在时间上和空间上是统一的,是商品生产者的同一劳动过程的不可分割的两个方面;另一方面,具体劳动所反映的是人与自然的关系,它是劳动的自然属性,而抽象劳动所反映的是商品生产者的社会关系,它是劳动的社会属性。

（三）商品经济的基本规律——价值规律

1. 价值规律的基本内容。商品的价值量由生产商品的社会必要劳动时间决定，商品交换以价值量为基础，按照等价交换的原则进行。价值规律是贯穿于整个商品经济的一般规律，它既支配商品生产，又支配商品流通。

2. 价值规律作用的表现形式。在商品经济中，价值规律的表现形式是，商品的价格围绕商品的价值自发波动。由于供求关系变动的影响，商品价格总是时而高于价值，时而低于价值，不停地围绕价值这个中心上下波动。从较长时间来看，价格高于价值的部分和价格低于价值的部分能够相抵，商品的平均价格和价值是相一致的。

3. 价值规律的积极作用。价值规律作为商品经济中最基础、最一般的规律，在一切商品经济形态中都具有不以人的意志为转移的作用。(1)自发地调节生产资料和劳动力在社会各生产部门之间的分配比例。不论社会制度如何，为了进行生产和再生产，生产资料和劳动力在各个生产部门之间的分配，都应该遵循一定的比例，否则就会造成某些部门发展过快，浪费社会资源，或某些部门发展过慢，不能满足社会生产和消费的需要。在商品经济条件下，按比例合理分配社会劳动的客观要求是通过价值规律的自发作用实现的。(2)自发地刺激社会生产力的发展。在商品经济条件下，商品是按照由社会必要劳动时间所决定的社会价值进行交换的。那些劳动生产率较高、个别劳动时间低于社会必要劳动时间，从而商品的个别价值低于社会价值的生产者，就可以获得较多的收入，在竞争中处于有利地位。反之，只能获得较少的收入，在竞争中处于不利地位。商品生产者为了获得较多的利益，并在竞争中获胜，必然要不断改进技术，提高劳动生产率，商品生产者的这种行为自发地推动了社会生产力的发展。(3)自发地调节社会收入的分配。在实际的生产活动中，生产同种商品的各个生产者，由于生产条件和技术水平不同，生产中实际耗费的劳动时间也不一样。那些生产条件好、技术水平高的生产者，生产商品的个别劳动耗费较少，仍按照较高的社会价值出卖，因而可以获得较多的收入。相反，那些生产条件差、技术水平低的商品生产者，生产同种商品的个别劳动耗费较大，但还要按照社会价值出卖，所以不仅无利可图，甚至可能亏本或破产。这样，就调节了社会收入在不同商品生产者之间的分配。

4. 价值规律的消极后果。(1)可能导致垄断的发生，阻碍技术的进步。因为首先采用先进生产技术和经营管理办法，提高了劳动生产率的商品生产者，为了保持其在竞争中的优势，往往会限制技术的扩散，严守经营秘密，这就在一定程度上阻碍了新技术的推广和生产经营的普遍改善，阻碍了社会生产力的发展。(2)可能引起商品生产者的两极分化。一部分具有有利条件的生产者可能积累大量的财富，而一部分处于不利地位的生产者可能亏损甚至破产。(3)价值规律自发调节社会资源在社会生产各个部门的配置，可能出现比例失调的状况，造成社会资源的浪费。

(四)价值形式的发展与货币的产生及其职能

商品的交换是以货币为媒介的，货币是在长期商品交换过程中形成的。商品价值的表现形式经历了简单价值形式、扩大价值形式、一般价值形式，最后到达货币形式。

1. 价值形式的发展。价值形式是商品价值的表现形式，也就是交换价值。与商品交换的发展相适应，价值形式的发展经历了四个阶段：(1)简单的或偶然的价值形式，即一种商品的价值简单地、偶然地表现在与它相交换的另一种商品上。这种价值形式是与原始社会末期出现的物物交换相联系的。(2)总和的或扩大的价值形式，即一种商品的价值表现在与它相交换的一系列商品上。(3)一般价值形式，即一切商品的价值都统一地表现在从商品世界分离出来充当一般等价物的某一种商品上。从总和的或扩大的价值形式过渡到一般价值形式是一次质的飞跃,它使商品之间直接的物物交换发展成为以一般等价物为媒介的间接的商品交换。(4)货币价值形式,当一般等价物最终固定在黄金、白银等贵金属上,这些贵金属就成为货币商品。

2. 货币的本质。货币是在长期交换过程中形成的固定充当一般等价物的商品,体现着商品生产者之间的社会经济关系。货币出现后,所有的商品都必须换成货币,才能实现自己的价值,使用价值和价值的矛盾才能得到解决,具体劳动才能转化为抽象劳动,私人劳动才能取得社会的承认而表现为社会劳动。因此,货币成为社会财富的一般代表,成为商品世界中至高无上的权威。在这种情况下,许多人拜倒在它的脚下,把它看作是决定自己命运的神秘莫测的力量,就形成了所谓货币拜物教。

3. 货币的职能。货币的职能,即货币在社会经济生活中的作用,是货币本质的体现。货币最基本的职能是价值尺度和流通手段,随着商品经济的发展,货币还相继发挥了贮藏手段、支付手段和世界货币等职能。(1)价值尺度,是指货币充当衡量商品所包含的价值量大小的尺度。货币之所以能执行价值尺度职能,是因为货币自身也具有价值。货币作为价值尺度是商品价值的外在尺度。执行价值尺度职能,只需要观念上的货币即可。(2)流通手段,是指货币充当商品交换的媒介。执行流通手段职能的货币,必须是现实的货币,不能是观念上的货币。(3)贮藏手段,是指货币退出流通领域,作为独立的价值形式和社会财富的一般代表而保存起来。货币之所以有贮藏手段的职能,是因为它是一般等价物。(4)支付手段,是指货币在商品赊购赊销过程中的延期支付以及用于清偿债务或支付赋税、租金、工资等职能。(5)世界货币,是指货币越出国内流通领域,在世界市场上执行一般等价物作用的职能。世界货币的职能一是作为国际购买手段,二是作为国际支付手段,用来支付国际贸易的差额,三是作为社会财富代表从一国转移到另一国。

(五)私有制基础上商品经济的基本矛盾

在私有制为基础的商品经济中,商品生产者的劳动具有两重性,既具有社会性质的社会劳动,又具有私人性质的私人劳动。私人劳动和社会劳动之间的矛盾是私有制商品经济的基本矛盾。

1. 私人劳动和社会劳动内涵。(1)私人劳动是指生产商品的劳动具有私人性质,是商品生产者按照自己的打算和自己的利益进行的劳动。商品生产者劳动的私人性质是由生产资料私有制决定的。由于生产资料私有制的存在,每个商品生产者作为私有者,都独立地进行商品生产活动,拥有生产出来的劳动产品,并自负盈亏。因此,商品生产者的劳动具有私人性质,是私人劳动。(2)社会劳动是指生产商品的劳动具有的社会性质,是为生产他人或社会需要的使用价值而进行的劳动。商品生产者劳动的社会性质是由社会分工决定的。在社会分工条件下,每个商品生产者在社会分工体系中从事的是某一种商品的生产,商品生产者之间相互联系、相互依存,彼此交换所生产的商品。这样,每个商品生产者的劳动都是社会总劳动的一部分,是具有社会性质的社会劳动。

2. 私人劳动和社会劳动矛盾的表现及解决途径。私人劳动和社会劳动之间的矛盾表现为:在商品经济条件下,私人劳动必须转化为社会劳动才能实现生产者的利益要求,而交换则是实现这一转化的根本途径和唯一途径,通过交换商品,生产者的私人劳动才能得到社会承认,并转化为社会劳动,成为社会劳动的组成部分。

3. 私人劳动和社会劳动的矛盾构成私有制商品经济的基本矛盾。这一矛盾贯穿商品经济发展过程的始终,决定着商品经济的各种内在矛盾及其发展趋势。(1)私人劳动和社会劳动的矛盾决定着商品经济的本质及其发展过程。商品经济是以交换为目的的经济形式,交换体现了商品经济的本质。商品经济的交换本质正是由私人劳动和社会劳动的矛盾决定的。在商品经济条件下,每个生产者的劳动本身是私人劳动,而私人劳动要转化为社会劳动,就必须用自己的产品去同别人的产品相交换。在这里,交换是解决私人劳动和社会劳动矛盾的唯一途径。(2)私人劳动和社会劳动的矛盾,是商品经济的其他一切矛盾的基础。在私有制商品经济条件下,商品生产者的私人劳动生产的产品如果与社会的需求不相适应,这种私人劳动就不会被承认为社会劳动,它作为具体劳动的有用性质也就不会被社会所承认,因而不能还原为抽象劳动,这意味着商品的价值不能实现,商品的使用价值和价值之间的矛盾没有得到解决。反过来,如果私人劳动生产的产品为社会所接受,则这种私人劳动就会被承认并转化为社会劳动,它作为具体劳动的有用性质就会被社会所承认,因而可以还原为抽象劳动,这意味着商品的价值得到了实现,商品的使用价值和价值之间的矛盾得到了解决。(3)私人劳动和社会劳动的矛盾决定着商品生产者的命运。商品的售卖过程,是私人劳动转化为社会劳动的过程,这个过程进行得是否顺利,决定着生产者的经济利益甚至命运。商品生产者生产的商品只有卖出去,其耗费的劳动才能得到补偿,生产者才能生存和进行再生产。如果商品卖不出去,他的劳动耗费得不到补偿,再生产就难以进行。

(六)马克思劳动价值论的意义

1. 理论意义。马克思劳动价值论扬弃了英国古典政治经济学的观点,为剩余价值论的创立奠定了基础。在马克思之前,英国古典政治经济学的代表人物亚当·斯密已经认识到了商品的二因素,提出了劳动创造价值的观点。大卫·李嘉图甚至已经认识到决定商品价值量的是社会必要劳动量,而不是生产商品实际耗费的劳动量。但是他们没有区分劳动二重性,不能回答什么劳动创造价值;不能明确区分价值和交换价值,不是从生产商品中所耗费的劳动来解释价值，而是从该商品所换来的另一种商品包含的劳动量来解释该商品的价值；不理解社会必要劳动量是如何决定的。结果，在价值的形式、价值的本质、价值的源泉和价值量的决定等重大理论问题的认识上出现了混乱和错误。

马克思在继承古典政治经济学劳动创造价值的理论的同时，创立了劳动二重性理论，第一次确定了什么样的劳动形成价值，为什么形成价值以及怎样形成价值，阐明了具体劳动和抽象劳动在商品价值形成中的不同作用，从而为揭示剩余价值的真正来源，创立剩余价值理论奠定了基础。此外，马克思的资本有机构成理论、资本积累理论、社会资本再生产理论等政治经济学的一系列重要理论的创立也都同劳动二重性学说有关。因此，劳动二重性理论成为“理解政治经济学的枢纽”。

2. 现实意义。马克思劳动价值论揭示了商品经济的一般规律，为社会主义市场经济发展提供了理论指导。马克思劳动价值论是在对资本主义商品经济的分析中得出的，但是如果撇开其中的制度因素，它包含的关于价值的本质和价值量的规定的理论，关于价值形式的演变和货币的产生及其本质的理论，关于价值规律的理论等，都是对商品生产、商品交换和市场经济发展最一般规律的揭示。

马克思在劳动价值论中所揭示的关于商品生产和商品交换的一般理论，对于我国深化经济改革、完善社会主义市场经济体制，实现社会主义现代化建设的宏伟目标，具有重要的现实指导意义。

3. 深化对马克思劳动价值论的认识。马克思创立劳动价值论的时代，是工业化初期的蒸汽机时代。现在人类进入了 21 世纪，与马克思所处的时代相比，社会经济条件发生了很大变化。面对新的情况，必须深化对马克思劳动价值论的认识，根据变化了的实际情况在继承的基础上有所创新，有所前进。

(1)深化对创造价值的劳动的认识,对生产性劳动做出新的界定。和所处的时代相一致,马克思在《资本论》中重点考察的是物质生产部门,认为物质生产领域的劳动才是生产性劳动并创造价值,而绝大部分非物质生产领域的劳动属于非生产性劳动,不创造价值。在当今时代,随着第三产业的发展,服务性劳动的地位和作用越来越重要,生产性劳动应当包括大部分非物质生产领域的服务性劳动,应当在理论上充分肯定服务性劳动也是创造价值的劳动。

(2)深化对科技人员、经营管理人员在社会生产和价值创造中所起作用的认识。马克思在《资本论》中关于“总体工人”的论述中,对脑力劳动(包括科技人员和管理者的劳动)给予了肯定,认为这些劳动也是创造价值的劳动,但他重点研究的是物质生产领域的体力劳动。在当今社会,在科技创新和知识创新越来越重要的条件下,科技劳动和管理劳动等脑力劳动,不仅作为一般劳动在价值创造中起着重要的作用,而且作为更高层次的复杂劳动创造的价值要大大高于简单劳动。因此,应充分肯定科技人员、经营管理人员在创造价值中付出的劳动,在收入分配方面使他们的劳动报酬与其劳动贡献相对称,以充分调动和发挥他们的积极性和创造性。

(3)深化对科技、知识、信息等新的生产要素在财富和价值创造中作用的认识。应该坚持马克思关于人的抽象劳动是价值的唯一源泉这一劳动价值论的基本观点。同时,要充分肯定科技、知识、信息等新的生产要素在提高生产效率、促进生产力发展、增加使用价值和价值形成中的重要作用。科学技术本身并不能创造价值,但科学技术在生产中的应用可以使劳动对象的范围更广、性能更好,从而有利于劳动生产率的提高;科学技术还可以为人所掌握,而掌握了科学技术的人可以提高劳动效率,创造出更多的使用价值和价值。所以,应充分认识科学技术的作用,把大力发展科学技术摆到重要的位置。

(4)深化对价值创造与价值分配关系的认识。价值创造与价值分配是既有联系又有区别的范畴。价值创造属于生产领域的问题,价值分配属于分配领域的问题。价值创造是价值分配的前提和基础,没有价值创造也就没有价值分配;但价值分配又不仅仅取决于价值创造。在实际经济生活中,价值分配首先是由生产资料所有制关系决定的,体现一定的生产关系。有什么样的生产资料所有制关系,就有什么样的分配关系。

(七)剩余价值生产的前提条件:劳动力成为商品与货币转化为资本

1. 劳动与劳动力的区别。劳动力是指人的劳动能力,是人的体力和脑力的总和。劳动力的使用即劳动。在资本主义条件下,资本家购买的是雇佣工人的劳动力而不是劳动。劳动是劳动力商品的使用价值,它本身并不是商品。劳动力商品具有能创造比自身价值大的价值的特点,正因为如此,资本家才购买劳动力进行资本主义生产。

2. 劳动力成为商品的基本条件。劳动力成为商品,要具备两个基本条件:(1)劳动者是自由人,能够把自己的劳动力当作自己的商品来支配;(2)劳动者没有别的商品可以出卖,没有任何实现自己的劳动力所必需的东西。劳动力成为商品的两个条件,并不是自古以来就有的,而是在封建社会后期发生的资本原始积累过程中逐渐形成的。劳动力成为商品,标志着简单商品生产发展到资本主义商品生产的新阶段。在这一阶段,资本家与工人的关系,形式上是“自由”“平等”的买卖关系,而实质上是资本主义的雇佣劳动的关系。

3. 劳动力商品的价值。劳动力是特殊的商品,它的价值和使用价值具有不同于普通商品的特点。劳动力的价值是由生产、发展、维持和延续劳动力所必需的生活必需品的价值决定的。它包括三个部分:(1)维持劳动者本人生存所必需的生活资料的价值;(2)为维持劳动者家属的生存所必需的生活资料的价值;(3)劳动者接受教育和训练所支出的费用。由于劳动力价值的构成包含着一个历史的和道德的因素,在不同的国家或在同一国家的不同历史时期,劳动者所必需的生活资料的数量和构成也是有区别的。

4. 劳动力商品的特殊使用价值。劳动力商品在使用价值上有一个很大的特点,就是它的使用价值是价值的源泉,它在消费过程中能够创造新的价值,而且这个新的价值比劳动力本身的价值更大。正是由于这一特点,货币所有者购买到劳动力以后,在消费它的过程中,不仅能够收回他在购买这种商品时支付的价值,还能得到一个增殖的价值即剩余价值。而一旦货币购买的劳动力带来剩余价值,货币也就变成了资本。

5. 劳动力成为商品是货币转化为资本的前提条件。当货币为它的所有者带来增殖时,货币就转化为资本。价值增殖的发生是以资本家把货币投入流通为前提条件的。但就资本购买商品(货币转化为商品),再卖出商品(商品转化为货币)两个相联系的价值转换行为本身来看不会发生价值增殖。价值增殖与货币购买商品的使用价值有关。其中生产资料作为生产手段,在生产使用过程中只转移原有价值,不会带来价值增殖;劳动力商品的使用价值是劳动过程,不仅能够创造价值,而且能够创造超过自身价值的剩余价值。劳动力成为商品,是货币转化为资本的前提条件。

6. 资本主义所有制及其本质——资本雇佣劳动的关系。从历史上看,奴隶社会制度、封建社会制度和资本主义社会制度都是剥削制度,所不同的是,在不同的剥削制度下,劳动者与生产资料的结合方式不同。与以往的剥削制度不同,资本家与工人的关系不是完全占有,也不是人身依附,而是基于劳动者的完全的人身自由。正因为如此,资本家只能通过购买劳动力的方式,将出卖了劳动力的劳动者与生产资料结合在一起进行生产并取得剩余价值。在这里,生产资料和货币采取了资本的形式,生产资料的所有者成为资本人格化的资本家,资本家与劳动者之间的关系是资本雇佣劳动的关系。资本家凭借对生产资料的占有,在等价交换原则的掩盖下,雇佣工人从事劳动,占有雇佣工人的剩余价值,这就是资本主义所有制的实质。

(八)剩余价值的生产过程

1. 资本主义生产过程是劳动过程和价值增殖过程的统一。资本主义的生产过程具有两重性,一方面是物质资料的生产过程,另一方面是剩余价值的生产过程,即价值增殖过程。资本主义生产过程是劳动过程和价值增殖过程的统一。劳动过程是运用劳动资料对劳动对象进行加工,改变自然界的物质形态,创造出满足人们某种需要的使用价值的过程。价值增殖过程是剩余价值的生产过程,是超过劳动力价值的补偿这个一定点而延长了的价值形成过程。如果劳动者创造的价值刚好补偿资本家所预付的劳动力价值,那就是单纯的价值形成过程;如果价值形成过程超过了这一定点,就变成了价值增殖过程。

2. 资本主义劳动过程的特点。资本主义劳动过程的要素都被资本家所占有,由此决定了资本主义劳动过程的两个特点:(1)工人在资本家的监督下劳动,他们的劳动隶属于资本家;(2)劳动的成果或者产品全部归资本家所有。

3. 资本及其本质。资本是可以带来剩余价值的价值。剩余价值是由雇佣工人的剩余劳动创造的。在资本主义社会里,资本总是通过各种物品表现出来,但资本不是物,而是一定的、社会的、属于一定历史社会形态的生产关系,后者体现在一个物上,并赋予这个物以独特的社会性质。

4. 资本的不同部分在剩余价值生产中的作用。资本在资本主义生产过程中采取生产资料和劳动力两种形态，根据这两部分资本在剩余价值生产中所起的不同作用，可以将资本区分为不变资本与可变资本。

(1)不变资本与可变资本的内涵。表现在生产资料上的这部分资本，其价值只是一次或逐渐地转移到新的产品中，不会发生量的变化，只是转移生产资料的旧价值，所以叫作不变资本。表现在劳动力上的这部分资本，其实物形态是雇佣劳动者本身，其使用价值是劳动者的活劳动。劳动力在生产过程中使用，工人的活劳动凝结在产品中能创造新价值，不仅包括自身的价值，还包括剩余价值，所以叫作可变资本。

(2)不变资本与可变资本划分的意义。把资本区分为不变资本和可变资本，进一步揭示了剩余价值产生的源泉。剩余价值既不是由全部资本产生的，也不是由不变资本产生的，而是由可变资本产生的。雇佣劳动者的剩余劳动是剩余价值产生的唯一源泉。这种划分也为确定资本家对雇佣劳动者的剥削程度提供了科学依据。

5. 剩余价值率。剩余价值是由雇佣工人的剩余劳动创造的。要确定资本家对工人的剥削程度，就可以拿剩余价值和可变资本相比，而不应该把它同全部资本相比。用公式表示：$m'=m/v$。在该公式中，m'为剩余价值率，m 为剩余价值，v 为可变资本。由于工人的必要劳动是用来生产劳动力价值或可变资本的价值的，而剩余劳动则是生产剩余价值的，因此，剩余价值率还可以用剩余劳动与必要劳动的比率，或者剩余劳动时间与必要劳动时间的比率来表示：m'= 剩余劳动/必要劳动 = 剩余劳动时间/必要劳动时间。这两个公式是以不同的形式表示同一个关系。前一个公式是以物化劳动的形式表示资本家对工人的剥削程度，而后一个公式则是以活劳动的形式表示资本家对工人的剥削程度。

(九)剩余价值生产的两种基本方法

资本家提高对工人的剥削程度的方法是多种多样的,最基本的方法有两种,即绝对剩余价值的生产和相对剩余价值的生产。

1. 绝对剩余价值的生产。绝对剩余价值是指在必要劳动时间不变的条件下,由于延长劳动日的长度而生产的剩余价值。由提高劳动强度而生产的剩余价值,同样是绝对剩余价值。为了让工人生产更多的剩余价值,除了用延长劳动时间的方法以外,资本家还用提高工人劳动强度的方法,迫使工人更加紧张地劳动,让他们在同样长的劳动时间内比以前消耗更多的脑力和体力,这和延长劳动日并没有本质的区别。因此,由提高劳动强度而生产的剩余价值,同样是绝对剩余价值。

2. 相对剩余价值的生产。相对剩余价值,即在工作日长度不变的条件下,通过缩短必要劳动时间而相对延长剩余劳动时间生产的剩余价值。进行相对剩余价值生产的关键是缩短必要劳动时间,而社会必要劳动时间又取决于劳动生产率的高低。只要同劳动力再生产相关的生活资料和生产资料生产部门的社会劳动生产率提高了,劳动力价值就会降低,从而缩短必要劳动时间,相对延长剩余劳动时间,实现相对剩余价值生产。所以,相对剩余价值生产是以整个社会劳动生产率的提高为条件的。在现实经济运行中则是各个资本家追逐超额剩余价值的结果。

3. 生产剩余价值是资本主义生产方式的绝对规律。资本主义生产的直接目的和决定性动机,就是无休止地采取各种方法获取尽可能多的剩余价值。这样一种不以人的意志为转移的客观必然性,就是剩余价值规律。剩余价值规律是资本主义生产方式的基本经济规律。

4. 生产自动化条件下的剩余价值源泉问题。生产自动化的主要表现:一是工业机器人的开发和利用,代替了工人大量的体力劳动和部分脑力劳动;二是自动化生产线的广泛使用,直接从事生产操作的工人大大减少,甚至出现了少数的所谓“无人工厂”。资产阶级经济学家根据这些情况,指出技术和科学“成为独立的剩余价值源泉”,马克思的剩余价值学说已不适用于现代资本主义了。这种观点是错误的。(1)资本主义条件下的机器人和自动化生产线在参加产品的生产时,只是把原有的价值转移到产品中去,而不创造新价值,更不能创造剩余价值。(2)在生产自动化条件下,直接从事生产劳动的工人相对减少,而从事科研、设计、技术和管理劳动的人员日益增加,“总体工人”中的脑力劳动的比重不断增大,劳动的复杂程度和强度日益提高,从而成为生产力特别高的劳动,在其他条件不变的情况下,这种劳动会创造出更大的价值和剩余价值。资本主义条件下的生产自动化是资本家获取高额剩余价值的手段,而雇佣工人的剩余劳动仍然是这种剩余价值的唯一源泉。

(十)资本积累理论

1. 资本积累及其实质。资本积累,就是把剩余价值转化为资本,或者说,剩余价值的资本化。资本积累的源泉是剩余价值。资本积累的本质,就是资本家不断地利用无偿占有的工人的剩余价值来扩大自己的资本规模,进一步扩大和加强对工人的剥削和统治。资本积累规模的大小取决于对工人的剥削程度,资本积累必然加剧社会的两极分化。

2. 资本的有机构成及其提高的趋势。资本的有机构成,由资本的技术构成决定并反映技术构成变化的资本价值构成,叫作资本的有机构成。通常用 c:v 来表示。在资本主义生产过程中,资本有机构成的提高是一般趋势。在生产的技术水平不断提高的条件下,随着资本积累的增长和资本总额的扩大,在自然形式上,每个劳动力所推动的生产资料的数量大幅度增加,在价值形式上,不变资本部分日益增多,可变资本在资本总额中所占的比重日益下降,从而资本有机构成得以不断提高。

3. 相对过剩人口。相对过剩人口是由资本追逐剩余价值引起资本有机构成的提高所导致的。随着资本积累的增长和生产规模的扩大,不变资本在总资本中所占的比重不断增大而可变资本所占的比重则相对下降,资本对劳动力的需求相对减少。其结果,就不可避免地造成大批工人失业,形成相对过剩人口。这里之所以说是相对,不是就整个社会生产的实际发展而言,而是由于他们不为资本所需要,所以才成为“过剩”或者“多余”的人了。

4. 资本集聚与资本集中。资本积聚和资本集中是单个资本增大的两条途径。资本积聚是指个别资本家依靠剩余价值的资本化增大资本总额。资本积聚是资本积累的直接结果。积累的规模越大,积聚的资本就越多,从而个别资本总额就越大。但是,依靠资本积聚增大个别资本总额的过程进行缓慢,而且受社会财富增长的限制。资本集中是指若干分散的较小的资本通过吞并或联合的形式,合并成为较大的资本,从而使个别资本迅速增大。资本集中有两种形式:一种是在竞争中大资本挤垮和吞并中小资本;另一种是联合建立股份公司,把若干个小资本合并成大资本。

5. 资本积累的历史趋势。资本主义积累的历史趋势是资本主义制度的必然灭亡和社会主义制度的必然胜利。首先,随着资本积累的增长,资本主义生产越来越具有社会性,其次,随着资本积累的增长,资本越来越集中于少数资本家手中,这样,在生产的社会性和资本主义的私人占有形式之间便发生了深刻的矛盾。随着资本积累的不断增长,生产的社会性与资本主义私人占有形式之间的矛盾日益加剧,这是资本主义被新的、更能够适应社会化大生产要求的社会形态所取代的根本原因。

(十一)资本的循环、周转与社会总资本的再生产

资本的增殖在资本循环与周转的运动中实现,社会资本再生产的核心问题是社会总产品的实现问题。

1. 产业资本实现连续不断循环的前提条件。产业资本顺序

经过三个阶段，相应采取三种职能形式，使价值得到增殖，最后又回到原来出发点的整个运动过程，就叫作资本循环。(1)产业资本的三种职能形式必须在空间上同时并存，也就是说，产业资本必须按照一定比例同时并存于货币资本、生产资本和商品资本三种形式中。(2)产业资本的三种职能形式必须在时间上继起，也就是说，产业资本循环的三种职能形式必须保持时间上的依次连续性。三种形式的循环在空间上的并存性与在时间上的继起性表明，产业资本的连续循环是流通过程和生产过程的统一，也是它的所有三种循环形式的统一。

2. 资本周转及其影响因素。周而复始的不断重复的资本循环，就叫资本周转。考察资本周转是从资本运动的速度方面，揭示资本周转快慢对剩余价值生产的影响。影响资本周转速度的因素有两方面：(1)资本周转的时间。资本周转的时间包括生产时间与流通时间。(2)生产资本中固定资本的比重。固定资本的比重越大，资本周转速度越慢；流动资本的比重越大，资本周转速度越快。

3. 社会总产品的实现问题。社会总产品的实现包括社会总产品的价值补偿和实物补偿两个方面，要求生产中所耗费的资本在价值上得到补偿，同时也要求实际生产过程所耗费的生产资料和消费资料得到实物的替换。

4. 社会资本再生产顺利进行的条件。(1)要求生产中所耗费的资本在价值上得到补偿，同时也要求实际生产过程所耗费的生产资料和消费资料得到实物的替换。(2)要求两大部类内部各个产业部门之间和两大部类之间保持一定的比例关系，生产资料的生产和消费资料的生产既要保证简单再生产的实现，更要保证扩大再生产的实现。

5. 资本主义经济危机。资本主义经济危机的本质特征是生产过剩，但是这种过剩是相对于劳动人民有支付能力的需求来说社会生产的商品显得过剩,而不是与劳动人民的实际需要相比的绝对过剩。经济危机的根本原因在于资本主义的基本矛盾,即生产资料私人占有和生产社会化之间的矛盾。这一矛盾有两种表现形式:(1)生产无限扩大的趋势与劳动人民有支付能力的需求相对缩小的矛盾;(2)个别企业内部生产的有组织性和整个社会生产的无政府状态之间的矛盾。资本主义经济危机具有周期性,这是由资本主义基本矛盾运动的阶段性决定的。当资本主义基本矛盾达到尖锐化程度时,社会生产结构严重失调,引发了经济危机。而经济危机的爆发,使企业纷纷倒闭,生产大大下降,从而使供求矛盾得到缓解,逐步渡过经济危机,社会生产得到恢复和发展。但是,经济危机只能暂时缓解而不能根除资本主义基本矛盾。这样,随着资本主义经济的恢复和高涨,资本主义基本矛盾又重新激化,必然导致再一次经济危机的爆发。

(十二)剩余价值分配理论

剩余价值分配理论着重研究资本在运动中产生的各种具体形式,以及与资本的具体运动形式相适应的剩余价值的各种具体形式,揭示了资本主义分配关系的本质,也进一步揭示了资本家与雇佣劳动之间剥削与被剥削关系的实质,这就是:工人不只是受个别资本家的剥削,还受整个资本家阶级的剥削。

1. 资本主义工资的本质。工资在现象上表现为劳动的价值或价格,工资在本质上是劳动力的价值或价格的转化形式。资本主义工资表现为劳动的价值或价格掩盖了资本主义剥削,从现象上分析,工资表现为劳动的价值或价格消灭了必要劳动和剩余劳动、有酬劳动和无酬劳动的一切痕迹,全部劳动都表现为必要劳动和有酬劳动,从而掩盖了资本主义剥削关系。

2. 剩余价值转化为利润。资本家在观念上把剩余价值不看作是可变资本的产物,而看作是全部预付资本产物的时候,剩余价值就转化为利润。利润和剩余价值本来是同一个东西,在量上是一致的,所不同的是:剩余价值是对可变资本而言的,而利润则是对全部预付资本而言的。剩余价值是利润的本质,利润则是剩余价值的现象形态。利润在质上已经掩盖了剩余价值的真正来源。正因为利润本质上是剩余价值,只是在观念上表现为整个预付资本的产物,所以马克思便把利润称为剩余价值的转化形式。

3. 利润转化为平均利润。利润转化为平均利润是部门之间竞争的结果。为了得到尽可能高的利润率和尽可能多的利润,大量资本必然从利润率低的部门转投到利润率高的部门,其结果会使利润率较高部门的投资增加,生产规模扩大,在需求不变的情况下,商品供大于求,于是价格下降,从而使该部门的利润率随之下降。而原来利润率较低的部门,由于资本减少,生产规模缩小,商品供不应求,于是价格上涨,从而使该部门的利润率上升。接着,资本又纷纷向这些部门转移……资本在不同生产部门的这种自由转移,一直要持续到不同生产部门的利润率大致趋于平衡才会停止。这样,就在整个社会范围内形成了平均利润率。从而导致利润率平均化,形成了社会的平均利润率。按照平均利润率来计算和获得的利润,叫作平均利润。

(十三)马克思剩余价值理论的意义

1. 理论意义。马克思的剩余价值理论是马克思主义经济理论的基石,是无产阶级反对资产阶级、揭示资本主义制度剥削本质的锐利武器。它揭示了资本主义生产方式的绝对规律,即生产剩余价值,深刻揭露了资本主义生产方式的剥削本质,阐明了无产阶级与资产阶级之间阶级斗争的经济根源,为无产阶级反对资产阶级提供了锐利的思想武器。剩余价值理论所揭示的资本主义基本经济规律表明:(1)为剩余价值而生产是资本主义生产的直接动机和决定目的,是资本主义生产的推动力。从雇佣劳动者身上榨取剩余价值是资本主义生产的实质,也是资本主义区别于其他剥削制度的本质特征。(2)追逐尽可能多的剩余价值决定着资本主义经济过程的一切主要方面和主要过程。资本主义的生产、流通、分配和消费无不体现了资本追求最大限度剩余价值的目的和要求。(3)剩余价值生产决定了资本主义生产关系的性质,也决定了资本主义生产方式的矛盾和发展趋势。剩余价值的生产一方面使资本主义生产不断扩大和发展,另一方面也使资本主义的内在矛盾不断激化。特别是随着资本积累的进行,资本主义社会的两极分化不断增强;资本主义的产业后备军得以存在;生产社会化程度提高和私人占有的矛盾不断激化,这些都意味着资本家追逐剩余价值的活动为资本家带来巨额财富的同时,也在创造着资本主义被新社会所取代的条件。

2. 现实意义。马克思剩余价值理论,在揭示资本主义经济特殊规律的同时,也揭示了商品经济和社会化生产的一般规律,例如资本循环周转规律、社会再生产规律、积累规律等,如果抛开制度因素,这些规律则对发展社会主义市场经济具有重大指导意义。(1)资本循环和周转理论对社会化大生产条件下不同社会经济制度的资本运动具有普遍的指导意义。首先,资本循环理论所揭示出的资本正常循环所具备的条件,要求生产者、经营者不断提高业务能力和管理水平,尽可能排除或避免资本在生产和流通中遇到的障碍,提高劳动效率。其次,资本周转理论揭示的影响资本周转速度的诸因素以及资本周转速度对剩余价值生产的影响等,深刻阐明了在市场经济条件下,加速固定资本周转和流动资本周转对减少、避免固定资本的无形磨损,提高固定资本利用率,节约资金,降低成本,提高企业经济效益,增强企业竞争能力的重大意义。(2)社会资本再生产理论对社会化大生产条件下的市场经济国家进行宏观调控具有很强的指导作用。它表明社会再生产过程中使用价值的生产必须同社会需求相协调,从而要求按照社会需要的比例把社会总劳动和经济资源分配到各个部门去。同时,它还表明,社会生产与社会消费之间的平衡和协调是社会再生产顺利进行的必要条件。任何市场经济国家生产发展本身都要求有不断扩大的市场,从而要求有不断增长的社会消费规模。只有这样才能形成生产和消费之间的良性循环。

四、经典原著导读

1. **随着生产分为农业和手工业这两大主要部门,便出现了直接以交换为目的的生产,即商品生产。**

——《马克思恩格斯选集》第4卷,人民出版社2012年版,第180页。

在第一次社会大分工之前,原始公社之间的交换已经偶有发生。这可以看作商品交换的史前期。在第一次社会大分工,即农业与畜牧业分工之后,农业公社需要畜牧公社的牛羊,畜牧公社需要农业公社的粮食,商品交换就成为经济生活的普遍现象。尽管如此,无论农业公社,还是畜牧业公社,他们的生产并不是商品生产,而是自给自足的产品生产。这就是说,他们的生产,并不是为了交换,而是为了自己的消费需要。

只是在第二次社会大分工,即手工业从农业中分离出来后,商品生产才随之产生。大多手工业产品,既不能吃,也不能穿,即使有少量可吃可穿的东西,也是一个家庭消费不完的。因此,手工业生产与自给自足的产品有本质区别,它是以别人需要、以交换为目的的生产。可见商品生产晚于商品交换,商品交换不是随着商品生产的产生而产生的。

2. **无论财富的社会的形式如何,使用价值总是构成财富的物质的内容。**

——马克思:《资本论》(第1卷)(1857.7—1867.9),《马克思恩格斯选集》第2卷,人民出版社2012年版,第99页。

这里说明了使用价值只不过是社会财富的物质内容,其本身并不反映社会关系,是一个永恒的范畴。这就是一般物品的使用价值的概念。这种使用价值，不属于政治经济学范畴。这是因为，劳动所创造的社会财富，只有在一定社会经济条件下，即商品生产的条件下，才能变成商品，从而其使用价值成为商品的交换价值的承担者，是一个特定的历史范畴。政治经济学只有从这个意义上，才研究使用价值的问题。

3. **社会必要劳动时间是在现有的社会正常的生产条件下，在社会平均的劳动熟练程度和劳动强度下制造某种使用价值所需要的劳动时间。**

——《马克思恩格斯选集》第2卷，人民出版社2012年版，第99页。

“现有的社会正常生产条件”。这是客观条件，物的因素。它是指当时在一定生产部门里，绝大多数产品的生产条件，其中最主要的是使用什么样的劳动工具。如在现代采煤业中，绝大多数煤炭都是用机械采煤机采掘出来的，虽然还有小煤窑用手工工具采掘，但采煤业中现有的社会正常的生产条件是机械采煤机。

“社会平均的劳动熟练程度和劳动强度”。这是主观条件，人的因素。劳动熟练程度是指劳动者的技能、水平的高低，反映在一定时间内生产多少产品以及产品质量的好坏；劳动强度是指劳动者在一定时间内的繁重劳动和紧张程度，反映一定时间内支付多少数量的人类抽象劳动。在同样的生产条件下，由于每个人的技术水平有高有低，生产经验有多有少，体力有强有弱，劳动态度有勤有懒，因而劳动熟练程度和强度是不一样的，生产同一产品所耗费的劳动时间是不同的，有快，有慢，决定商品价值量的既不能取快者，也不能取慢者，而是取大多数生产者或企业所耗费的劳动时间。

“平均”是指它是一个平均必要劳动时间，这个“平均”是一个理论上的抽象，并不是某个计算中心算出来的，而是在商品交换过程中自发地形成的。由于它是一个“平均”的劳动时间，因此，同种商品只有一个社会必要劳动时间，具有一样的价值量。

4. 这个跳跃如果不成功，摔坏的不是商品，但一定是商品占有者。

——《马克思恩格斯选集》第2卷，人民出版社2012年版，第137页。

一切商品只要转换成货币，商品使用价值和价值的矛盾就能得到解决，从而使商品的价值得到实现。所以，货币的出现，有利于解决商品交换的困难，促进了商品经济的发展。但是，货币的出现并没有也不可能解决商品经济的基本矛盾，即私人劳动和社会劳动的矛盾，反而使矛盾更加扩大和加深了。所以，马克思把商品转换成货币称为"商品的惊险的跳跃"。

5. 在私人劳动产品的偶然的不断变动的交换比例中，生产这些产品的社会必要劳动时间作为起调节作用的自然规律强制地为自己开辟道路，就像房屋倒在人的头上时重力定律强制地为自己开辟道路一样。因此，价值量由劳动时间决定是一个隐藏在商品相对价值的表面运动后面的秘密。

——《马克思恩格斯选集》第2卷，人民出版社2012年版，第126页。

在私人劳动产品的偶然的不断变动的交换比例中，生产这些产品的社会必要劳动时间作为起调节作用的自然规律强制地为自己开辟道路，就像房屋倒在人的头上时重力定律强制地为自己开辟道路一样。因此，价值量由劳动时间决定是一个隐藏在商品相对价值的表面运动后面的秘密。这个秘密的发现，消除了劳动产品的价值量纯粹是偶然决定的这种假象，但是绝没有消除价值量的决定所采取的物的形式。商品的价值量由生产商品的社会必要劳动时间决定，商品交换以价值量为基础，按照等价交换的原则进行。

6. 价格和价值量之间的量的不一致的可能性，或者价格偏离

价值量的可能性，已经包含在价格形式本身中。但这并不是这种形式的缺点，相反地，却使这种形式成为这样一种生产方式的适当形式，在这种生产方式下，规则只能作为没有规则性的盲目起作用的平均数规律来为自己开辟道路。

——《马克思恩格斯选集》第2卷，人民出版社2012年版，第135页。

在商品经济中，价值规律的表现形式是，商品的价格围绕商品的价值自发波动。由于供求关系变动的影响，商品价格总是时而高于价值，时而低于价值，不停地围绕价值这个中心上下波动。从较长时间来看，价格高于价值的部分和价格低于价值的部分能够相抵，商品的平均价格和价值是一致的。

7. 理解政治经济学的枢纽

——《马克思恩格斯选集》第2卷，人民出版社2012年版，第101页。

马克思主义政治经济学这座大厦，是在劳动价值论的基础上建立起来的。只有区分了具体劳动和抽象劳动，才能理解劳动创造价值的真正含义。进而，剩余价值的形成、资本积累、社会资本的再生产和流通、剩余价值的各种具体形式、利润、利息、地租，才能得到科学的说明。劳动二重性学说如同一个交通枢纽的中心，它是驶向政治经济学其他领域的一个出发点。马克思说："商品中包含的这种二重性，是首先由我批判地证明了的。这一点是理解政治经济学的枢纽。"

为什么说劳动二重性学说是理解政治经济学的枢纽呢？首先，劳动二重性学说，为科学的劳动价值论奠定了基础。其次，劳动二重性学说的建立，也为剩余价值论奠定了科学基础。只有懂得了劳动的二重性，才能理解劳动力这一特殊商品。再次，劳动二重性学说的建立，为揭示资本主义分配关系奠定了科学基础。最后，劳动二重性学说的建立，为科学地分析社会总资本的生产和流通过程创造了前提。

综上所述，劳动二重性学说和所有资本主义经济范畴都是密切相关的，在马克思主义经济学理论中占有极其重要的地位。所以，它是我们“理解政治经济学的枢纽”。

8. **资本主义社会的经济结构是从封建社会的经济结构中产生的。后者的解体使前者的要素得到解放。**

——《马克思恩格斯选集》第2卷，人民出版社2012年版，第291页。

资本主义的萌芽于14世纪末15世纪初在地中海沿岸的一些城市出现，其途径有两个：一是从小商品经济分化出来；二是从商人和高利贷者转化而成。

封建社会末期，随着社会生产力的发展，在手工业者和商人的集聚地逐渐形成了城市，手工业和商业构成了城市经济的基础。为了保护城市手工业者的生产稳定，限制竞争，在城市里出现了各类手工业行会，这些行会内部都有自己严格的行规，每个手工业者都必须加入一个行会。封建行会约束下的小手工业，是建立在私有制和自身劳动基础上的、以交换为目的的简单商品经济。随着商品经济的发展，小生产者之间展开激烈的竞争并由此发生剧烈的两极分化：一部分条件较好的作坊主不断扩大生产规模，添置设备，增加雇佣工人数量，延长劳动时间，逐渐富裕起来并成为最早的工业资本家；多数作坊主则在竞争中逐渐衰落下去，直至破产，最终同其帮工和学徒一起沦为雇佣工人。手工作坊中的师徒关系逐渐转变为雇佣关系，成为资本主义生产关系的萌芽形式之一。

商人和高利贷者早在奴隶社会就已经出现。到了封建社会末期，随着商人积累的财富的不断增加，一些大商人成了包销商，他们不仅包销小生产者的全部商品，还供给他们原料和设备，从而割断了小生产者与销售市场和原料市场的联系，逐渐控制了商品生产者。商人和高利贷者趁生产者困难之机，贷给他们所需要的资金、原料和生产工具。“随着交往集中在一个特殊阶级手里，随着商人所促成的同城市近郊以外地区的通商的扩大，在生产和交往之间也立即发生了相互作用。”随着商人侵入手工业领域，小生产者沦为商人、高利贷者的债务人，一旦无力还债，只好交出自己的作坊来抵债。于是，作坊主丧失了独立的生产者身份，连同其帮工和学徒成了商人或高利贷者的雇佣工人，商人或高利贷者则成为工业资本家，这成为资本主义生产关系萌芽的另一种形式。

9. 这种方法的蜗牛爬行的进度，无论如何也不能适应15世纪末各种大发现所造成的新的世界市场的贸易需要。

——《马克思恩格斯选集》第2卷，人民出版社2012年版，第296页。

资本主义生产关系产生之后，其成长是一个缓慢的过程。15世纪末美洲和通往印度航道的新发现，世界市场的迅速扩大，要求商品生产以更大的规模和更快的速度发展，这一任务只能靠资本主义社会化大生产来实现。新兴资产阶级便开始进行资本的原始积累，利用暴力手段为资本主义的迅速发展创造条件。

10. 创造资本关系的过程，只能是劳动者和他的劳动条件的所有权分离的过程，这个过程一方面使社会的生活资料和生产资料转化为资本，另一方面使直接生产者转化为雇佣工人。因此，所谓原始积累只不过是生产者和生产资料分离的历史过程。这个过程所以表现为“原始的”，因为它形成资本及与之相适应的生产方式的前史。

——《马克思恩格斯选集》第2卷，人民出版社2012年版，第291页。

15世纪末通往美洲和印度新航道的发现，世界市场的迅速扩大，要求商品生产以更大的规模和更快的速度发展，这一任务只能靠资本主义大生产来实现。新兴资产阶级和资产阶级化的贵族便开始利用暴力手段为资本主义的迅速发展创造条件,进行资本的原始积累。所谓资本的原始积累,就是生产者与生产资料相分离,货币资本迅速集中于少数人手中的历史过程。

11. **美洲金银产地的发现,土著居民的被剿灭、被奴役和被埋葬于矿井,对东印度开始进行的征服和掠夺,非洲变成商业性地猎获黑人的场所——这一切标志着资本主义生产时代的曙光。**

——《马克思恩格斯选集》第2卷,人民出版社2012年版,第296页。

利用国家政权的力量进行残酷的殖民掠夺是资本积累的一个重要方式。自15世纪末开始,葡萄牙、西班牙、荷兰、英国、法国等国的新兴资产阶级,通过武力征服海外殖民地,屠杀当地居民,抢夺金银财宝,大批贩卖黑人,实行保护关税制度,进行商业战争等,掠夺了大量财富,大大加速了货币资本的积累。西方殖民者在300多年的时间里,仅从中南美洲就抢走了250万公斤黄金、1亿公斤白银。1783年到1792年的十年间,英国利物浦一地就贩运了33万多黑人,奴隶贸易使非洲丧失的人口达1亿多。

12. **资本来到世间,从头到脚,每个毛孔都滴着血和肮脏的东西。**

——《马克思恩格斯选集》第2卷,人民出版社2012年版,第297页。

资本的产生有一定的历史条件:一方面是货币、生产资料和生活资料的所有者购买别人的劳动力来增殖自己所占有的价值总额;另一方面是存在自由劳动者,即劳动力的出卖者。所以,资本关系是以劳动者和劳动实现条件的所有权之间的分离为前提。创造这种资本关系的过程,只能是劳动者和他的劳动条件相分离的过程。这两方面条件(即资本和自由劳动力)的产生是资本主义原始积累的结果,所以要考察资本的形成过程必须考察资本主义的原始积累,而资本主义的原始积累的过程就是征服、奴役、劫掠、杀戮过程,充满了血和泪。

在资本主义生产方式确立以前,新兴的资产阶级和资产阶级化了的贵族便采用暴力手段剥夺小生产者,迫使生产者和生产资料相分离,并把大量的生产资料和货币财富集中在自己手里,从而为资本主义的迅速发展创造了条件,即一定量的资本和劳动力。

尽管资本的原始积累存在着不同的形式,但一切原始积累形式的实质都是资本主义生产方式确立以前,资产阶级使用暴力手段使劳动者(小生产者)同生产资料相分离和生产资料在少数人手中迅速积累的过程,也就是以暴力来剥夺劳动者生产资料的过程和用暴力促进封建生产方式向资本主义生产方式的转化的过程。这一过程始终伴随着劳动群众的血泪和苦难。资本原始积累的血腥史充分证实“资本来到世间,从头到脚,每个毛孔都滴着血和肮脏的东西”。

13. **劳动力的价值,是由生产、发展、维持和延续劳动力所必需的生活必需品的价值决定的。**

——《马克思恩格斯选集》第2卷,人民出版社2012年版,第47页。

劳动力价值包括三个部分:(1)维持劳动者本人生存所必需的生活资料的价值;(2)为维持劳动者家属的生存所必需的生活资料的价值;(3)劳动者接受教育和训练所支出的费用。由于劳动力价值的构成包含着一个历史的和道德的因素,在不同的国家或在同一国家的不同历史时期,劳动者所必需的生活资料的数量和构成也是有区别的,所以劳动力价值的最低界限,是由生活上不可缺少的生活资料的价值决定的。一旦劳动力价值降低到这个界限以下,劳动力就只能在萎缩的状态下维持。

14. **为了进行生产,人们相互之间便发生一定的联系和关系;**

只有在这些社会联系和社会关系的范围内，才会有他们对自然界的影响，才会有生产。

——《马克思恩格斯选集》第 1 卷，人民出版社 2012 年版，第 340 页。

马克思把人的生产活动与动物的本能适应性活动的剥离，突显了人的“生产活动”的本质特征：一是生产活动的“社会关系”性，即人类的生产活动不是孤立的个体活动，而是人们以一定方式相结合的群体的共同活动。

二是生产活动的意识性，即人所具有的思维和意识及禀赋的理性和想象力，使人能够超越他作为动物自身的受动性的限制，成为一种具有自觉能动性并使活动显现出自主性的创造者，表现为在劳动过程中主动制造生产工具，建立生产关系，并自觉协调劳动关系。

15. **这种具有契约形式的（不管这种契约是不是用法律固定下来的）法的关系，是一种反映着经济关系的意志关系。这种法的关系或意志关系的内容是由这种经济关系本身决定的。**

——《马克思恩格斯选集》第 2 卷，人民出版社 2012 年版，第 128 页。

所有制与所有权二者既有区别，也有密切的联系。所有制是所有权的基础，所有制的性质和特点只能从现实的生产关系的实际运动中去把握和理解，而不能从所有权出发去认识。所有制决定着所有权，所有权是所有制的法律形态，它反映着经济关系的意志关系。这种意志关系或者法的关系的性质在根本上是由这种经济关系本身决定的

16. **生产剩余价值或赚钱，是这个生产方式的绝对规律。**

——《马克思恩格斯选集》第 2 卷，人民出版社 2012 年版，第 276 页。

剩余价值生产深刻反映了资本主义生产的本质，决定着资本

主义生产的一切方面和一切主要过程，决定着资本主义生产方式的发生、发展和灭亡。

17. **作为劳动过程和价值形成过程的统一，生产过程是商品生产过程；作为劳动过程和价值增殖过程的统一，生产过程是资本主义生产过程，是商品生产的资本主义形式。**

——《马克思恩格斯选集》第 2 卷，人民出版社 2012 年版，第 180 页。

资本主义生产过程不只是生产物质产品、创造使用价值的劳动过程，因为，生产使用价值不是资本主义生产的根本目的。资本家之所以要生产使用价值，不过是由于使用价值是价值的物质承担者。资本家的生产目的是要生产一个比他垫支的资本价值更大的价值，即剩余价值。所以，资本主义生产过程表现为劳动过程和价值增殖过程的统一。

在资本主义制度下，工人的劳动时间总是要超过为补偿劳动力价值所需要的时间，工人劳动力的价值与劳动力所创造的价值是两个完全不同的量。只要资本家把雇佣工人的劳动时间延长到补偿劳动力价值所需要的时间之上，工人在生产过程中所创造的价值就会超过劳动力价值，资本家就能够从雇佣工人身上榨取到剩余价值。整个资本主义剥削的秘密、剩余价值产生的根源就在这里。

18. **但资本不是物，而是一定的、社会的、属于一定历史社会形态的生产关系，后者体现在一个物上，并赋予这个物以独特的社会性质。**

——《马克思恩格斯选集》第 2 卷，人民出版社 2012 年版，第 644 页。

资本最初的形态是货币，在日常的经济活动中，资本还表现为各种实物形态，如厂房、机器设备、原材料等。其实这些生产资料本身并不是资本，只有在一定的社会经济条件下，即在雇佣工人被迫出卖劳动力，而生产资料又被用来作为剥削他们的手段时，它们才成为资本。作为流通手段的货币，也只有在被资本家占有并用作剥削工人的手段时，它们才成为资本。正如马克思所说："黑人就是黑人，只有在一定的关系下，他才成为奴隶。纺纱机是纺棉花的机器。只有在一定的关系下，它才成为资本。脱离了这种关系，它也就不是资本了，就像黄金本身并不是货币，砂糖并不是砂糖的价格一样。"

19. **黑人就是黑人。只有在一定的关系下，他才成为奴隶。纺纱机是纺棉花的机器。只有在一定的关系下，它才成为资本。脱离了这种关系，它也就不是资本了，就像黄金本身并不是货币，砂糖并不是砂糖的价格一样。**

——《马克思恩格斯选集》第1卷，人民出版社2012年版，第340页。

资本的生产是为了交换的本性，揭示了物、商品、资本的生产不过是个交换的媒介、载体，媒介在体制上是一种关系，剥削与被剥削、占有与被占有的关系，资本在本质上是一种关系。

"资本不是一种物，而是一种以物为中介的人和人之间的社会关系"，以商品生产为媒介的资本家对工人的剥削关系；资本本质上是一种剥削关系，资本的功能就是尽可能多地"迫使工人超出必要劳动来做剩余劳动"。

20. **资本主义生产——实质上就是剩余价值的生产，就是剩余劳动的吮吸——通过延长工作日，不仅使人的劳动力由于被夺去了道德上和身体上正常的发展和活动的条件而处于萎缩状态，而且使劳动力本身未老先衰和过早死亡。它靠缩短工人的寿命，在一定期限内延长工人的生产时间。**

——《马克思恩格斯选集》第2卷，人民出版社2012年版，第192页。

以榨取剩余劳动为目的的资本主义生产，必然无限度地盲目追逐剩余劳动。对于资本家来说,工人终身不外就是劳动力,应当用于资本的自行增殖。因此,资本无限度地盲目追逐剩余劳动,像狼一般地贪求剩余劳动,不仅突破了工作日的道德极限,而且突破了工作日的纯粹身体的极限。“资本是不管劳动力的寿命长短的。它唯一关心的是在一个工作日内最大限度地使用劳动力。它靠缩短劳动力的寿命来达到这一目的,正像贪得无厌的农场主靠掠夺土地肥力来提高收获量一样。”

21. **资本主义积累不断地并且同它的能力和规模成比例地生产出相对的,即超过资本增殖的平均需要的,因而是过剩的或追加的工人人口。**

——《马克思恩格斯选集》第2卷,人民出版社2012年版,第284页。

相对过剩人口,就是劳动力供给超过了资本对它的需要。这种过剩人口之所以是相对的,是因为它并不是社会生产发展所绝对不需要的,而是由于他们不为资本价值增殖所需要,使他们成为“过剩”的或“多余”的人了。

22. **这种假象,就是雇佣劳动和历史上其他形态的劳动的不同之处。**

——《马克思恩格斯选集》第2卷,人民出版社2012年版,第50页。

在资本主义制度下,劳动力的价值以工资形式表现出来。资本家在市场上购买工人的劳动力,工人则从资本家那里获得工资,因此,工人的工资本质上是劳动力的价值或价格。在这种制度下,资本家购买工人的劳动力不是立即付钱,而是在工人劳动以后以货币工资形式支付,这种表面上看起来好像是公认为资本家劳动,资本家付给工人工资,工资表现为“劳动的价格”或支付给工人全部的劳动报酬,模糊了工人必要劳动和剩余劳动的界限,掩盖了资本主义的剥削关系。

五、教学资源与拓展

教学案例：

1. 劳动力黑市

案例文本：徜徉于城市街头，在某些地方，我们常常可以看到一些三五成群的人手中提着“木工”“瓦工”“厨师”等的木牌或木片、纸片，还有一些人正在跟他们讨价还价。当管理部门的执法人员一来，那些人就作鸟兽散；执法人员一走，他们又卷土重来。有关部门伤透了脑筋，想尽了办法，各级劳动部门和工商管理部门进行了多次协商、研究和讨论，先后使用过清理、劝说等办法对其进行驱离，可以说是软硬兼施，但均未见效。后来，有关部门提供各种优惠政策，希望通过降低加入正规劳动力市场的成本，吸引劳动力离开黑市。即使如此，民工们仍然在黑市上寻找活干。为什么在全国范围内普遍存在着这种现象，而且长期得不到解决；劳动力黑市的存在产生一些副作用的同时，有什么必然性和合理性，应该如何采取正确的对策对其进行有效的引导，将其纳入正常的轨道，使劳动力市场健康地、有序地发展，这是值得人们深思的一个问题。

案例评析：这是关于劳动力商品的案例。资本主义雇佣劳动制度的形成是以劳动力成为商品为前提的，认识资本主义经济制度的本质必须从理解劳动力成为商品入手。劳动力成为商品的条件，一是劳动者是自由人，能够把自己的劳动力作为自己的商品来支配；二是劳动者没有其他的商品可以出售，劳动者没有生产资料和生活资料。

劳动力市场作为劳动力资源配置的场所、渠道和领域，自然而然地形成了。但是，由于人们受传统思想的影响，观念还比较陈旧、落后，束缚了劳动力市场的正常发展，即劳动力市场的发展严重滞后，从而使劳动力黑市不可避免地存在并发生作用。制约劳动力市场发展的诸多因素中,除观念问题外,主要是体制因素和信息问题。

劳动力市场存在着流动性障碍,首先是由体制性的原因造成的。体制性的原因导致劳动力市场的交易成本太高。这里的劳动力交易成本太高,主要不是指职业介绍费,而是指行政性限制太多。比如在南京,你要在职业介绍所找工作,除了要有身份证以外,还必须有户籍所在地政府发放的外出务工证,结婚的还要有计划生育证,诸多证件必须齐全。办证成本不仅包括办证的价格,也包括办证的"交易成本",比如劳动力在办证过程中因为主管部门人员"寻租"而额外支付的费用。在许多地方层层加码,甚至连村委会也要前来收取务工费。最后,旨在"规范"农村劳动力流动和就业的证件,成为某些部门和人员"寻租"的手段。在办证成本非常高的情况下,仅仅降低职业介绍费而不取消证件限制,要吸引黑市劳动力复归到正规劳动力市场,是十分困难的,甚至是不可能的。劳动力市场存在流动性障碍的另外一个原因是信息方面的原因。信息的对称性、流畅性、准确性是劳动力市场发展的必要条件。我国目前一方面存在着劳动力市场的信息严重不对称的问题。由于通信、信息基础设施不完善,以及劳动者的知识层次差异,存在着较大的信息不对称,导致交易费用较高。劳资双方难以达成稳定、公正的就业协议。比如,对大量农村打工者,由于相关经济、法律等知识的欠缺,大量非法的、损害劳动者利益的就业契约出现,造成劳动力市场混乱。而另一方面,存在着信息不流动的问题。缺乏相应的流动机制和设施,信息流动空间狭窄,获取信息的成本高,导致劳动力市场的信息,如供求状况、价格信号难以迅速有效地传播到雇主和雇工,使得企业难以及时补充,同时,人才滞留在低效的地方,得不到利用。比如,在许多地方,求职渠道单一,仅靠就业中心求职,而许多就业中心受到利益驱使,提供的信息往往是虚假的、过时的信息,这样使得求职者难以分辨企业的优劣。另外,信息不准确的情况也比较严重。由于信息在传递过程中存在着人为的扭曲,地方就业指导部门在信息方面没有纠正措施,导致信息不正确、不全面。这就使得企业错误估计供求状况,制定不合理的工资价格,而供给者也错误地判断需求状况,盲目流动。比如,近年来农村的打工潮,受到错误信息的驱使,就有盲目流动的趋势。

我国劳动力黑市出现,并有不断蔓延的趋势。关键在于,在劳动力流动的限制得到解除的同时,并没有消除对劳动力相关权利的限制。一方面,试图通过市场机制调节劳动力供求;另一方面,对劳动力行政限制不加以解除。这样,劳动力黑市自然难免。我国之所以要对劳动力市场实行管制,主要不是因为劳动力市场失灵,而是源自计划经济的惯性。而要解决劳动力黑市问题的唯一出路,就是彻底消除一切不正当的管制,开放市场,自由竞争。市场经济是开放式的,劳动力作为市场中最活跃的要素必然要流动起来,雇主对劳动力成本的价格比较促进了这种流动。打工的要找饭碗,雇工的要尽量减少雇工成本,这一切都要通过劳动力自由流动和劳资双方双向选择来实现。另外,在劳动力供过于求的现状下,限制劳动力自由流动(户籍的限制)也收不到实际效果。所有的用人单位无不想降低雇工成本,使用外来民工比使用本地工省钱还省事。再说,雇工单位在一座城市成千上万,谁用外来工、谁用本地工,政府根本无法统计。

有人担心,放开管制会带来无序,实际上并非如此,劳动力会从切身利益考虑问题,不断地调整自己的行为,使劳动力的盲目性流动逐渐消失。事实正好相反,黑市是因管制而生,因放弃管制而亡的。保障秩序的条件不是管制,相反,是充分自由的选择。所有这一切都应从转变观念入手,引导企业和劳动者向市场观念转变,培养新型就业择业观念,改革就业和相关体制,规范就业指导,拓宽信息基础渠道,保证信息的对称性、流畅性和准确性,强化市场配置劳动力资源的主导作用,促进劳动力市场的健康发展。

2. 豆你玩、蒜你狠——农副产品价格上涨

案例文本:在2010年到2012年间,曾经出现一批网络词汇,“蒜你狠”“豆你玩”“姜你军”,针对当时以大蒜、绿豆、生姜为代表的多种农副产品在短时间内轮番成倍涨价,出现了大蒜、绿豆价格超猪肉的经济异象。此种经济异象被媒体戏称为“逗你玩”“蒜你狠”等。

案例评析:这是一个关于价值规律的案例。价值规律表明:商品的价值量由生产商品的社会必要劳动时间决定,商品交换以价值量为基础,按照等价交换的原则进行。商品的价格围绕商品的价值自发波动。价值规律自发调节生产资料和劳动力在社会各部门之间的分配比例;自发刺激社会生产力的发展;自发调节社会收入的分配。价值规律在对经济活动进行自发调节时,必然会产生一些消极的后果:可能导致垄断的发生,阻碍技术的进步;可能引起商品生产者的两极分化;可能出现比例失调的状况,造成社会资源的浪费。

相对于“炒房子”而言,“种庄稼”的收益实在是太少了,百分之一都不到。相对于“炒房子”而言,“炒绿豆”“炒大蒜”的收益也不算高。高房价至少比农产品价格超前了20年以上。最近25年,一般公务员工资上涨了60倍左右,农产品价格上涨了6倍左右。农产品价格落后公务员工资10年以上。最近25年,农资的价格涨了20倍以上,农产品的价格上涨只有6倍左右,相对农资涨价,大蒜、绿豆价格飙升到现在的水平也不过分。我国的劳动密集型农产品价格,相比日本、韩国、欧美要低10倍以上,我国农民家庭农业收入不及日本、韩国、欧美农民家庭农业收入的百分之一。我国很多劳动密集型农产品出口日本、欧美的价格实在太低,“逗你玩”“蒜你狠”导致大蒜、绿豆等农产品价格飙升了数

倍，依然还有竞争力，出口并没有减少。

我国农产品价格是洼地，加上大蒜、绿豆等很多农产品本来就是极好的"囤积居奇"品，资本炒家先从大蒜、绿豆、生姜、花椒等产地集中的小品种炒起，让大蒜、绿豆等小品种轻而易举长个5~10倍，当然不费力气了。

因而，这些经济现象所折射的是价值规律这只"无形之手"的作用，当某些商品供不应求时，价格就会高于价值；当供过于求时，价格就会下跌。价格围绕价值中心上下波动，恰恰是价值规律作用的结果。

3. 经济危机破坏社会生产力

案例文本：每次危机都使生产倒退几年甚至几十年，为资本主义世界带来莫大的灾难。危机使社会财富遭到了巨大的破坏。在20世纪30年代的大危机中，被毁坏的炼铁炉，美国达92座，英国为72座，德国为28座，法国为10座。1933年，美国有1040万英亩的棉花被毁在地里，巴西有2200万袋咖啡被销毁，丹麦有117000头牲畜被消灭。这种现象在第二次世界大战后也并未绝迹。例如美国在1973—1975年的危机中，仅在1974年5月15日和16日两天内，洛杉矶的加利福尼亚牛奶垄断组织就把38000多加仑的优质鲜奶倒入水沟中。当千百万人饱受失业痛苦的时候，当广大人民仍在贫困线上挣扎的时候，资产阶级竟如此毁坏由劳动人民辛勤创造的社会财富，这充分反映了它的腐朽性、历史局限性。

案例分析：这是关于资本主义经济危机的案例。生产资料资本主义私人占有和生产社会化之间的矛盾是资本主义的基本矛盾。当资本主义发展到一定阶段就会发生以生产过剩为基本特征的经济危机。资本主义经济危机爆发的根本原因是资本主义的基本矛盾，这种矛盾具体表现为一是生产无限扩大的趋势与劳动人民有支付能力的需求相对缩小的矛盾；二是个别企业内部生产的有组织性和整个社会生产的无政府状态之间的矛盾。

资本主义经济危机的根本原因在于资本主义制度本身，在于资本主义的基本矛盾——生产的社会化与资本主义私人占有形式之间的矛盾。经济危机的可能性，早在简单商品生产中就已经存在，这是同货币作为流通手段和支付手段相联系的。但是，只有在资本主义生产方式占统治地位以后，危机的可能性才变成了现实性。随着简单商品经济的矛盾——私人劳动与社会劳动之间的矛盾发展成为资本主义的基本矛盾，就使经济危机的发生成为不可避免的了。

资本主义经济危机表明，资本主义社会生产力和生产关系之间存在着不可调和的矛盾。经济危机是资本主义矛盾激化的产物，反过来它又促进资本主义基本矛盾在起伏波动中继续向前发展。只要是资本主义制度存在，不管用什么办法去调节和制约这一矛盾，危机终究是不可避免的。危机和经济周期是同资本主义制度共存亡的，只有用社会主义制度去代替资本主义制度，才能最后消灭周期性生产过剩的经济危机。

经济危机加剧了资本主义国家内部的无产阶级和广大人民群众同垄断资产阶级之间的矛盾，加剧了发达资本主义国家同发展中国家之间的转嫁危机与反转嫁危机的矛盾；加剧了帝国主义国家相互之间争夺商品市场和输出危机的矛盾。总之，经济危机加剧了资本主义世界的各种矛盾，它是世界动乱的重要经济根源之一。

4. 邯郸钢铁"细"处多努力，做成"大文章"

案例文本：有人说，靠着"节约"，邯郸钢铁（以下简称邯钢）成功地进入了"上市公司50强"。邯钢的"节约"就是国有企业向管理要效益的典范。邯钢的"节约"首先是一种思想、一种认识，是从企业领导到企业员工的自觉行为。有一次，邯钢三轧钢厂的职工发现，为了使产品的包装质量符合公司要求，修卷减去的线材头尾一个月达上百吨,由此造成的损失超过了 6 万元。为了降低成本,职工自发对卷线机进行了技术改造,在充分保证包装质量的前提下,轧用量降低了 40%。像这样的例子,在邯钢数不胜数,而正是从这些小处着手,邯钢“节约”下来一笔笔巨款;最终构筑起一个“上市公司 50 强”公司。邯钢的“节约”靠的是制度和机制,是优秀的企业管理水平。“节约”二字,说时容易做时难。近 8 年来,邯钢坚持不懈地深化、完善“模拟市场核算,实行成本否决”的管理机制,生产成本不断下降,企业效益逐年上升,其成功的成本控制背后,实质上是企业优秀的管理水平。几年来,在邯钢实现的利润中,靠消化减利因素、挖潜增效的约占总额的三分之一。

邯钢的“节约”不是被动的,更不是收缩性的,相反,它已经成为企业不断健康发展的动力源泉。邯钢将成本控制应用于技术改造和项目建设,使得“节约”又成为企业发展的动力。邯钢曾想引进一台高速线材轧机,但后来经过测算,只引进了其关键部分和控冷部分,其余由国内配套制造,这样,仅花了 6000 万元,节约了几亿元资金。8 年间,邯钢技改投资 44 亿元,先后进行了 20 多项大、中型技改,新增钢的综合生产能力 190 万吨,吨钢投资 2400 多元,仅为新建钢厂吨钢投资的 40% 左右。统计显示,邯钢的技改一般比别的同型设备改造少投入 30% ~50% 的资金,而效益却多出 50% 。目前,邯钢在冶金行业的 44 项主要指标中,75% 进入全国前三名,其中十余项列第一位,实现净利润已居全国第二位。

靠着“节约”,靠着从细微之处加强管理,靠着练就的一身基本功,邯郸钢铁把握了市场经济中企业的生存法则,从而能够在近几年不甚景气的钢铁行业中立于不败之地,成为国有企业改革的一面旗帜。邯钢的成功向我们述说了这样的道理:一个企业,唯有重其“细”、重其“微”,才能真正得其“强”、得其“大”。

案例评析:这是关于成本与利润的案例。在现实的资本主义经济活动中,资本家并不是把剩余价值看作可变资本的产物,而是看作全部预付资本的增加额,在资本家的眼中,其预付资本是生产商品的成本,剩余价值是利润,于是产品的价格就变成生产成本加上利润。在激烈的市场竞争中,企业的生产成本越低,就越容易获利。由于资本的流动和部门之间的竞争形成了成本价格,对于企业而言,为了获得更多的利润,必须降低成本。在市场经济条件下,成本的节约是企业生存的关键,这一点适用于所有性质的企业,社会主义制度下的国有企业也不例外。

在充分的市场竞争中,非垄断厂商很难通过调整价格来提高利润,增加利润的根本办法是成本的节约。在市场经济条件下,所有的企业都要根据市场的供求情况进行生产经营决策,不论何种性质的企业,都不拥有任何形式的特权。如何才能在市场竞争中获得良好的经济效益,邯郸钢铁的做法值得推广。事实上,邯郸钢铁并没有什么起死回生的灵丹妙药,也并未开发利润率较高的新产品,只是通过节约生产中各个环节的成本,从而实现了扭亏为盈。邯郸钢铁扭亏为盈的案例证明,只要管理科学、经营得当,国有企业完全能够在激烈的市场竞争中立于不败之地。

5. 电子货币——中外银行卡的产生及作用

案例文本:信用卡作为电子货币的主要形式,20 世纪初起源于美国。它最早是由商家发行的。商家们为了推销商品的需要,刺激购买,有选择地向一些讲信誉的客户发放了一种信用筹码,客户可以凭借这种筹码,先赊购商品,然后再用现金或是银行存款转账等来支付款项。后来,这种筹码被演变成为小小的塑料卡片,也就有了现代信用卡的雏形。由此看来,信用卡不过是一种赊购商品的许可证,最后完成交易,还是需要用支付现金或是银行存款转账等实质付款形式。

1950 年,美国商人弗兰·麦克纳马拉与他的好友施奈德合作投资 1 万美元,在纽约创立了“大莱俱乐部”,这家俱乐部后来成为了著名的大莱信用卡公司。俱乐部向会员们发放了一种能够证明身份的特殊卡片，会员可以凭卡片记账，一定时期后再统一结账。这时的信用卡就已经有了清楚的现代形式了。由于信用卡使用方便，它一经投入市场，就广受社会关注。1952 年，美国加州的富兰克林国民银行进入发行行列，率先发行了银行信用卡。随后，许多银行纷纷效仿，信用卡迅速在美国乃至全世界流行开来。

1985 年，中国银行珠江分行发行了第一张“中行卡”，开创了中国信用卡发行的先河。由于受我国商业信用发展的限制，同时受社会信用体系还不健全的影响，除了几家银行发行的国际卡之外，在国内使用的完全赊账性质的信用卡直到 20 世纪 90 年代末才开始发行，大量的信用卡是不具有“信用特色的”。我国最先发行的信用卡称为“借记卡”。它的特点是在银行发卡给你之前，你必须先存足一笔钱，记录在卡中，你消费支付时，不得超过这笔钱的数额。这种卡相当于“存款卡”或者是“储蓄卡”，目前，我国这种卡的数量还不少，有的就直接取名“储蓄卡”。随后发行的有“准贷记卡”。它的特点是，在银行发卡给你之前，你同样必须存一笔钱，但你在消费时，可以有限制地透支一些额度。如果你存入 3000 元，而你在消费时，可以达到 4500 元，这样你就可以享有 1500 元的透支权利。不过，你透支通常必须支付相当高的利息，许多持卡者在透支后，一般是尽快到银行将透支的钱补上，免得负担太多利息。

现在我们有了真正能够赊账用的，而且是以人民币记账，在国内使用的信用卡，它被称为“贷记卡”。你不需要存入任何钱，银行根据你的信誉而发卡给你。当然，你的卡是有级别的，在一定时间内，并不是你花多少钱，就可以透支多少钱，你有一个花钱的额度。而且，在一定时间内，你花了钱是不用支付利息的，只有超过了期限之后，你才需要负担利息。

商家实际上收到钱,并不是从信用卡里收到的,而是从银行收到的。这就告诉我们,你使用信用卡消费,在没有最后结算之前,你其实没有真正地花钱,但却真正地享受了商品。你完全可以先享受而后付钱。那么,银行为什么会发卡给你呢?这就是你的信用了。信用卡的最根本之处也就在这里。银行根据你的信用向你发卡,信用越好,你就能够得到级别越高的信用卡,如所谓的“金卡”等,你可以在没有付钱之前,消费很大数额的钱。如果你有一次赖账不付,以后你就会有不良记录,就再也别想得到信用卡了。在现代经济社会中,银行尤其是大银行的信誉通常是很高的,它所发行的信用卡是商家们所放心来“刷”的,因为银行不会赖账。这样,你持有那种信誉很好的大银行发行的信用卡,就可以走遍天下。

案例评析:这是关于货币的本质及其职能的案例。货币是在长期的交换过程中形成的固定地充当一般等价物的商品。从历史上看,商品价值形式的发展经历了四个阶段,即简单的或偶然的价值形式、总和的或扩大的价值形式、一般价值形式和货币形式。货币具有五种基本职能,即价值尺度、流通手段、贮藏手段、支付手段和世界货币。

货币是人们普遍接受的交换媒介。在各个时代,人们所认定的货币形式是不同的。原始社会的人把贝壳等实物作为货币,重商主义时代的人只认金银为货币,而21世纪的人在用电子货币。有内在价值的东西作为货币,是商品货币。没有内在价值而由政府法令所确定的货币称为法定货币,纸币就是法定货币。货币发展到今天,它已经是一个非常大的家族了;我们目前处在完全的纸币流通时代,并在向着电子货币时代进军。在现实经济生活中,商品交易或是消费所使用的货币中介,主要是国别纸币、银行支票和信用卡等。随着现代信用制度和电子技术的发展,货币形式的发展从有形到无形,逐步产生了电子货币。电子货币的主要形式为信用卡，它储藏了持卡人的姓名、银行账号等信息，存储在电子计算机系统的终端机后，银行就自动记账、转账或换取现金。电子货币是一种纯粹观念性的货币，它不需要任何物质性的货币材料。储存于银行电子计算机中的存款货币使一切交易活动和结账都通过银行计算机网络完成，既迅速又方便，可以节省银行处理大量票据的费用。电子货币已经成为一些发达的市场经济国家货币流通的主要形式，在经济生活中起着越来越大的作用。

银行进入信用卡的发行行列，并没有改变信用卡的基本性质，它仍然还是为商家赊购商品而提供的一种身份证明和支付能力的证明。只不过，银行发行的信用卡将商家和客户之间的交易关系分为三个过程：一是商品的买卖过程，即持卡人到商店"刷卡"，然后拿走商品；二是商家和银行的结算过程，即商家会将"刷卡"记录下来的金额，到银行去索取款项；三是信用卡持有人向银行付钱的过程，他会在购买商品一定时间后，向银行补齐买货的钱款。信用卡的存在虽然使商家与客户之间的买卖过程实际上是复杂多了；但由此形成的经济拉动和商品销售增长，以及建立良好的信用联系和支付体系，特别是方便客户方面，有了长足的进步。从我国信用卡的发展过程中我们也能了解到，信用卡是依据信用基础而来的。没有基本的信用，就不可能有信用卡的存在和发展；而信用卡的使用反过来又有助于社会建立良好的信用关系，形成信用意识。总之，信用卡不是货币，当然也不是信用货币，但它离不开信用。你在使用信用卡时，并没有将卡交给商家，但你已经将发卡银行的信用、你的信用交出去了。

信用卡作为一种电子货币，习惯上通常被人们称为"信用货币"（实质上不是信用货币，信用货币是从事物表面现象看问题的一种提法），而一种"信用货币"的信用力量的大小，也就是人们是不是乐意接受的普遍程度，在于货币背后确定的经济价值支持力度的大小。如果哪一天，某种信用货币得不到制度支持了，再精美的信用卡、再快速的电子数字,也就不是货币了。

6.《资本论》关于原始积累的论述

案例文本:在原始积累的历史中,……首要的因素是:大量的人突然被强制地同自己的生存资料分离,被当作不受法律保护的无产者抛向劳动市场。对农业生产者即农民的土地的剥夺,形成全部过程的基础。(《马克思恩格斯文集》,人民出版社 2009 年版,第 5 卷,第 823 页)

掠夺教会地产,欺骗性地出让国有土地,盗窃共有地,用剥夺的方式,用残暴的恐怖手段把封建财产转化为现代私有财产——这就是原始积累的各种田园诗式的方法。这些方法为资本主义农业夺得地盘,使土地与资本合并,为城市工业造成了不受法律保护的无产阶级的必要供给。(《马克思恩格斯文集》,人民出版社 2009 年版,第 5 卷,第 842 页)

美洲金银产地的发现,土著居民的被剿灭、被奴役和被埋葬于矿井,对东印度开始进行的征服和掠夺,非洲变成商业地猎获黑人的场所——这一切标志着资本主义生产方式的曙光。这些田园诗式的过程是原始积累的主要因素。接踵而来的是欧洲各国以地球为战场而进行的商业战争。这场战争以尼德兰脱离西班牙开始,在英国的反雅各宾中具有巨大的规模,并且在对中国的鸦片战争中继续下去,等等。(《马克思恩格斯文集》,人民出版社 2009 年版,第 5 卷,第 861 页)

案例评析:资本原始积累是指新兴的资产阶级利用暴力手段,将生产者与生产资料相分离,货币资本迅速集中在少数人手里的历史过程。资本原始积累的主要途径:一是用暴力手段剥夺农民的土地,二是用暴力手段掠夺货币财富。资本原始积累加快了资本主义生产方式的形成,在资本主义生产关系产生之后,其成长是一个缓慢的过程。原始积累的实质是生产者与生产资料相分离,使货币资本和社会财富迅速集中在少数人的手里。原始积累的途径是暴力和掠夺。马克思在《资本论》中以英国的圈地运动为例,描述了在英国对农村居民土地的剥夺;同时论述了15世纪末以来通过压低工资的法律对被剥夺者的血腥立法,剥夺工人的劳动;原始积累除了在本国还将触角伸向世界各地,包括对非洲、美洲,以及古老的中国。

第五章 资本主义的发展及其趋势

一、教学目的和要求

了解资本主义从自由竞争发展到垄断的进程，科学认识国家垄断资本主义和经济全球化的本质，正确认识第二次世界大战后资本主义的新变化及2008年国际金融危机以来资本主义的矛盾与冲突，深刻理解资本主义的历史地位及其为社会主义所代替的历史必然性，坚定资本主义必然灭亡、社会主义必然胜利的信念。

二、教学重点

● 垄断资本主义的形成及其发展变化的特点和实质。

● 资本输出与垄断资本的国际扩张。

● 经济全球化的表现及其后果。

● 当代资本主义的新变化及其实质。

● 资本主义的历史地位及其为社会主义所代替的历史必然性。

三、基本原理阐释

(一)垄断的形成

1. 从时间上看，19世纪70年代以前，资本主义处于自由竞争阶段；从19世纪70年代开始，自由资本主义逐步向垄断资本主义过渡，19世纪末20世纪初，垄断代替自由竞争并占统治地位，垄断资本主义得以形成。

2. 从生产力和技术的发展看,第一次产业革命标志着以蒸汽为动力的大机器生产体系的形成,但企业的规模还不大;第二次产业革命后,电的广泛使用则标志着以电能为动力的大规模生产体系的出现,由于机器运转的动力空前加大,使大型企业纷纷出现,规模性竞争优势成为资本家追求的目标。大型企业的出现,推动了生产要素向少数大企业的集中,自由竞争受到限制,垄断逐渐取得主导地位。

3. 从组织形式上看,卡特尔、辛迪加、托拉斯、康采恩等企业组织出现,这些垄断组织凭借着庞大的经济实力控制市场,限制竞争,制定垄断高价,谋求高额垄断利润。所谓垄断,简单地说就是"独占",是指少数资本主义大企业,为了获得高额垄断利润联合起来独占生产和市场。

自由竞争引起生产集中,生产集中发展到一定阶段必然走向垄断,这是因为:

(1)当生产集中达到一定高度时,就具备了产生垄断的可能性。如果一个部门的生产和资本分散在社会上成千上万的中小资本家手中,则根本不可能形成垄断的局面。因为他们之间很难达成某种协议,即使一些企业形成某种联合,也难以左右整个部门的生产和流通。而在生产高度集中时,情况则大不一样。这时,一个部门的生产已经集中在少数大企业和大公司手里,它们之间就比较容易达成某种协议,通过联合控制本部门的生产和市场。

(2)生产的高度集中,在一定程度上造成了竞争的困难,从而导致垄断的趋势。因为当少数大企业控制了一个部门的生产和流通时,该部门的中小企业由于实力不济,难以与之竞争,而其他部门的资本也难以转移到这个部门,从而保持了大企业的独占地位。

(3)生产高度集中后,也产生了垄断的必要性。如果一个部门中的少数大企业之间进行竞争，那么，由于它们实力相近，结果会造成两败俱伤。为了避免发生这种竞争，这些大企业之间就会谋求暂时的妥协，为共同控制生产和市场，获取高额垄断利润而达成协议，从而形成了垄断。

（二）垄断与竞争的关系

垄断是对竞争的限制，但是垄断并没有消除竞争，而是凌驾于竞争之上，与竞争同时并存。垄断之所以不能消除竞争，是因为：(1)垄断没有也不可能消除产生竞争的经济条件。商品经济是竞争产生的客观经济条件，而竞争的存在，又推动着商品经济的发展。垄断不能消灭商品经济，自然也就不能消除竞争。(2)垄断必须通过竞争来维持。垄断组织在确立了自己的统治地位后，为了扩大统治范围，它们之间也进行着激烈的竞争。因此，在垄断统治的条件下，既存在着非垄断企业之间的自由竞争，也存在着垄断竞争，即垄断组织之间的竞争、垄断组织内部的竞争，以及垄断组织与局外企业之间的竞争。(3)垄断组织不可能囊括所有的生产部门和企业。在垄断组织占统治地位的条件下，还存在着大量非垄断的企业。在非垄断企业之间，以及非垄断企业与垄断企业之间势必会展开激烈的竞争。

垄断条件下的竞争与自由竞争相比，具有一些新特点：(1)竞争的目的不同。在垄断统治的条件下，竞争的目的已不是取得平均利润或超额利润，而是攫取高额垄断利润。(2)竞争的手段不同。在自由竞争时期，部门之间的竞争主要是通过资本转移进行的，部门内部的竞争则是依靠技术进步，提高劳动生产率，降低商品成本，来击败对手。在垄断时期，垄断资本家在经济上主要是依靠垄断的高压统治，在政治上仰仗政府的力量来战胜竞争对手。为了达到目的，垄断资本家有时甚至不惜采取暴力手段。(3)竞争的范围不同。自由竞争主要发生在国内经济领域，垄断时期的竞争范围则由国内扩展到国外，由经济领域扩展到政治、军事、文化等诸多领域。(4)竞争激烈程度和后果不同。垄断资本的竞争双方都是实力雄厚、势均力敌的垄断组织,这便使得竞争特别激烈,更具有持久性,竞争造成的破坏也更加严重。

(三)垄断的经济和政治形式

1. 金融资本的形成

与自由资本主义不同,在垄断资本主义阶段,占统治地位的资本不是工业资本而是金融资本。帝国主义就是“从一般资本统治进到金融资本统治”,就是“金融资本时代”。

所谓金融资本是指工业垄断资本和银行垄断资本融合在一起而形成的一种垄断资本。金融资本既不是银行垄断资本,也不是工业垄断资本,而是在银行垄断资本和工业垄断资本的基础上所形成的一种新的资本形态。

金融资本是在银行垄断资本和工业垄断资本相互渗透、彼此融合的基础上形成的。具体来说,20 世纪初期,在工业垄断资本形成的基础上,银行垄断资本也迅速发展起来。银行业垄断同样是银行业集中的结果。随着银行业的集中和垄断,便使银行的作用发生了根本性变化,即由普通的借贷关系中介人变成了控制工业企业融资活动,乃至整个国民经济的万能的垄断者。银行的这种新作用表现在:(1)大银行与工业企业之间逐渐形成了较为固定的金融关系,银行可借此掌握企业资金往来和经营情况,能对企业进行及时的有效的监督和控制,甚至左右企业的命运。(2)大银行可通过购买工业企业股票等方式参与和控制工业企业,把它们控制在自己手中。(3)大银行要派人充当企业的董事或经理,实现银行与企业人事上的结合,直接掌握和控制企业。银行与工业企业之间的关系日益密切,促使银行垄断资本和工业垄断资本逐渐融合起来。一方面银行垄断资本通过购买工业企业的股票和创办新的工业企业的办法,把资本渗入工业中去。另一方面,工业垄断组织也通过购买银行股票和创办新的银行等办法,把资本渗透到银行业。这样,通过金融联系、资本交织和个人联合,银行垄断资本和工业垄断资本日益融合在一起,从而产生了一种新的资本形态即金融资本。

在金融资本的基础上,产生的掌握大量金融资本,控制着国民经济命脉和国家机器的少数最大垄断资本家或垄断资本家集团,就是金融寡头。金融寡头是当代资本主义国家中的真正统治者,他们控制着经济、政治、文化等社会生活的各个领域。

2. 金融资本和金融寡头的统治

金融资本和金融寡头在经济领域的统治,主要是通过"参与制"实现的。"参与制"是通过掌握一定数量股票额来支配和控制企业的制度。金融寡头通过"参与制"建立对母公司、子公司等的层层控制,并进而控制着整个国民经济。

金融寡头在政治上的统治,主要是通过"个人联合"的方式实现的,基本上是两个途径:一是通过各种渠道收买决策人和高级官吏,如通过赞助选举、提供政治捐款等,影响政府制定和执行有利于垄断资本的内外政策;二是利用在其控制下的政党,派代理人或亲自出马担任政府要职,直接掌握国家机器实现政治统治。此外,金融寡头还凭借其经济力量建立许多企业、事业机构,掌握着出版、报刊、通信、广播、电视等宣传工具,并插手文化、教育、科学、艺术、体育、卫生、慈善事业等,把其统治扩展到社会生活的一切方面。

(四)国家垄断资本主义的形成及作用

垄断资本在民族国家内部的进一步发展导致国家垄断资本主义的形成。

1. 国家垄断资本主义的实质

国家垄断资本主义就是国家政权与私人垄断资本相结合而形成的一种垄断资本主义,其实质是垄断资本利用国家政权的力量,以维护其垄断统治并保证获得稳定的高额垄断利益。

2. 国家垄断资本主义形成的动因

可从三个方面加以解释：(1)社会化生产和第三次科技革命要求国家加强干预。(2)经济危机的深化动摇了资本主义经济的根基，要求国家出面克服经济危机带来的影响。(3)两极分化严重，社会矛盾激化，要求国家干预分配活动，化解矛盾和冲突。

主要表现在：(1)大规模生产建设需要巨额投资与私人垄断资本数量相对不足发生了矛盾。在战后科技革命条件下，一批新兴产业部门迅速形成和发展，如航空航天、生物工程、新材料等。此外，还有一批“传统产业”经过“脱胎换骨”的改造，已经或正在成为新的高技术产业，如冶金、汽车业、化工业等。与此同时，一些规模巨大的企业涌现出来，并在经济中占据了绝对优势。如1990年美国占公司总数3.9%的特大企业占公司收入总额的88.77%。与新兴产业发展相适应，必须进行能源、供水、交通运输、邮电通信等基础设施和服务设施的配套建设。同时，治理公害、开展保护环境、维护生态平衡的各项工程，也必须提上经济社会发展的日程。然而，高新产业、巨型企业、基础设施，以及环境工程的建设，都要求数额巨大的长期的投资。这就遇到私人垄断资本数量相对不足的限制，而国家垄断资本的积累和发展，能在相当程度上缓解这一矛盾。因为国家可以把巨大的财政资金转化为国家垄断资本，所以，国家垄断资本在数量上要比单个私人垄断资本充足得多。(2)现代生产和现代科技的社会化发展，遇到了私人垄断资本单纯追求自身利益和眼前利益的矛盾。在当代条件下，有一些为社会资本扩大再生产所必需的投资和经营，如污染治理和环境保护的投资、公共产品生产投资和基础设施、服务设施的投资等，由于周期长、赢利小(甚至亏本)、风险大，私人垄断资本无力承担，或者虽有力量进行但不愿承担，这只能由国家垄断资本来从事和承担。因为作为“总资本家”的国家垄断资本，可以在相当程度上从垄断资产阶级的整体利益和长远利益出发,来考虑和安排社会经济问题。(3)生产力社会化的高度发展同私人垄断资本盲目竞争和生产无政府状态的矛盾加剧了。现代科技进步和生产社会化的发展,使社会分工深化,国民经济部门不断增多,因而客观上要求有计划按比例地调节社会生产。这是各自为政、追求私利的私人垄断资本不可能做到的。而作为"总资本家"的国家垄断资本,就必须担负起对社会经济组织的调节任务。由于国家凌驾于私人垄断资本及其私利之上,并且手中直接掌握着巨大的经济力量和各种经济杠杆,它也有可能根据垄断资本总利益的需要而在一定程度上实现这种调节。(4)生产力的迅速增长与人民群众有支付能力的需求相对缩小的矛盾加深了。因为,二战后,人民群众有支付能力的需求以及由此决定的市场容量虽然也有增长,但由于垄断资本的剥削更深重了,这种需求却越来越相对落后于社会生产的扩大,从而导致商品资本、生产资本和货币资本的过剩现象日趋严重。为了缓和生产和消费的矛盾,缓和日趋严重的经济危机,需要作为"总资本家"的国家垄断资本开拓和扩大国内外市场。

3. 国家垄断资本主义的形式

国家垄断资本主义有四种基本形式:(1)国家所有并直接经营企业。(2)国家和私人共有、合营的企业。(3)国家采购;国家补贴;转移支付创造需求。(4)宏观调节和微观规制。宏观调节就是主要运用财政货币政策、产业政策以及经济计划对宏观经济总量进行调节,以实现四大目标(经济增长、充分就业、物价稳定、收支平衡);微观规制旨在运用法律手段规范市场秩序,包括三个方面内容:反托拉斯、规制公共事业、社会经济规制。

国家垄断资本主义无论采取何种形式,其实质都是私人垄断资本利用国家机器来为其发展服务的手段,是私人垄断资本为了维护垄断统治和获取高额垄断利润而和国家政权相结合的一种垄断资本主义形式,是资产阶级国家在直接参与社会资本的再生产过程中,代表资产阶级总体利益并凌驾于个别垄断资本之上,对社会经济进行调节的一种形式。

4. 国家垄断资本主义的积极和消极作用

积极作用:(1)国家直接投资,克服社会化大生产与私有制的矛盾,如建设基础设施;发展公共事业;举办高科技的大企业;建立福利制度等。(2)国家从整个垄断资本家阶级的利益出发干预经济运行,规范经济秩序,有利于保持国民经济稳定而有序的运行。如开展宏观调节和进行微观规制。(3)通过再分配手段提高劳动者的生活水平。(4)国家干预促进了国民经济各个部门的发展,推动了资本主义国家的现代化进程。

消极作用:(1)国家过度干预造成经济缺乏活力;(2)国家干预的加强造成财政负担加重,引发通货膨胀;(3)国有企业管理不善,缺乏效率;(4)国家为垄断资本服务,垄断资产阶级与无产阶级的矛盾和冲突的根源并没有消除。

(五)垄断资本在世界范围的扩展

垄断资本在世界范围的扩展导致国际垄断的形成,推动了经济一体化和全球化。其知识点有五个:

1. 私人垄断资本对外扩展的动因

垄断资本的本性是不断追逐高额垄断利润,当民族国家的市场被完全垄断以后,对外扩展,在世界范围谋求高额垄断利润,就成为垄断资本的必然选择。推动垄断,资本对外扩展的直接动因有四个:(1)寻求新的投资场所;(2)技术转让谋求高额回报;(3)争夺商品销售市场;(4)确保原材料和能源的稳定来源。

2. 垄断资本对外扩展的形式

有三种形式:(1)借贷资本输出;(2)生产资本输出;(3)商品资本输出。这三种形式在资本主义发展的不同阶段重要程度不同。商品资本输出在自由竞争资本主义阶段是主要形式,借贷资本,特别是生产资本的输出则在垄断资本主义阶段是主要形式。

3. 垄断资本对外扩展的影响

垄断资本的资本输出对输出国和输入国均有重要影响。

对资本输出国的影响：一方面垄断资本带来巨额利润，增强了垄断资本的实力，加强了对发展中国家的控制；另一方面造成一定程度的“产业空洞化”后果，与发展中国家的矛盾加深。

对资本输入国的影响：一方面资本输入国经济发展所需要的资金、技术、管理得到了一定程度的满足；对资本输入国的产业调整和出口、就业规模的扩大产生了积极作用。另一方面，资本输入国的环境、资源和能源消耗付出了巨大代价；产业调整的自主性受到约束；冲击民族经济；债务负担加重；对外依赖性增强。

4. 垄断资本国际垄断同盟的形成

垄断资本在对外扩张中，为了避免在激烈的竞争中两败俱伤，往往会谋求联合，瓜分国际市场。跨国公司是低级的同盟形式，它只是个别民族国家的垄断资本之间联合的经济组织。民族国家联盟是高级的同盟形式，这种同盟已经是民族国家之间的联合体了。目前，最大的国家联盟是欧盟。

5. 垄断资本的国际经济协调

垄断资本的国际经济协调是国际垄断资本为了维护自身的整体利益而进行的经济调节活动，旨在对资本主义国际化再生产过程中所产生的各种矛盾、摩擦进行共同协商和调节。垄断资本的国际经济协调的形式主要有三种：国际经济组织的协调；区域经济联盟的协调；政府首脑会晤的协调。

国际经济组织协调有三大机构：国际货币基金组织；世界银行；世界贸易组织。这三大机构的经济协调涉及全球范围内的生产、贸易、金融活动，对世界经济的运行有着重要的影响。这三个机构主要被少数发达国家所控制，这些国家掌握着国际经济运行规则的制定权，操纵着这些机构的决策活动。区域经济联盟有：欧盟；北美自由贸易区；亚太经合组织等。目前三分之二的国家都程度不等地参与各类区域经济联盟。政府首脑会晤协调主要以“西方七国首脑会议”为主。

(六)经济全球化及其后果

经济全球化是当代世界经济发展的趋势,它意味着世界各个国家之间相互依赖、相互制约、经济联系日益加强。经济全球化是世界各个国家都参与的全球经济一体化过程,但是经济全球化是一把双刃剑,它给各国的发展既带来机遇,也带来挑战。由于各国的经济实力不同,参与经济全球化所获得的利益也各不相同。发达资本主义国家在经济全球化进程中占据优势地位,获得的好处远远大于发展中国家。如何使全球化成为各国共赢、平等、公平、共存的全球化,将是国际社会共同面临的重大课题。

1. 经济全球化的表现

从生产、贸易、金融和跨国公司四个方面用数据进行说明。

生产的全球化基于水平化国际分工的形成和居主导地位的趋势。贸易的全球化突出国际贸易的增长速度高于世界经济的增长速度。金融的全球化主要从国际债市、股市和汇市三大金融市场的资金运作规模来体现。跨国公司的全球化则从其企业数量、分布地区和规模来体现。

2. 经济全球化的动因

经济全球化的推动因素有三个:(1)科学技术进步。特别是信息技术革命。它是最深厚的技术基础。(2)跨国公司的发展。它是主导性企业组织形式。(3)各国经济体制的变革。市场经济体制是基础性资源配置机制。

3. 经济全球化的后果

经济全球化是生产社会化程度不断提高的过程。它意味着资源的配置超越民族国家的边界,成为全球性的了,因而能够给各国带来更大的利益和好处。但是,发达国家和发展中国家经济实力悬殊,他们参与经济全球化进程所实际获得的利益也存在巨大差距。只有消除了经济全球化进程中的矛盾和消极后果，才能使经济全球化为世界各国带来巨大利益。

（七）当代资本主义经济政治的新变化

资本主义新变化的表现可以概括为五个方面：生产资料所有制的变化；劳资关系和分配关系的变化；社会阶层、阶级结构的变化；经济调节机制和经济危机形态的变化；政治制度的变化。这些新变化既涉及经济基础，也涉及上层建筑；既有生产关系，也有分配关系；既涉及基本经济制度，也涉及经济运行机制，因而是对资本主义新变化比较全面的刻画和反映。

1. 生产资料所有制的变化

生产资料私有制是资本主义生产关系的核心。但是，资本主义私有制的实现形式却是随着生产力的发展和生产社会化程度的不断提高而变化着的。迄今为止，资本主义私有制已经经历了个体资本所有制、私人股份资本所有制到二战后的国家资本所有制和法人资本所有制的发展过程。资本主义私有制实现形式的发展体现了资本占有社会化程度不断提高的趋势。资本占有社会化意味着生产资料所有权最终归属私人，而占有形式采取了社会化的形式。因此，资本占有社会化程度的提高并没有改变资本主义生产资料占有的私人性质。

2. 劳资关系和分配关系的变化

资本主义劳动关系是劳动者在资本主义生产过程中围绕生产资料而形成的关系，其核心内容是劳动者在生产过程中的地位和作用。在资本主义生产过程中，资本是生产资料的占有者，劳动者靠出卖劳动力而与生产资料结合在一起，因此劳动者在生产过程中的地位是从属于资本的，其作用在于无偿为资本提供剩余劳动。在机器大工业时期，劳动在实际上隶属于资本，资本对劳动的支配和控制是非常严厉的，资本与劳动的矛盾非常尖锐。随着生产社会化程度的提高和劳动要素借助科技进步而在生产过程中地位和作用的不断提升，资本的主导地位有了一定程度的下降，在保持资本支配地位的前提下，劳动者享有了一定程度的决策权利，如参与管理、持有股份、分享利润等。资本主义劳动关系的变化是生产社会化程度提高的结果，是工人阶级斗争的产物。分配关系的变化是劳动关系变化的结果。劳动者权利的某种程度的增强意味着劳动者在社会财富分配中的占有份额必然要相应提高。资本主义国家福利制度的建设是劳动关系的局部变化在分配关系上的具体体现。

3. 社会阶层、阶级结构的变化

资本主义生产过程中资本与劳动的关系是基本的阶级关系。一方面，二战后，随着企业规模的不断扩大和企业管理的职业化要求的不断提高，资本主义大企业内部所有制与控制权的分离加速进行，实际握有资本的人不再直接经营和管理企业，大企业的实际控制权掌握在拥有丰富管理知识和技能的专业人士之手。资本家和职业经理人的利益在根本上是一致的，但是也有相矛盾的一面。另一方面，当代资本主义生产过程中劳动者的受教育水平和科技文化素质显著提高，知识化的劳动者在生产过程中的地位和作用不断提高，与资本家斗争的力量也大大增强，这使他们不但能够在生产决策环节与资本分享权利，而且能够在收入分配环节与资本分享利益，资本主义阶级结构的新变化反映了生产社会化程度的提高和劳动要素在资本主义生产过程中地位的提升和斗争实力的增强。

4. 经济调节机制和经济危机形态的变化

当代资本主义经济运行机制普遍实现了市场调节与国家干预的结合。市场机制发挥基础性调节作用，国家干预起辅助作用。受经济发展水平和文化传统的差别的影响，不同国家两者结合的方式和程度有一定差别。经济危机对社会经济运行的干扰和破坏性降低，社会再生产的周期性不显著。

5. 政治制度的变化

各国基本形成两党轮流执政体制,政府在国家权力体系中的地位和作用增强,法制建设有了进一步的发展,改良主义政党在国家政治生活中的影响扩大。

(八)资本主义新变化的原因和实质

1. 当代资本主义新变化的原因

资本主义的变化不是偶然的,从历史唯物主义的观点看,这些变化从根本上讲,是生产力与生产关系、经济基础与上层建筑之间相互作用、相互促进的结果。资本主义新变化的直接动因有四个:

(1)科技革命和生产力高度社会化的结果。科学技术是第一生产力,二战后科学技术进步成为推动各国经济,特别是资本主义经济发展的主要力量。科技进步所代表的生产力的迅速发展,必然要求资本主义生产关系以及上层建筑与之相适应。(2)工人阶级的斗争。工人阶级与资产阶级的矛盾是资本主义社会的根本矛盾。科学技术的进步提升了工人阶级在资本主义生产过程中的地位和作用,工人阶级的斗争力量得到增强,迫使资本家阶级在不根本影响其统治地位的前提下,在一定程度上允许工人参与决策并改善工人的劳动条件,提高工人的生活水平。(3)社会主义制度优越性的影响。资本主义国家在与社会主义国家开展竞争中,一方面试图在政治上诋毁社会主义,在经济上挤垮社会主义;另一方面又吸取社会主义对资本主义有用的东西。如国家干预经济、实行计划经济等。(4)改良主义政党对资本主义的弊端进行自觉改良和调整。

2. 当代资本主义新变化的实质

从两个方面加以把握:一方面,资本主义新变化反映了社会大生产的要求,符合社会发展的一般规律。另一方面,资本主义新变化并不意味着资本主义的性质已经发生根本变化。事实上,资本主义私有制依然是资本主义的制度基础,发生变化的只是私有制的实现形式。劳动关系和阶级结构发生了新变化,但资本雇佣劳动这一深厚的经济基础没有变。资本主义国家干预的加强和社会保障制度的建立并没有改变社会财富占有两极分化的现状和趋势,经济危机形态的变化并不意味着经济危机的社会基础消失了,只要资本主义基本矛盾存在,经济危机就不可能根本消失。

(九)资本主义的历史地位

对资本主义的历史地位可从三个方面进行认识:

1. 从经济基础的角度看,资本主义制度取代封建制度,旧的人身依附关系被基于自由和平等的契约关系所取代,解放和发展了生产力,推动了科学技术进步和社会生产力的发展。

2. 从经济体制的角度看,资本主义制度冲破了自然经济的束缚,与高度发达的商品经济结合在一起,追求价值和剩余价值,推动了社会分工的发展和市场规模的不断扩大,创造了巨大的社会财富。

3. 从上层建筑的角度看,资产阶级废除了封建专制制度,将自由、民主和平等作为自己的政治理想,加强民主和法制建设,促进了社会进步。

(十)资本主义为社会主义所代替的历史必然性

本部分对资本主义发展趋势的分析侧重于两点:一是资本主义趋于灭亡的动因;二是资本主义趋于灭亡的时期。两者是相互联系的:资本主义内部包含着否定资本主义自身的因素,只要这些否定因素存在并成长着,资本主义就必然走向它的反面;否定资本主义因素的成长需要一定的过程,也需要一定的时间,资本主义不可能一夜之间趋于消亡,正如它不可能一夜之间就成长起来一样。资本主义只有在内在的否定因素完全成熟的条件下才能走向灭亡并被新的社会制度所替代。因此,本部分的核心知识点有两个:一是资本主义的基本矛盾决定了资本主义必然被社会主义所代替;二是从资本主义向社会主义过渡是一个长期的历史过程。

1. 资本主义的内在矛盾决定了资本主义必然被社会主义所代替

资本主义基本矛盾的存在和发展,是资本主义走向灭亡的根本动因。资本主义基本矛盾是生产的社会化与生产资料占有的私人性之间的矛盾,资本主义发展过程中不同阶段的各种矛盾最终都可以归结到该矛盾。生产社会化是生产力发展的必然趋势,它是由生产力的性质决定的。生产资料占有的私人性只是与生产力发展的特定阶段相适应的,生产力总是不断发展着的,生产社会化是不以人的意志为转移的。当生产资料占有的私人性与生产的社会化水平不相适应时,资本主义就走向了灭亡。这可从三个方面加以认识和把握:(1)资本积累——推动资本主义灭亡的物质条件。资本积累对资本主义来说具有双重后果:一方面,通过资本积累,资本的规模得以扩大,对于单个资本而言,可以提高竞争力,获取超额利润,所以,资本主义有强烈的积累冲动。另一方面,资本积累客观上使生产集中和资本集中加快,推动了生产社会化,又为资本主义私有制的消亡奠定了物质基础。资本积累的加快进行实际上起着加快资本主义灭亡的作用。(2)国家垄断——标志资本主义灭亡的社会条件。随着社会化程度的不断提高,资本主义私有制实现形式的社会性日益增强,国家垄断资本主义形成。国家垄断资本主义的出现意味着资本主义条件下生产、资本和管理的社会化达到最高水平,它标志着资本主义灭亡的社会条件成熟了。(3)工人阶级——宣告资本主义灭亡的阶级条件。工人阶级是现代大工业的产物,是真正的革命力量。工人阶级是资本主义的掘墓人,资本主义灭亡的历史使命将由工人阶级承担并最终完成。

2. 从资本主义向社会主义过渡是一个长期的历史过程

资本主义向社会主义过渡是一个资本主义内部否定因素不断成熟的过程，这个过程不可能在短时间内完成，而必须经历比较长的时期。具体来讲：(1)任何社会形态从产生到衰亡，都要经历一个漫长的内部矛盾由量的积累到质的变化的历史过程。资本主义也不例外。(2)资本主义向社会主义过渡是一个从个别国家向更多国家扩展的过程，各国资本主义发展具有不平衡性，整个扩展的过程也不是直线式的，而是一个反复进行和螺旋上升的过程，这就大大延长了过渡期。(3)资本主义生产关系容纳生产力发展的空间还比较大，生产关系和生产力的矛盾还没有达到完全激化和严重制约资本主义经济发展的程度，资本主义生产关系的自动调节和适应能力还比较强，这也大大延缓了资本主义灭亡的过程。

四、经典原著导读

1. 无论哪一个社会形态，在它所能容纳的全部生产力发挥出来以前，是绝不会灭亡的；而新的更高的生产关系，在它的物质存在条件在旧社会的胎胞里成熟以前，是绝不会出现的。

——马克思：《〈政治经济学批判〉序言》，《马克思恩格斯文集》第2卷，人民出版社2009年版，第592页。

解读：人类社会发展的历史证明，一种新的社会经济形态代替一种旧的社会经济形态，往往需要经历漫长的历史过程。在资本主义社会，生产社会化的发展虽然会逐步提供新的社会制度所需要的物质条件，但并不意味着资本主义制度会自动退出历史舞台。一方面，资本主义生产关系采取各种形式的自我调整，以在资本主义制度的范围内尽可能适应生产社会化发展的要求；另一方面，作为统治阶级的资产阶级，也必然会采取各种手段维护自己的统治地位，维护资本主义制度。更为重要的是，一种新的社会制度要彻底战胜旧的社会制度,归根到底要求新的社会制度比旧的社会制度创造出更高的劳动生产率。因此,社会主义代替资本主义是一个非常复杂、充满曲折的长期历史过程。

2. **资产阶级在它的不到一百年的阶级统治中所创造的生产力,比过去一切世代创造的全部生产力还要多,还要大。**

——马克思、恩格斯:《共产党宣言》,《马克思恩格斯文集》第2卷,人民出版社2009年版,第36页。

解读:这段话充分体现了资本主义制度的历史进步性。资本主义经济制度和奴隶制度、封建制度一样,都是建立在生产资料私有制基础上的剥削制度。但是,由于资本主义经济制度是建立在生产资料资本主义私人占有基础上的雇佣劳动制度,资本家以占有剩余价值的形式来榨取雇佣工人的剩余劳动,这一特性就使得资本主义生产方式具有前资本主义生产方式所无法比拟的对生产力发展的巨大推动作用。

在资本主义社会之前的奴隶社会和封建社会,奴隶主、封建主占有劳动者的剩余劳动,主要是用来满足自身的物质生活需要。因此,生产的直接目的就是使用价值,而剥削的手段主要是靠延长劳动者的劳动时间以及提高劳动者的劳动强度。但是这两种手段都存在比较大的局限性,它必然受到剥削者自身的物质需要和被剥削者生理条件的限制,从而使社会生产受到限制。资本主义生产的实质、直接目的和决定性动机都是无偿占有剩余价值,而且资本家对剩余价值的追求是无限的,这就为生产的无限扩大提供了强大的动力。首先,资本家对剩余价值的追求没有止境,这使得资本家必然想尽一切办法来增加剩余价值的生产。各个资本家为了获得更多的剩余价值,会不断地改进技术、提高劳动生产率、扩大生产规模,从而促进了整个资本主义生产力的发展。其次,资本家为了追求剩余价值,主要是采用相对剩余价值的生产方法。使资本主义的生产可以克服以往奴隶社会、封建社会生产中出现的各种限制。再次，资本主义商品经济优胜劣汰的竞争规律的作用，也迫使资本家不断提高劳动生产率，扩大生产规模，以增强竞争力。正是资本无限追求剩余价值的内在动力和资本家之间激烈竞争的外部压力，推动了资本主义社会的科学技术和社会生产力迅速发展，创造出了比过去一切世代创造的全部生产力还要多，还要大。

3. **帝国主义是无产阶级社会革命的前夜。**

——列宁：《帝国主义是资本主义的最高阶段》(1916.1—1916.6)，《列宁专题文集 论资本主义》，人民出版社2009年版，第105页。

解读：列宁是根据帝国主义各种矛盾的激化与无产阶级革命的关系而提出"前夜"论断的。正是帝国主义矛盾的深刻性和帝国主义产生革命危机的必然性，决定了帝国主义必然会成为无产阶级社会革命的前夜。列宁"前夜"论断是基于对帝国主义的深刻矛盾及帝国主义与革命危机的必然联系的分析得出的，该论断所要表达的是一种历史必然性，因此它是正确的。资本主义发展到垄断阶段，生产资料私有制与生产社会化之间的矛盾更加尖锐。在这个阶段，生产已接近全面社会化，社会主义的物质条件已经被创造出来，同时，生产力与生产关系之间的对抗也已经极为尖锐，这一切就决定了人类社会最后一个剥削制度终将被社会主义制度所取代。

4. **在当前同资产阶级对立的一切阶级中，只有无产阶级是真正革命的阶级。**

——《马克思恩格斯选集》(第1卷)，人民出版社1995年版，第282页。

解读：无产阶级的社会地位，决定了它的革命的彻底性。它是资本主义社会的最下层，一无所有，没有什么东西需要加以保护。所以，只有无产阶级才能团结和领导被压迫和被剥削的广大劳动群众进行革命斗争，打倒本国的资产阶级。同时，由于资本对劳动的剥削和压迫是国际性的，无产阶级只有加强国际团结，才能实现解放全人类，最终解放自己的伟大历史使命。

只有无产阶级是真正革命的阶级，这是因为：第一，无产阶级是现代大工业的产物，代表先进的生产力和社会的未来。随着大工业的发展，无产阶级的队伍将日益扩大。它具有远大的前途。第二，工业的进步将给它带来大量的政治和教育因素。随着社会化大生产和科学技术的发展，无产阶级的数量不仅会不断增加，而且眼界也会不断扩大，作为"产业军"的组织性、纪律性和团结战斗精神将不断提高。第三，"在一切生产工具中，最强大的一种生产力是革命阶级本身"。(《马克思恩格斯文集》第1卷，人民出版社2009年版，第655页)它的发展同社会发展的方向是一致的，因而它敢于面对现实，面对未来。第四，无产阶级受资产阶级的压迫和剥削，处于"社会的最下层"，只有摧毁保护私有财产的一切，并实现全社会所有，才能翻身解放。

"无产阶级是真正革命的阶级"，绝不是说无产阶级之外，其他与资产阶级对立的阶级都是不革命的，甚至是反动的。事实上，在资本主义制度下，自食其力的农民、手工业者既是劳动者又是受剥削者，他们在一定程度上能够参加反对资本主义制度的斗争，无产阶级在革命斗争中必须同他们结成联盟，并且领导他们前进。

5. 这两个伟大的发现——唯物主义历史观和通过剩余价值揭开资本主义生产的秘密，都应当归功于马克思。由于这两个发现，社会主义变成了科学。

——恩格斯：《社会主义从空想到科学的发展》，《马克思恩格斯文集》第3卷，人民出版社2009年版，第545～546页。

解读：马克思的两个伟大发现为社会主义代替资本主义奠定了科学基础。唯物主义历史观揭示了人类历史的一般发展规律，那就是生产力决定生产关系，经济基础决定上层建筑。正是在这一客观规律的支配下，人类不同社会形态的更替表现为一种自然历史过程。社会主义代替资本主义的历史趋势归根结底也是由这一客观规律决定的。一方面，资本主义创造了高度发达的生产力；另一方面，资本主义生产关系和上层建筑无力继续容纳和驾驭这种生产力。只有社会主义代替资本主义，才能从根本上解决资本主义社会生产力和生产关系、经济基础和上层建筑的矛盾。

马克思运用唯物史观研究资本主义社会，揭示了资本主义所特有的运动规律，创立了科学的剩余价值理论。马克思从商品中所包含的使用价值和价值两个因素，以及相应的体现在商品中的劳动二重性出发，揭示了劳动力成为商品是货币转化为资本的前提，从而揭示了剩余价值的真正源泉和资本主义剥削的秘密，揭示了资本主义积累的一般规律和资本主义积累的内在对抗性质，即在一极是资产阶级财富的不断积累，在另一极是无产阶级与资产阶级贫富差距的不断积累。资本主义积累所产生的贫富两极分化不仅反映在资本主义国家内部，而且反映在发达资本主义国家与广大发展中国家之间。资本主义积累的对抗性质表现为无产阶级和资产阶级的对立，从而为资本主义造就了掘墓人。所以，社会主义是无产阶级和资产阶级之间斗争的必然产物。

6. 生产资料的集中和劳动的社会化，达到了同它们的资本主义外壳不能相容的地步。这个外壳就要炸毁了。资本主义私有制的丧钟就要响了。剥夺者就要被剥夺了。

——马克思：《资本论》第1卷，《马克思恩格斯文集》第5卷，人民出版社2009年版，第874页。

解读：资本主义必然灭亡是不可逆转的历史趋势。在资本主义制度下，生产发展本身并不能改变无产阶级被剥削、被奴役的地位。同时，随着资本主义积累的发展，生产的社会化程度必然越来越高，最终达到资本主义私人占有的生产关系所不能容纳的地步；而无产阶级的贫困化程度也必然达到令无产阶级奋起反抗的地步。到那时资本主义就走完了它的旅程，进入了历史。马克思认为，资本主义的基本矛盾——生产的社会性和资本主义私人占有之间的矛盾，是资本主义内部所不能解决的症结。这个矛盾的尖锐化，必然阻碍和破坏社会资本再生产实现的条件，经济危机就是这种阻碍和破坏的表征。每一次经济危机似乎使尖锐的矛盾得以缓解，但它不能最终解决矛盾。所以旧的经济危机缓解之后，新的矛盾又开始尖锐化，又肇启着新的经济危机。马克思指出，这种状况本身就说明了资本主义生产方式存在着内在的、自身不可克服的弊病，唯有扬弃这种生产方式，进入共产主义制度，才能使这些弊病彻底断根。

7. 资本的条件是雇佣劳动。

——《马克思恩格斯选集》第 1 卷，人民出版社 1995 年版，第 284 页。

解读：在马克思看来，雇佣劳动是资本主义经济的基本特征，是资本主义经济得以持续的前提条件。没有雇佣劳动就不可能有资本，资本主义经济的运行正是通过雇佣劳动展开的。雇佣劳动作为劳动的一种历史形态，一种劳动力与生产资料结合的方式，表现为生产资料所有者不与生产资料相结合，劳动者因没有生产资料而不能与生产资料相结合，生产资料所有者通过对劳动者的雇佣，使劳动力与生产资料相结合，从而实现生产资料所有者的利益的过程。而劳动者迫于生计不能不被雇佣，不得不与不属于自己的生产资料打交道，在获得劳动报酬的条件下，不得不放弃对自己劳动成果的权利。雇佣劳动虽然自古有之，但只有资本主义意义上的雇佣劳动才具有完整的意义。因此在马克思看来，雇佣劳动专指资本主义经济制度下，被资本家雇佣的工人所进行的生产商品的劳动。马克思认为，雇佣劳动体现的是资本家和雇佣劳动者之间的剥削和被剥削关系。在雇佣劳动中，雇主的货币成了资本,雇主成了资本家;而劳动者成了资本家实现其利益的工具。雇佣劳动不仅是资本主义物质财富的源泉,也是工人被剥削被奴役的中介。通过雇佣劳动,资本家奴役剥削工人的生产关系被一次次再生产出来。如果说雇佣劳动是资本的条件,那么在资金成为资本后,资本又使劳动进一步纯化为雇佣劳动。在马克思看来,资本主义经济就是资本对雇佣劳动的统治。以此为基础,马克思提出了资本统治世界的观点。

8. 各个相互影响的活动范围在这个发展进程中越是扩大,各民族的原始封闭状态由于日益完善的生产方式、交往以及因交往而自然形成的不同民族之间的分工消灭得越是彻底,历史也就越是成为世界历史。

——马克思、恩格斯:《德意志意识形态》(1845 年秋—1846 年 5 月),《马克思恩格斯文集》第 1 卷,人民出版社 2009 年版,第 540 ~ 541 页。

解读:近代以来,由于生产力的巨大发展、资本主义生产方式的兴起以及世界市场的开辟,各个相互影响的活动范围在这个发展进程中越是扩大,各民族的原始封闭状态由于日益完善的生产方式、交往以及因交往而自然形成的不同民族之间的分工消灭得越是彻底,历史也就越是成为世界历史。

近现代生产力发展的基本特征是社会化大生产。发达的商品经济是社会化大生产得以发展的重要社会经济形势。而商品经济发展的基本趋势是:生产力的发展要求扩大社会分工,使商品生产和商品交换迈出国界,形成国际分工和世界市场。由于开拓了世界市场,使一切国家的生产和消费都成为世界性的了。过去那种地方的和民族的自给自足和闭关自守状态,被各民族的各方面的互相往来和各方面的互相依赖代替了。

在马克思看来,近代"世界历史"的形成取决于三个方面的因素,这就是生产力、分工和交往。因为,各民族之间的相互交往关系取决于每一个民族的生产力、分工和内部交往的发展程度；不仅民族之间的关系，而且一个民族本身的整个内部结构也都取决于自己的生产，以及内部和外部的交往的发展程度。

就生产力的发展来说，由于蒸汽机的发明和使用，使欧洲一些资本主义国家的生产力迅速发展。18 世纪大工业的出现，对“世界历史”的形成起了决定性作用。生产力发展的必然要求也实现了对国界限制的突破，使自然状态下的小生产必然要发展为社会化的大生产，形成各民族之间在生产力方面的相互依赖和联系。

就社会分工来说，马克思认为，分工是从物质劳动和精神劳动分离才开始具有真实性。这种分工的出现虽然是以社会生产力的发展为基础，但分工反过来又极大地推动了生产力的进一步发展。其突出表现就是，一种产品，它的各个部件可能是在不同国家和地区同时分别生产，而作为结果的产品则是这些国家和地区的联系，从而使得地域的局限性逐渐消失。它的直接结果是资本主义工业和商业的繁荣，民族和国家之间的交往日益频繁和扩大，越来越成为一个有密切联系的整体。

就交往来说，马克思认为，在资本主义生产力发展基础上会出现“交往革命”。“交往革命”是马克思和恩格斯使用的一个术语，特指 19 世纪中叶交通运输和通信手段发生的巨大变革。也可以理解为，国家和国家、民族和民族之间的联系和往来，无论在规模上还是在内容以及发展程度上，现代社会大生产以前是不可比拟的。

马克思和恩格斯认为，资本主义的生产方式在世界历史进程中作用巨大，随着生产力和世界交往的发展，历史的发展也正在向世界历史发展转变。

9. 国家垄断资本主义是社会主义的最充分的物质准备，是社会主义的前阶，是历史阶梯上的一级，在这一级和叫做社会主义

的那一级之间，没有任何中间级。

——列宁：《列宁选集》第3卷，人民出版社2012年版，第528页。

解读：国家垄断资本主义将成为社会主义的前奏。资本主义发展初期的资本所有制形式是资本家的个人所有制。适应小规模的社会化生产，随着生产力的发展，企业的规模越来越大，单个资本没有力量创建和经营愈益社会化的大企业，便产生了由许多单个资本联合投资的股份资本，形成私人垄断资本主义，成为资本社会化的一种重要形式，在现代科技的推动下，生产进一步社会化。为了适应更大规模的社会化生产和应对经济危机，又出现了法人资本所有制和国家资本所有制，这是资本社会化的高级形式。这种垄断形式包含着"在资本主义体系本身的基础上对资本主义的私人产业的扬弃"。马克思主义认为，资本国有化将为社会主义革命提供直接的物质前提，它是无产阶级社会主义革命的入口处。这是因为，资本主义发展到国家垄断资本主义阶段，生产社会化、资本社会化和管理社会化都到了资本主义生产方式的更高程度，从而为全社会共同占有生产资料和共同组织社会化生产准备了充分的物质条件和社会条件。

10. **以自由竞争为基础的旧资本主义已被这场战争彻底摧毁，它已经让位于国家垄断资本主义。**

——列宁：《列宁全集》第34卷，人民出版社1985年版，第330页。

解读：国家垄断资本主义，就是资本主义国家和垄断资本相结合而形成的一种垄断资本主义。垄断资本主义产生和形成于第一次世界大战期间。随着自由竞争资本主义向一般垄断资本主义转变，垄断前就已存在的国家资本主义也相应转变为国家垄断资本主义。并且由于当时军国主义的加强，同军工生产相关的国家垄断资本主义也有了发展。在第一次世界大战期间，资本主义交战国的政府就借助国家的力量扩军备战，推行国民经济军事化，普遍加强了国家对社会经济和人民生活的统治和管理，对全部生产实行最严格的统计和监督，国家垄断资本主义由此得以产生。

五、教学资源与拓展

（一）教学案例

1. 美国反垄断与微软垄断案

案例文本：微软公司本身是美国新经济中迅速崛起的成功企业，比尔·盖茨因此成为世界首富，微软垄断案的起因何在呢？最初起因是微软公司与其对手网景公司关于浏览器的竞争。网景公司于1994年4月使全球用户都可以通过其"航行者"浏览器接入互联网。同年7月，美国政府与微软达成一项协议，微软同意不再要求计算机制造商将其视窗操作系统作为必备软件安装。这一协议获得美国地区法官杰克逊批准，10月，微软公司开发名为"探索者"的互联网浏览器。1995年5月，微软创造始人比尔·盖茨对该公司的互联网战略进行了调整。11月，微软推出"探索者"2.0版。微软公司在1995年与当时最大的浏览器提供商网景公司协商，希望划分浏览器市场。在遭到拒绝后，微软要求个人电脑制造商如要安装视窗95操作系统就必须同意在该系统上安装"探索者"浏览器。微软以后推出的视窗操作系统，直接内含"探索者"浏览器。1997年10月，微软又将其浏览器与视察操作系统进行捆绑出售。由此美国司法部指控微软违反法官杰克逊于1995年批准的协议。同年12月4日，杰克逊法官发布指令，要求微软停止将"探索者"浏览器与视窗95操作系统或任何更新版本操作系统进行捆绑出售。微软不服并提出上诉。于是微软公司与美国反托拉斯部门开始了漫长的诉讼之路。其焦点集中在浏览器上。2000年4月3日，美国地方法院法官杰克逊宣布微软违反了美国的反垄断法，其主要认定以下方面：其一，微软公司利用其视窗操作系统垄断市场，严重违反反托拉斯法。其二，企图垄断浏览器市场。1998 年 6 月 23 日，上诉法院认为地方法院没有给微软辩护的机会从而裁决微软胜诉，驳回地方法院杰克逊法官临时处分命令。比尔·盖茨多次亲自到全国各地宣讲，强调视窗 98 操作系统是“集成”了而不是“捆绑”了浏览器的功能，并认为从视窗 98 操作系统移出浏览器将严重影响主要功能，甚至进一步会有害于美国经济的发展。在微软采用“捆绑”销售以前，“航行者”浏览器一度有 80% 的市场份额。微软通过这一“捆绑”销售手段，大大地提高了市场份额，从原有的 3% ~4% 的市场份额，上升至 50% 以上的市场占有率。可见，微软企图在浏览器这种应用软件领域滥用其操作系统的市场垄断优势来挤垮对手。其三，将浏览器与操作系统捆绑搭售，微软公司的行为违反了《谢尔曼法》第 1 条。在 2000 年 6 月 7 日，杰克逊法官对微软公司做出最终判决，将其分解为两个独立的公司：一个经营电脑操作系统，另一个经营此外的应用软件、“探索者”浏览器等其他业务。在拆分微软的计划之外，政府还将在微软公司上诉期间对该公司行动采取严格的限制措施，以保护市场竞争。对此裁决，微软公司自然会不遗余力地上诉，从而延缓公司被分拆的可能。微软公司在美国的信息产业声名显赫，对美国 20 世纪 90 年代新经济增长贡献不小。很难想象，其会被美国司法部门指控违反反垄断法而强令分解。微软公司最终是否被分拆？因微软不服提出上诉。上诉法院于 2001 年 2 月举行两天口头辩论，从而又推翻了原判决。6 月 28 日美国多伦比亚特区联邦上诉法院以 7 比 0 的表决结果驳回联邦地方法院法官杰克逊去年 6 月做出的将微软公司分割为两家公司的判决。但上诉法院仍认为，微软在个人电脑操作系统市场上确有垄断之实，违反了美国的反托拉斯法。上诉法院的判决终究消除了笼罩在微软上空的分割阴云。微软躲过了分拆危机,将竭尽可能与司法部和解本案。微软垄断案出现转机也许涉及某种政治原因。据有些媒体报道微软在上诉高等法院的同时,还聘请现任总统小布什的资深顾问利德作为说客,小布什当时就公开表示反对分割微软。同时,在2000年美国大选中,微软公司大量增加了政党捐款,总数达到110万美元,其中捐给共和党的占60%。由于小布什在竞选时就表态同情微软公司,所以在他当选总统后,虽不直接干涉法院事务,但通过舆论给司法部门施加压力,促成对微软有利的形势。微软虽然未被强令拆分,但微软的垄断事实仍被确认。上诉法院同意杰克逊法官判决的3个基本观点:微软公司利用自己的垄断力量维护市场统治地位;滥用权力迫使软件开发商、因特网接入服务商,以及业内其他公司与其签署排他性协议;微软使用垄断力量威胁英特尔公司。因此,微软仍然存在再遭起诉的可能。

案例评析:列宁指出,自由竞争走向生产和资本高度集中发展到一定程度就自然而然地形成垄断。这是市场经济发展的趋势和必然的结果。通过自由竞争形成的垄断是一国生产力发展和市场经济发达的具体表现。既然如此,为什么西方发达国家都先后制定各类反垄断法呢?垄断企业形成后,可以凭借垄断地位制定垄断价格,获取垄断利润。这在一定程度扼制了非垄断企业发展,减弱了垄断条件下的竞争。这不仅会损害消费者的利益,而且阻碍产业的发展和降低该产业在国际上的竞争力。因此,西方发达国家为了提高自身的综合国力和国际竞争力也制定反垄断法来促进市场竞争。美国政府早在1890年通过著名的谢尔曼反托拉斯法案。这项法案规定对进行市场垄断的责任人判处最高5000美元的罚款和最高1年的徒刑。自然,随着美国垄断公司规模扩大,这一法案的处罚力度也不断加强。至20世纪90年代初不少案例的实际处罚情况已破除了最初规定的罚款和最高限额。20世纪90年代美国进入新经济时代,新兴的高科技产业,特别是信息 IP 产业对促进美国经济稳定增长有重要贡献。政府对新兴产业或对经济增长影响较大的产业是否会放松反垄断行为呢？情况恰恰相反，90 年代以来，美国对经济垄断的打击进一步升级，查处相关案件数量也急剧增加。从 1997 年到 2000 年的 4 年中为反垄断而判罚的总金额超过 17 亿美元。众所周知的微软垄断案就是一个典型。微软垄断案的起诉和判决的过程，让人具体地感受到经济垄断和政府反垄断对社会经济的深远影响。发达的市场经济国家，依然要运用反托拉斯法来调节社会经济。市场机制是市场经济国家配置资源的主要方式。竞争有利于技术创新和制度创新，政府的反托拉斯法在一定程度上促进了垄断条件下竞争。特别在信息产业中美国政府更难容忍因为垄断而削弱信息业的国际主导地位。在知识经济时代，谁处于最新科技领域的领先地位，谁就是世界经济的强者。因此，在新科技领域、新兴产业，政府的反垄断仍不会停止。

案例讨论：(1)美国地方法院为什么宣布微软违反了美国的反垄断法？(2)通过微软垄断案你对发达的市场经济国家的垄断与竞争有何新的认识？

2. 科技革命与工人阶级结构的变化

案例文本：近些年，在发达资本主义国家，以汽车、化工、石油、机械等为代表的传统产业增长放慢，而使用信息、网络技术和其他高科技的新产业则迅速崛起，成为国民经济的支柱和新的增长点。像美国的微软、康柏、英特尔、戴尔、IBM、斯科等高科技企业快速增长，其中一些企业在十多年时间内销售收入增长数百倍，并使一批著名百年老企业在排名上退居次要地位。信息产业迅速发展，成为国民经济的主导产业，其他高科技产业，如航空航天业、生物技术工程也不断发展。在发达国家正在出现以信息产业为龙头，以其他高科技产业为骨干的一场产业结构的重组和升级。信息化和网络化，还推动了电子商务、电子金融的迅速发展，同时促使一系列新兴服务业的产生和传统服务业的改组,服务业的地位变得越发显著。随着产业结构的变革,劳动力结构也发生了很大变化,劳动力素质显著提高。劳动力结构的变化主要表现在:物质生产部门的劳动者相对减少,非物质生产部门的劳动者增加;传统产业部门的劳动者减少,新兴产业部门的劳动者增加;体力劳动者减少,脑力劳动者增加。整个工人阶级队伍中"知识工人"的比例越来越大,目前在主要发达资本主义国家,脑力劳动和脑体双重劳动的劳动者已占工人阶级总数的60% ~75%,成为工人阶级队伍的主体。整个劳动者队伍出现了知识化、脑力化和多层次化的趋势,以知识分子为主的中间阶层不断扩大,整个雇员队伍的利益、需求和价值观呈现出多样化趋势,很难提出一致的要求和采取统一的行动。

案例评析:战后,以电子计算机、空间技术、生物技术、激光技术,以及新能源和新材料的开发和使用为标志的第三次科技革命,于20世纪40年代发生于美国,随后迅速扩展。它是人类迄今为止发展最快、规模最大、范围最广、影响最深的一次科技革命,极大地推动了战后世界,尤其是发达资本主义国家的经济发展,深刻地改变了世界经济的面貌。新的科学技术促进了劳动生产力的提高。据统计,战后发达资本主义国家工业劳动生产率的提高,80%以上是依靠采用先进科学技术取得的。战后至今,随着生产力的高度发展,发达资本主义国家产业结构发生了两次重大的变革。第一次变革主要表现为国民经济一、二、三产业所占比重的变化。从五六十年代开始西方发达国家第一产业和第二产业在国民生产总值中所占的比重在不断下降,而第三产业,即广义的服务业的比重不断上升,一般都占到60%以上。农业劳动力结构占5% ~6%,美国只占2.2%。目前这种变化仍在进行。

案例讨论:(1)如何看待当今科技革命与工人队伍结构的变化?(2)科技革命改变了工人阶级的历史地位吗?

3. 俄罗斯“休克疗法”的经济改革为何失败?

案例文本:俄罗斯的经济改革始于1990年6月,1991年10月俄罗斯第五次人代会批准了叶利钦的经济改革原则,其中包括“休克疗法”——放开价格、实行私有化和实现宏观财政稳定。俄罗斯改革的失败表现在:

(1)国民经济长期负增长。90年代俄罗斯GDP几乎减少了一半,GDP总量只有美国的1/10和中国的1/5,1998年金融危机之后人均GDP减少到了1500美元,只有“七国集团”平均指标的1/5。俄罗斯经济结构也发生了重大变化,燃料、电力和冶金工业成了民族经济的关键部门,其比重在GDP中约为15%,在工业总产品结构中为50%,在出口中为70%多。有专家估计,俄罗斯人均GDP生产要达到葡萄牙或西班牙的水平,GDP每年保持8%的增长速度也需要15年的时间,这15年间要保持10%的增长速度才能达到英国和法国目前的水平。1999年微增3.2%,2000年偶增7.5%,但也只相当于1997年的水平。改革以来,工业生产总值下降了54%,机械制造下降了62%,轻工业减少了86%。(2)通货膨胀极为严重。伴随着一步开放价格和大量的财政赤字,俄罗斯持续发生“奔腾式”或高位通货膨胀。1992—1996年消费价格指数(%)分别为2680、1008、312、231和121.8。其中主要指标,如食品分别为2816、738、335、223和120;非食品分别为2246、841、257、216和120;服务分别为2652、1110、575、332和150。1999年的消费物价指数上涨32%,2000年又上涨20%多。(3)居民生活水平急剧恶化。俄罗斯改革以来,人民生活水平和生活质量不断下降。官方承认,1991—1996年居民实际生活水平下降30%~40%。例如,1992年1月至1995年9月平均工资增长了392倍,平均退休金增长了448倍,而物价却上升了1608倍。基尼系数1991—1995年分别为0.260、0.289、0.398、0.409和0.382。1996年约有23%的居民收入低于政府规定的60美元这一最低生活水平线，而3%的“新俄罗斯人”月收入超过1万美元。10%最富和10%最穷的居民收入差距，1991—1996年从3.5倍扩大到14倍。据俄罗斯国家统计局资料，1992年经济改革以来一直有不低于三分之一的俄罗斯居民生活在贫困线以下，1992年经济自由化开始的时候曾一度高达50%，1998年金融危机的时候更高达53%以上，2000年上半年仍高达44%。居民平均寿命1991年为69岁，1994年下降为64岁，1996年为66岁（其中男性为60岁，女性为72岁）。恩格尔系数从1990年的0.292提高到1996年的0.434，其中城市家庭从0.281提高到0.434，农村家庭从0.25提高到0.426。失业人数1992年为359.4万人，1996年为678.8万人，失业率从4.7%上升到9.3%，1999年失业人数为910万，失业率为12.6%，2000年失业率仍为10.5%。建成交付使用的单元住房从1985年的115.1万套减少到1994年的59.5万套，住房条件的差距迅速拉大。居民社会保障水平大大低于苏联时期。约有5000个带有黑社会性质的团伙控制了包括400家银行在内的4万家公司，各种社会犯罪率和自杀率急剧上升。作为改革的一个综合结果，仅1999年上半年，总人口就减少了46万人。(4)综合国力明显下降。私有化的整体绩效很差（私有化收入只有5%上缴为国家财政，价值为2000亿美元的500家大企业所实现的私有化收入只有72亿美元），包括军工在内的整个工业和农业的生产能力和现代化水平被大大削弱，国民经济遭受破坏的范围和规模大于二战时期，也超过西方国家20世纪“三十年代大危机”的经济损害，国家经济安全的程度显著降低；科学技术实力受到重创，科研机构纷纷瓦解，优秀科技人员大量外流和转行，而每年人才外流所造成的损失达500~600亿美元（据欧洲有关组织估算）；国内大量资本外逃，年均约100亿美元，而2000年末的外债却有1469亿美元；在零售商品资源结构中，本国生产与进口的比例从1991年的86:14变为1996年的48:52，近年外国商品充斥市场,仍约占一半;卫生、教育和文化领域的财政支出比重和绝对额均大幅度下降,除了少数为贵族阶层服务的机构较繁荣以外,其他机构均处于困境和危机之中(近年国家对高校的拨款只占国内生产总值的0.4%,而解体前最少是2%);自然资源的合理开采和保护面临困难,生态环境遭到破坏;国民凝聚力、外交力和协同力等其他综合国力的变量也严重受损。

案例评析:尽管俄罗斯经济改革的步骤、措施与速度有起伏变化,但总体上呈现为一种非常“冒进”或“激进”的改革轨迹和态势。俄罗斯的改革深受美国萨克斯和沙塔林等新自由主义经济学家的影响,并在叶利钦和盖达尔等领导下推行自由市场化加私有化。萨克斯强调“长痛不如短痛”,“尽可能快地创造自由市场经济体制,让它开始运作,深渊不能分两步跨过。”沙塔林坚信市场经济“所特有的自我调节机制可以保证最出色地协调所有经济主体的活动,合理利用人力、物力和财力资源,保证国民经济平衡。”布尼奇以“文明世界的市场都是可调节的”为由,反对在“市场经济”概念上加“可调节的”的限定词。叶利钦强调,假如“不迅速确认土地私有制,农业的振兴就没有希望。”他们均主张国家干预越少越好,私有化越快越好,从而陷入一种浪漫主义的自由市场经济幻想之中,并由此形成了独特的改革路径和经济大衰退。由于俄罗斯是采取激进的方式转向现代资本主义自由市场经济的,因而一方面较快地建立了市场经济体制的雏形,另一方面,又形成一系列的经济和社会问题,使经济改革的成本大大超过收益。希罗科拉德院士指出:俄罗斯的改革在自由化和私有化的目的下是不可能成功的。俄罗斯搞的是野蛮的资本主义。就连沙塔林也说:原以为私有化的企业在效率方面必定高于国有企业,现在看来并非如此,事实上,私有化企业的效率并不比原来的国有企业高。俄罗斯经济改革的实质是在向市场经济的过渡中根本舍弃社会主义经济制度,复归现代资本主义的自由市场经济形态。戈尔巴乔夫时期的改革就已经偏离了社会主义方向，用他自己的话说："我生活的目的就是消灭共产主义。"他恬不知耻地说，"当我亲自认识了西方，我的决定就成了不可更改的了。我必须清除苏共和苏联的整个领导，我必须清除所有社会主义国家的领导，我的理想是走社会民主党的道路……整个世界应当清除共产主义。"（《叛徒的自白》，载《中流》杂志，2000 年第 11 期）由于经互会和苏联的解体而导致的经济分割，西方发达国家及其控制的国际经济组织施展"胡萝卜加大棒"的政策效应，以及国内持续的经济危机和社会危机，使俄罗斯失去了昔日经济强国的地位，主动和被动地过分依附西方大国，在资本、技术和外贸等领域等待和依赖西方的支援。那种认为俄罗斯实行私有化，长期发展绩效肯定会超过中国的观点，是没有科学依据的。退一步说，即使若干年后由于某种原因俄罗斯的经济发展业绩好于中国，也无法证明其大衰退的合理性和必要性。

案例讨论：(1)俄罗斯"休克疗法"改革的失败说明了什么问题？(2)中国经济体制改革如何从俄罗斯"休克疗法"改革的失败中吸取教训？

4. 国际资本流动的新格局

案例文本：国际资本流动的增长速度超过国际商品和劳务贸易的增长速度，是当今世界经济发展的重要特征。以下美国和日本的外国直接投资状况更为显著：

美国：从 70 年代以来，在美国的外国直接投资一直是上升趋势。美国引进的外国直接投资在整个 70 年代为 1340 亿美元，到 90 年代仅前 5 年就达到 3120 亿美元（1992 年不变价格计算），从占 GDP 的 0.32% 提高到 0.69%。对美国的外国直接投资大多来自欧洲和加拿大。1996 年，美国的外国直接投资有 2/3 来自欧洲。欧洲公司投资美国东海岸各州的部分原因是距其公司总部较近，并且距劳动密集型市场较近，从而有利于获取更高的垄断利润。

日本:战后,在经济恢复时期,60 年代后期至 70 年代初和 1985 年曾出现过三次“外资企业高潮”。但在 80 年代后期的泡沫经济崩溃之后,外资企业呈波动式急剧下滑趋势,1991 年外资投资额为 43 亿美元,1992 年度为 40 亿美元,1995 年度降至 38 亿美元左右。进入 1996 年度后,一度冷淡下来的对日投资再度膨胀,直接投资额接近 68 亿美元。按美元计算,该年度的对日直接投资额,比上年度增加 78. 5% ;按日元计算,增加 108. 5% 。到 1998 年 11 月止,累计投资以日元计比上年增长 3. 2 倍。虽然日本对外直接投资下降 11% ,1999 年外国投资对日本市场却很活跃。外国企业的对日直接投资是上年的 3. 4 倍,达 1. 4 万亿日元,首次突破 1 万亿日元。外国对日本的直接投资新动向是由以下原因导致的:日本的市场规模和收入水平在世界上仍居最高行列。日本市场规模达 4. 2 万亿美元,仅次于美国的 8. 1 万亿美元的市场规模。日本人均国民生产总值为 33319 美元,比美国高出约 10% 。这就使日本对新一代产品的购买力强,正好满足先进工业化国家对投资市场的要求。其次,外资进入的障碍因素在减少。如日本的地位以前很高,但从泡沫经济破坏以后,大幅度下跌。再次,90 年代以后,在经济长期萧条,多次发动刺激政策收效甚微的情况下,日本政府考虑放松规制,为外资进入日本和在日外资企业扩大再投资提供了比以往更宽松的政策环境。

案例评析: 通过上述两个案例,我们可以窥一斑见全豹,即 20 世纪 90 年代以来,随着世界经济一体化的不断加深,新科技、新产业在世界范围内迅速传递和扩散,国际资本流动出现新格局,我们可以总结为以下两个方面:(1)流入发展中国家的国际资本稳定增长。由于发展中国家对外开放进一步扩大和新兴工业化国家和地区经济的持续发展,国际资本向发展中国家投入的长期资本流量稳步增加。据统计,1991 年至 1997 年期间发展中国家的国际长期资本流入额的年均增长率达到17.2%，是世界出口贸易年均增长率的2.3倍。1997年流入发展中国家的国际长期资本总量高达3288亿美元，是1990年的3倍。同时，流入发展中国家的长期国际资本构成也发生了变化，见下表：

流入发展中国家的长期国际资本构成 %

类别	1990	1993	1997
官方发展融资	52	25	13
国际私人资本	48	75	87
对外借款和发行债券	14	20	32
外国直接投资	31	34	45
国际股权证券投资	3	21	10

流入发展中国家的长期国际资本构成的显著特征是：一方面是从投资主体看，官方发展融资在减少，私人垄断资本的投资在增加。官方发展融资减少的主要原因是由于大多数工业国财政预算的削减，资金供给来源受到限制；发达国家相互之间在国际市场的竞争加剧，因而投入发展中国家的资金更为减少。例如，经合组织发展援助委员会(DAC)的21个成员国，是当今官方发展援助的主要来源，这些国家向发展中国家援助净额占其GNP的比重，从80年代中期的0.35%持续下降到1996年的0.25%，是70年代初发来的最低点。其中，日本提供的官方发展援助占GNP的比重由1991年的0.32%下降到1996年的0.2%，美国从0.2%下降到0.12%，与1970年联合国大会规定的发达国家对发展中国家提供的官方发展援助应占发达国家GNP的0.7%的目标相差越来越远。国际私人资本是以跨国公司为主体的垄断资本。经济一体化的扩大趋势促进跨国公司在更广泛的国际范围内进行资源配置。因此私人资本对发展中国家投资比例不断扩大势在必行。另一方面，国际私人资本对发展中国家的直接投资比例提高显著，外国直接投资绝对额稳定增加。根据联合国贸易发展

会议和世界银行估计的数据,1997 年流入发展中国家的外国直接投资达到 1489 亿美元,是发展中国家利用私人资本净额的最大项目,而且还是发展中国家整个国际长期资本净额流入中的最大项。(2)西方国家在国际直接投资中仍占据主导地位。自 1997 年以来,流入西方发达国家的直接投资额增长迅猛。据统计,1997 年流入西方主要发达国家的直接投资总额接近 3600 亿美元,占国际直接投资总额的 72% 左右,西方国家对外直接投资为 3250 亿美元,约占国际直接投资总额的 70.6%。1998 年受亚洲金融危机的影响,亚洲市场被看淡,全年流入西方发达国家的国际直接投资超过 4500 亿美元,比 1997 年增长了约 25%。1999 年后西方经济仍持续繁荣,流入发达国家的国际资本继续增长,扩大了西方资本市场,同时也给西方经济发展注入了新的活力。

案例讨论:(1)20 世纪 90 年代以来国际资本流动出现怎样的新格局?(2)中国应该如何积极吸引外资?

(二)国外学者评价

"《资本论》这部书对 19 世纪的思想产生了巨大的影响,除了《圣经》和《罗马法学全书》外,没有其他著作能引起这样多的评论者和支持者。"

——[法]夏尔·季德、夏尔·利斯特:《经济学说史》下册,商务印书馆 1986 年版,第 548 页。

"不管是在英国还是在欧洲大陆,大萧条都大幅度地增加了人们对社会主义的热情。整个西方社会成百上千万人失去了工作,在人们心目中,资本主义已经失败了,马克思对资本主义灭亡的预言是准确的,而像苏联那样由集体、国家控制生产资料,是实现经济稳定和高效率的最好途径。"

——[英]阿兰·艾伯斯坦:《哈耶克传》,中国社会科学出版社 2003 年版,第 140 页。

"现在正普遍认为马克思不仅是一位经济学家,他还是一位把经济学、社会学、政治学、历史学甚至人类学有机结合起来的社会科学家。”

——[英]马克·布劳格:《凯恩斯以前100位杰出的经济学家》,西南财经大学出版社1992年版,第140页。

“马克思主义的框架之所以是目前对长期变革最有力的论述,恰好是因为它将新古典框架舍弃的全部要素都包括在内:制度、所有权、国家和意识形态。马克思之强调的所有权在有效率的经济组织中的重要作用以及现存所有权体系与新技术的生产潜力之间紧张关系在发展的观点,堪称是一项重大的贡献。”

——[美]道格拉斯·C. 诺思:《经济史上的结构和变革》,厉以平译,商务印书馆1992年版,第61页。

“尽管在今天世界各地富有灵感的马克思主义经济学衰落了,但马克思和他的思想体系却仍然对整个知识界保留着魅力。”

——[美]小罗伯特·B. 埃克伦德、罗伯特·F. 赫伯特:《经济理论和方法史》,中国人民大学出版社2001年版,第191页。

“总之,马克思主义的价值很大,我们不能听任它受马克思主义者的支配。它是一面可以用于分析批判的棱镜。通过这面镜子,主流经济学——为了自身的利益——可以毫不留情地检验其理论。”

——[美]萨缪尔森:《经济学》(第10版:下册),商务印书馆1982年版,第330页。

“马克思的著作也许从来没有像当代这样受到重视……马克思的思想在欧洲大陆长期有效地传播之后,它的影响中心转移到了英国,不仅吸引了工党党员的注意,而且吸引了激进分子的注意。尽管美国官方人士对马克思的学说采取敌视态度,然而美国一部分知识分子则以十分严肃的态度对待这一学说。”

——[法]日阿姆斯:《二十世纪经济思想史》,莫斯科外国文献出版社1959年版,第538页。

“马克思主义在20世纪30年代剑桥大学的学生中是尽人皆知。……马克思主义成为可供选择的经济学之一，……有人开始思考马克思主义者考虑到的问题。”

——[美]玛乔里·谢泼德·特纳：《琼·罗宾逊与两个剑桥之争》，江西人民出版社1991年版，第85页。

第六章　社会主义的发展及其规律

一、教学目的和要求

学习和了解社会主义五百年发展历程，把握科学社会主义一般原则，认识经济文化相对落后国家建设社会主义的必然性和长期性，明确社会主义发展道路的多样性，遵循社会主义在实践中开拓前进的发展规律，以昂扬奋进的姿态推进社会主义事业走向光明未来。

二、教学重点

- 社会主义从空想到科学的发展
- 社会主义从理论到实践的发展
- 社会主义首先在一国或数国胜利的可能性
- 无产阶级革命与社会主义制度的建立
- 无产阶级专政和社会主义民主
- 社会主义在实践探索中曲折发展
- 20 世纪社会主义制度的巨大贡献和历史经验
- 科学社会主义基本原则的主要内容
- 科学把握科学社会主义基本原则
- 经济文化相对落后的国家社会主义建设的艰巨性和长期性
- 社会主义发展道路的多样性
- 社会主义的自我发展和完善

三、基本原理阐释

(一)社会主义从空想到科学的发展

空想社会主义产生于16世纪初。作为一种批判、否定资本主义的思潮,空想社会主义是早期无产阶级意识和利益的先声,反映了早期无产阶级迫切要求改造现存社会、建立理想的新社会的愿望。与资本主义生产方式发展所经历的家庭手工业、手工工场和机器大工业三个阶段相适应,空想社会主义思潮也经历了三个历史发展阶段,即16—17世纪的早期空想社会主义、18世纪的空想平均共产主义、19世纪初期批判的空想社会主义。19世纪初期以圣西门、傅立叶、欧文为代表的空想社会主义是科学社会主义的直接思想来源。以三大空想社会主义者为代表的空想社会主义学说,在理论上致力于社会制度的评析。他们认为资本主义社会制度,是一种“历史谬误”“人世间的祸害”,必须尽快代之以最好的社会制度。他们对资本主义旧制度的辛辣批判,包含着许多击中要害的见解;对社会主义新制度的描绘,闪烁着诸多天才的火花。但空想社会主义者只看到了资本主义必然灭亡的命运,却未能揭示资本主义必然灭亡的经济根源;要求埋葬资本主义,却看不到埋葬资本主义的力量;憧憬取代资本主义的理想社会,却找不到通往理想社会的现实道路。总之,空想社会主义提供了启发工人觉悟的极为宝贵的材料,但是不具备科学的和实践的品格。

空想社会主义的出现不是偶然的,它伴随着资本主义的产生而产生,随着资本主义的发展而变化。由于当时资本主义生产方式还处在上升时期,生产力和资本主义生产关系的矛盾才刚刚暴露,解决社会问题的办法还隐藏在不发达的经济关系中,所以空想社会主义思想也成了主观臆断的幻想。这种时代的局限性说明,空想社会主义的不成熟的理论,是同当时不成熟的资本主义生产状况、不成熟的阶级状况相适应的。空想社会主义是历史上进步的思想体系，但不是科学的思想体系。

马克思、恩格斯批判地继承了空想社会主义的积极因素，把社会主义建立在现实的基础和对社会发展客观规律的科学认识之上，从而超越了空想社会主义，创立了科学社会主义。1848年2月，马克思、恩格斯为世界上第一个无产阶级政党“共产主义者同盟”所写的党纲《共产党宣言》的发表，标志着科学社会主义的问世。从此，这一伟大学说便成为无产阶级解放斗争的思想武器，揭开了伟大的无产阶级社会主义革命的新篇章。

（二）社会主义从理论到实践的发展

社会主义从理论到实践的飞跃，是通过无产阶级革命实现的。关于无产阶级革命和如何通过革命而实现社会主义从理论到实践的飞跃，马克思、恩格斯、列宁都进行过反复的探索，做出一些重要的论断。

一是关于无产阶级革命的暴力方式与和平方式的探索和论断。无产阶级革命是迄今人类历史上最广泛、最彻底、最深刻的革命，是不同于以往一切革命的最新类型的革命。这是因为：第一，无产阶级革命是彻底消灭一切私有制、代之以生产资料公有制的革命。第二，无产阶级革命是要彻底消灭一切阶级和阶级统治的革命。第三，无产阶级革命是为绝大多数人谋利益的运动。只有解放全人类才能解放自己，它的阶级利益同所有其他劳动者的利益是根本一致的。第四，无产阶级革命是不断前进的历史过程。无产阶级革命夺取政权绝不意味着革命的结束，而是更重要更困难的革命任务的开始。无产阶级必须永葆革命性和先进性，直至实现共产主义。从理论上说，无产阶级革命有暴力的与和平的两种形式，其中，暴力革命是主要的基本的形式。当然，各国人民的革命究竟采取什么形式，只能由该国无产阶级政党和人民，根据马克思主义基本原理同本国实际情况结合的原则做出决定。

二是关于无产阶级革命是在多国同时发生还是在一国或数国首先发生的探索和论断。马克思、恩格斯曾经从自由竞争的资本主义时代条件出发,评析了当时资本主义国家的政治、经济和阶级力量对比的情况,认为无产阶级革命至少将在几个主要的资本主义国家内同时发生。当然,马克思、恩格斯讲无产阶级革命将在几个重要资本主义国家同时发生,并不意味着这种革命将在某一天或某一时刻"同时发生",而是指同一个历史的发展时期。在一个时期内,主要资本主义国家前后相继爆发无产阶级革命,形成一个互相促进和支持的革命高涨的局面。

19 世纪末 20 世纪初,自由资本主义发展到垄断资本主义阶段即帝国主义阶段,资本主义世界的政治经济情况发生了新的变化。资本主义各国经济政治发展不平衡的状况进一步加剧和尖锐化。列宁认真总结了当时变化了的新情况,集中了俄国布尔什维克党的智慧,立足于资本主义发展不平衡的规律,深刻论述了社会主义革命可以首先在一国或数国取得胜利。在列宁看来,帝国主义时代的无产阶级社会主义革命,将是由一国或数国首先胜利,然后波浪式地发展为全世界的胜利。列宁所提出的这个新论断,是以资本主义进入到帝国主义阶段经济政治发展不平衡规律为依据的,也是符合当时的实际情况的。

在这一理论的基础上,列宁根据对俄国国内革命形势和国际状况的科学评析,进一步得出了社会主义可能在经济比较落后的俄国首先取得胜利的结论,并且将这一理论付诸实践,领导俄国人民一举取得了革命的胜利。十月革命的胜利,证实了列宁关于社会主义革命有可能在一国或几个国家内首先取得胜利的科学论断。这也向全世界表明,经济相对落后的国家在特殊的历史条件下,可以首先走向社会主义。这是列宁对马克思主义关于无产阶级社会主义革命学说的重大贡献。

(三)社会主义首先在一国或数国胜利的可能性

帝国主义经济政治发展不平衡规律,是社会主义可能在一国或数国首先胜利的科学依据。列宁指出,经济政治发展不平衡是资本主义的一个规律,到了帝国主义时代,这种不平衡会一步加剧,与资本主义经济政治发展不平衡规律相联系的是帝国主义体系的薄弱环节,如果说资本主义经济政治发展不平衡规律必然导致帝国主义战争,那么帝国主义统治的薄弱环节则提供了社会主义革命胜利的机会。第一次世界大战期间,俄国成为帝国主义体系的薄弱环节,战争不仅夺去了几百万俄国人的生命,而且严重地破坏了俄国经济,劳动人民挣扎在死亡线上,而大资产阶级和封建地主阶级却通过战争大发横财。人民群众再也不愿照旧生活下去了,统治阶级也不能照旧统治下去了。俄国成了当时帝国主义一切矛盾的集合点,以列宁为首的布尔什维克党利用战争给俄国带来的革命形势,领导俄国人民取得了十月社会主义革命的胜利。俄国十月革命的胜利,证明了列宁关于社会主义革命可能在一国或数国首先胜利论断的正确性。

(四)无产阶级专政和社会主义民主

无产阶级专政和社会主义民主是科学社会主义的核心内容。坚持无产阶级专政是建立和发展社会主义的政治保证。建设高度的社会主义民主,是工人阶级执政党为之奋斗的崇高目标和根本任务。

首先,无产阶级专政是新型国家政权。无产阶级专政思想的诞生,是马克思主义科学思想体系形成的重要标志之一。马克思在《共产党宣言》和总结巴黎公社历史经验的《法兰西内战》中,都十分强调无产阶级政权对实现社会主义和共产主义的重要性。马克思在《哥达纲领批判》中,从西欧资本主义国家的实际情况出发,提出了从资本主义社会到共产主义社会的过渡时期必须坚持无产阶级的革命专政的科学论断。社会主义的实践表明,在社会主义制度建立以后，在相当长的时间里仍然必须坚持无产阶级专政，这是因为：第一，社会主义时期还存在着一定范围的阶级斗争。在剥削阶级作为阶级不复存在以后，对少数危害社会的分子也仍然需要保留无产阶级专政的国家机器予以打击，以维护国家稳定和社会安宁，保护人民群众的利益和建设社会主义。依靠无产阶级专政保卫社会主义制度，这是马克思主义的一个基本观点。第二，无产阶级专政的根本任务是全面改造旧社会，发展社会生产力，增强社会主义的物质基础，建设社会主义文明，实现向无阶级社会的过渡。列宁说，实现高度发达的劳动生产率、高度的组织性和纪律性才是无产阶级专政的本质要求。第三，无产阶级专政也是建设社会主义民主的需要。列宁曾经把无产阶级专政又称作"无产阶级民主制"，就是突出其发展民主的职能。随着专政职能的逐渐缩小，民主职能逐步扩大，社会主义民主政治得到充分发展，最后作为国家制度的民主也将归于消亡。

其次，社会主义民主是新型的民主。社会主义民主是人类社会最高类型的民主。它与以往剥削阶级占统治地位的社会的民主在性质上是根本不同的。社会主义民主就是在广大劳动人民的范围内，按照少数服从多数的原则，共同管理国家和一切社会主义事业。社会主义民主是社会主义的国家制度。从国体上说，社会主义民主首先表明了社会主义国家政权的阶级性质，即工人阶级和广大劳动人民享有最高的民主权利，并对少数剥削者实行专政。从政体上说，社会主义民主表明，社会主义国家采取民主共和国的形式，即按照民主集中制的原则组成政府，管理国家。劳动人民真正享有管理国家的最高权力。社会主义民主是社会主义的上层建筑，归根结底是由社会主义的经济基础决定的，并为其服务的。从这个意义上说，社会主义民主是为社会主义经济基础服务的手段。建设高度的社会主义民主需要一个历史过程。民主是具体的、历史的和不断发展着的。要实现建设高度的社会主义民主的目标,需要经过长期的努力。这是因为,肃清封建专制主义和资本主义的影响需要一个历史过程;社会经济文化的发展需要一个过程;同建设高度的社会主义民主密不可分的社会主义法制的建设,同样需要一个过程,等等。总之,建设高度的社会主义民主,要在尊重客观规律的基础上稳步推进。而只有建设高度的社会主义民主,才能真正巩固无产阶级专政,两者是相辅相成、辩证统一的。

(五)在实践中深化对社会主义基本特征的认识

马克思在《哥达纲领批判》中,把从资本主义社会产生出来的未来社会划分为第一阶段和高级阶段两个阶段。列宁在《国家与革命》中则明确地把共产主义社会第一阶段称为社会主义社会。从十月革命胜利算起,社会主义社会也只能是一种年轻的社会制度,它还处在探索、实践的过程中,因而人们对它的本质特征的认识,也只能随着实践的发展而不断发展和完善。根据已有的社会主义各国的实践经验,特别是根据中国建设社会主义的实践经验,可以对社会主义基本特征做如下的概括:

第一,高度发达的生产力和比资本主义更高的劳动生产率。社会主义一定要有高度发达的生产力和比资本主义更高的劳动生产率。这不仅因为社会主义制度是比资本主义制度更高更先进的社会制度,能够适合和促进生产力的发展,而且只有大力发展生产力和创造出比资本主义更高的劳动生产率,才能够创造出最终战胜资本主义所必需的物质基础,充分显示出社会主义制度的优越性。

第二,消灭剥削制度,实行生产资料公有制。这是社会主义社会的最本质的特征。生产资料的公有制是社会主义生产关系的基础,是社会主义制度与资本主义制度相区别的根本标志。但是,总结社会主义建设的经验教训,在经济文化比较落后基础上建立的社会主义国家,其经济结构不可能是纯而又纯的。在一个相当长的时期内，不可能也不应该实行单一的公有制，更不应该实行单一的国有制。究竟应该怎样建立以公有制为主的所有制结构，公有制应采取怎样的形式，必须从本国生产力发展的具体状况出发。比如中国根据自己处于社会主义初级阶段的国情，确立了以公有制为主体，多种所有制经济共同发展的社会主义初级阶段的基本经济制度，并探索了包括股份制在内的多种公有制实现形式。

第三，个人消费品实行“各尽所能、按劳分配”制度。生产资料所有制关系决定分配关系。社会主义实行按劳分配的制度是社会主义公有制所决定的，是社会主义公有制的具体体现。社会主义社会实行按劳分配制度，表明劳动既是每一个有劳动能力的社会成员的基本权利，也是对社会应尽的义务。当然，究竟应该建立怎样贯彻社会主义原则的分配制度，应该根据各个国家的不同情况而定。我国经过多年的探索，确立了以按劳分配为主体，多种分配方式并存的社会主义初级阶段分配制度，这是对马克思主义关于社会主义分配理论的丰富和发展。

第四，实行社会主义基本制度与市场经济相结合，建立和发展社会主义市场经济体制。在经济文化相对落后的国家建设社会主义，需要处理计划与市场的关系。实行社会主义市场经济体制，是中国共产党人的伟大创造，是科学社会主义发展史上的伟大创举，是对马克思主义关于社会主义建设理论的丰富和发展。社会主义基本制度与市场经济相结合，构成了社会主义市场经济这一崭新的经济形式。建立社会主义市场经济，是一项前无古人的开创性事业，是一项包括许多创造和改革内容的系统工程，只有在实践中不断探索，按照客观经济规律办事，才能使社会主义市场经济运转得更好。

第五，建立工人阶级和劳动人民的政权，发展社会主义民主政治，建设社会主义政治文明。工人阶级和劳动人民的政权是社会主义社会最根本的政治特征。社会主义民主的本质是人民当家做主,国家一切权力属于人民。发展社会主义民主政治,建设社会主义政治文明,最根本的是要把坚持共产党的领导、人民当家做主和依法治国有机统一起来。共产党的领导是人民当家做主和依法治国的根本保证,人民当家做主是社会主义民主政治的本质要求,依法治国是共产党领导人民治理国家的基本方略。

第六,以马克思主义为指导,大力发展社会主义文化,建设社会主义精神文明。社会主义文化是凝聚和激励社会主义国家人民的重要力量,是社会主义国家综合国力的重要标志。在全社会形成社会主义的共同理想和精神支柱,是社会主义文化建设的根本;发展教育和科学,是文化建设的基础工程;发展文学艺术等事业,是文化建设的重要内容;营造良好的文化环境,是提高社会文明程度、推进社会主义现代化建设的重要条件;博采世界文明之众长,坚决抵制各种腐朽思想文化的侵蚀,是建设社会主义文化的基本原则。

社会主义基本特征的诸方面是一个互相联系的有机整体,是社会主义制度优于资本主义制度的本质表现。在对社会主义基本特征的理解中,最重要的是公有制为主体和共同富裕,这是必须坚持的社会主义的根本原则,是社会主义优越性的根本体现。

(六)经济文化比较落后的国家社会主义建设的艰巨性和长期性

经济文化比较落后的国家先于发达资本主义国家进入社会主义社会,具有客观的历史条件,是科学社会主义的新胜利。但同时又使社会主义事业不可避免地遇到了由于经济文化比较落后而产生的一系列严重的困难问题,使这些国家的社会主义建设不能不具有艰巨性和长期性。

无产阶级及其政党在经济文化比较落后的国家取得政权,"超越"了资本主义充分发展阶段,建立起了崭新的社会主义制度，这是历史的巨大进步。但是，由于受到生产力发展状况的制约、经济基础和上层建筑发展状况的制约，受到国际环境的严峻挑战等，这些国家建设社会主义必然具有艰巨性和长期性。

第一，生产力发展状况的制约。社会主义首先在经济文化比较落后的国家胜利必然会造成这样一种局面：在一个相当长的历史时期内，社会主义国家在经济上落后于发达资本主义国家，有的甚至落后很远。这就决定了在社会主义制度下必须把大力发展生产力作为根本任务，努力完成别的国家在资本主义条件下实现的工业化和生产社会化、商品化、现代化的艰巨任务。完成这个任务，赶上和超过发达资本主义国家，无疑需要很长时间的努力，进行艰苦的探索和奋斗。

第二，经济基础和上层建筑发展状况的制约。由于社会主义首先在经济文化比较落后的国家胜利，发展公有经济，改造小农经济，建立、巩固和完善社会主义的经济基础，就成为无产阶级政权的一项十分艰巨的任务，必然会影响社会主义民主政治建设的进程。社会主义消灭了阶级，就意味着实现了人类历史上最高的民主。但是，这并不就是说这种民主一开始就达到了尽善尽美的地步。社会主义民主政治建设受到这些国家的经济、政治、文化条件的严重制约，建设好社会主义民主政治面临许多困难，将是一个长期的过程。在这一过程中，还要进一步消灭阶级和阶级差别，改变几千年形成的传统观念，建设社会主义的先进文化，实现真正的社会公正和平等，从而为人类的崇高理想共产主义社会准备充分的物质条件和精神条件，同样需要经过长期艰苦的努力才能实现。

第三，国际环境的严峻挑战。社会主义革命取得胜利以后，社会主义国家就处于强大的资本主义世界的包围之中，受到资本主义国家的遏制和扼杀，面临异常严峻的国际环境。如果说在社会主义国家成立之初，国际资本主义对社会主义的进攻主要是武力方式,那么在社会主义建设取得了重大成就,社会主义制度有了长足的进步之后,进攻的方式则往往转变为以和平演变为主。实践已反复证明,原先经济文化比较落后的社会主义国家只有尽快发展经济,提高综合国力,才能摆脱落后挨打的局面。应该看到,经过数十年的艰苦奋斗,社会主义国家的建设和发展取得了举世瞩目的成就,落后面貌显著改善,综合国力明显增强,大大缩小了与发达资本主义国家的差距。但从总体实力看,发达资本主义国家却一直比发展中的社会主义国家要强大得多。东欧剧变、苏联解体以后,世界社会主义处于低潮,国际资本主义则因为生产关系的局部调整、科技革命和在国际市场上攫取的巨额利润,而获得了新的发展,曾经缩小过的社会主义与资本主义的整体差距,因为这些历史的变化又被进一步拉大。所有这些,都使社会主义面临更大的挑战,社会主义建设与发展将是长期的、艰巨的任务。

第四,工人阶级执政党对社会主义发展道路的探索和对社会主义建设规律的认识,需要一个长期的艰苦的过程。20 世纪社会主义的诞生及其在人类历史上所创造的巨大辉煌,表明社会主义具有旺盛的生命力。但是社会主义事业是前无古人的事业,社会主义革命成功不易,社会主义革命成功之后的建设和发展更不易,如果对社会主义建设和发展的规律把握不好,会发生曲折和挫折,甚至前功尽弃。实践已经表明,经济文化比较落后的国家建设社会主义,试图一蹴而就是不可能的,也是有害的,执政的共产党对社会主义发展道路的探索和对社会主义建设规律的认识,必然是一个长期的艰苦的过程。

(七)社会主义发展道路的多样性

社会主义的发展道路不是单一性的,而是多样性的。社会主义在发展过程中,由于各国国情的特殊性,即经济、政治、思想文化的差异性,生产力发展水平的不同,无产阶级政党自身成熟程度的不同，阶级基础与群众基础的构成状况的不同，革命传统不同，以及历史和现实的、国内和国际的各种因素的交互作用，社会主义的发展道路必然呈现出多样性的特点。

第一，各个国家的生产力发展状况决定了社会主义发展道路具有不同的特点。实践表明，虽然已经取得胜利的社会主义国家，作为社会主义建设起点的生产力状况都比较落后，但是，各国之间也存在着较大的差别。这就决定了各个国家必须根据自己的生产力发展状况，制定与之相适应的发展战略，采取不同的方式进行社会主义建设。

第二，历史文化传统的差异性是造成社会主义发展道路多样性的重要条件。各个民族的历史文化传统，是他们进行活动的既定前提和基础。各个民族从历史上继承下来的经济、政治、文化条件的不同，决定了他们必须从自己的实际出发，按照自己的民族特点进行社会主义建设；要求他们必须把马克思主义的普遍原理与自己的具体实践相结合，将社会主义植根于本国的土壤之中，才能取得成功。

第三，时代和实践的不断发展，是造成社会主义发展道路多样性的现实原因。时代是不断前进的，实践是不断发展的。社会主义也必须随着时代和实践的不断发展而发展。从世界范围来说，各个社会主义国家都应该根据时代和实践发展的要求，选择适合本国国情的社会主义发展道路。从具体的国家来说，同一个社会主义国家在不同的时期，也应该根据时代和实践发展的要求，适时地改革和选择适合本国国情的社会主义发展道路。这是社会主义制度保持生机活力、永远立于不败之地的根本保证。

总之，坚持社会主义发展道路的多样性，是一个客观真理。但是在认识这一真理的过程中，付出的代价却是沉重的。实践证明，坚持社会主义，不等于坚持某种单一的社会主义模式；改革或抛弃某种社会主义模式，不等于改掉或抛弃社会主义；某种社会主义模式的失败,也不等于整个社会主义事业的失败。在当代世界社会主义的发展中,多样化的趋势日益突出。这种多样化的趋势,既是科学社会主义与本国实际相结合的产物,又是时代发展的必然要求,它从世界历史的走向方面反映了社会主义的生机和活力。

(八)社会主义发展是前进性与曲折性相统一的过程

几千年的人类文明史表明,社会总是在曲折中前进的。每一次社会制度的变革,无不经过曲折反复的斗争;每一个新生的社会制度,无不有一个从不成熟到逐步成熟、从不完善到逐步完善的发展过程。在这个过程中,有的甚至要经历反复多次的复辟、危机和失败,而后才能站住脚。封建制度代替奴隶制度是如此,资本主义制度代替封建制度亦是如此。社会主义制度代替资本主义制度是用公有制代替私有制,是要消灭一切剥削制度,并且要在经济文化比较落后的基础上进行社会主义建设,因此更不可能一帆风顺、一蹴而就。社会主义只能在斗争中曲折前进发展。社会主义在曲折中发展是由以下因素决定的:

第一,社会主义作为新生事物,其成长不会一帆风顺。社会主义作为人类社会历史发展中的崭新形态,其产生和发展符合历史的发展趋势,代表了社会发展的方向,体现着人类的未来,具有强大的生命力。但是,社会主义的产生和成长,意味着对资本主义旧社会的否定,这就必然要遭到资本主义势力的拼死反抗。社会主义新社会在开始的时候总是弱小的,而且在一个相当长的时期里,社会主义和资本主义的矛盾和斗争是不会停止的,时起时伏,有时甚至相当激烈,资本主义还可能会复辟,工人阶级及其政党还需要领导广大人民群众继续进行更加艰苦的斗争,所以,这就注定社会主义战胜资本主义的过程是一个曲折的发展过程。

第二,社会主义的基本矛盾推动社会发展,是作为一个过程而展开的,人们对它的认识也有一个逐渐发展的过程。社会主义的基本矛盾推动社会发展，体现了生产关系一定要适合生产力状况的规律、上层建筑一定要适合经济基础状况的规律。工人阶级及其政党在领导广大人民群众建设社会主义的过程中，由于受主观和客观条件的限制，对社会主义社会基本矛盾运动的规律的认识有一个过程。当能够正确认识社会主义的发展规律，并在实践中自觉地运用规律，及时有效地解决前进中出现的矛盾和问题时，社会主义事业就能够顺利地向前发展；相反，就会使社会主义事业遭受挫折。

第三，经济全球化对于社会主义的发展既有机遇又有挑战。全球化已成为当代世界发展的不可逆转的历史趋势和客观进程。当前甚至今后在一个较长时期内，全球化将仍然在西方发达国家主导之下。这种全球化必然是一把双刃剑，具有二重性的特点。全球化的进程对社会主义的发展既有积极的效应，又不可避免地会带来负面的影响；社会主义的发展既有难得的机遇，又面临严峻的挑战。由这种情况所决定，社会主义在国际交往中，只能是一个把握机遇、趋利避害、因势利导、曲折前进的过程。

（九）社会主义的自我发展和完善

社会主义制度作为一种新的先进的制度，从根本上说克服了资本主义制度下生产力与生产关系的对抗性矛盾，但是，在一个相当长的时期内，由于生产力的发展水平不够高，新制度不够完善，生产力与生产关系之间、经济基础与上层建筑之间还存在诸多不相适应的部分，人民不断增长的物质文化需要同落后的社会生产之间的矛盾仍然是社会的主要矛盾。改革就是克服这些矛盾的最有效途径，社会主义能够在改革中不断实现自我发展和自我完善。改革不仅要坚持改革的正确方向，还要选择正确的改革道路和方式。改革是革命性的变革，是要实现新旧体制的根本性转换。但是，这又是一个渐进的过程。改革是一个复杂的系统工程，急于求成不行，必须在无产阶级政党的领导下，有重点、有组织、有步骤地进行。

从实践中看，社会主义国家的改革主要是针对传统的计划经济体制的弊端开始的。20世纪50年代以来，社会主义国家相继走上改革的道路。20世纪70年代末、80年代初开始，社会主义国家出现了广泛、全面改革的潮流。但由于种种原因，一些社会主义国家的执政党，在改革中放弃了社会主义，放弃了马克思主义，从而导致政局急剧变化，最后使社会主义革命、建设和改革的成果付之东流，使共产主义运动遭受了挫折。中国共产党领导的改革，坚持以马克思主义为指导，坚持社会主义的方向，从本国实际出发，走出了一条中国特色社会主义道路，取得了极其伟大的成功，显示了马克思主义和社会主义的无限的生命力，在全世界展示了社会主义的辉煌前程。

四、经典原著导读

1. 同任何新的学说一样，它必须首先从已有的思想材料出发，虽然它的根子深深扎在物质的经济的事实中。

——恩格斯：《社会主义从空想到科学的发展》，《马克思恩格斯文集》第3卷，人民出版社2009年版，第523页。

解读：恩格斯在这里提示了一个具有普遍意义的重要原理，这就是：任何时代具有重要价值的思想理论，都是那个时代社会经济发展的产物，同时也都是在继承前人已有的思想材料和理论成果的基础上产生的。任何理论都不是凭空产生的，科学社会主义理论的产生既有其社会经济根源，又有其思想理论来源。恩格斯认为，现代社会主义，就其内容来说，首先是现代资本主义社会的生活与实践，是资本主义社会矛盾运动的概括和反映；而就其理论形成来说，则是在已有的思想资料基础之上的进一步发展。离开了资本主义社会的生活与社会实践，离开了资产阶级和无产阶级之间的阶级对立和斗争，就无法理解现代社会主义的社会内容和事实依据。但是，现代社会主义又必须从已有的思想材料出发，在已有的理论原则和理论形式的基础上进一步创新和发展，否则就会失去思想前提和依托。而这里所说的“已有的思想材料”，包括几千年来人类思想文化发展中一切有价值的优秀成果，特别是近代欧洲的哲学、历史、经济学、自然科学的研究成果，也包括18世纪法国启蒙学者提出的各种理性原则。

恩格斯认为，科学社会主义诞生之前，以圣西门、傅立叶、欧文为代表的学说，是空想社会主义发展的顶峰。三大空想社会主义者的学说和科学社会主义乃是“现代社会主义”思想发展的两个互相衔接的阶段。两者都是资本主义社会矛盾运动和阶级斗争在理论形态上的反映，只是有着阶段的不同、不成熟与成熟之分，而前者是后者的直接思想来源。

2. 显露出来的天才的思想萌芽和天才的思想。

——恩格斯：《社会主义从空想到科学的发展》，《马克思恩格斯文集》第3卷，人民出版社2009年版，第529页。

解读：恩格斯高度赞扬了三大空想社会主义者，充分肯定了他们的理论贡献。恩格斯认为，三大空想社会主义者从政治、经济、思想和道德等方面深刻揭露和无情批判了资本主义制度的弊端与罪恶，提供了启发工人阶级觉悟和研究资本主义的极为宝贵的材料。同时在他们的社会历史观中已经包含着唯物主义和辩证法因素，以及对未来社会的某些天才预测，为唯物史观的形成和科学社会主义的创立做好了准备。

3. 但是，这个时候，资本主义生产方式以及随之而来的资产阶级和无产阶级之间的对立还很不发展。这种历史情况也决定了社会主义创始人的观点，……这种新的社会制度是一开始就注定要成为空想的，它越是制定得详尽周密，就越是要陷入纯粹的幻想。

——恩格斯：《社会主义从空想到科学的发展》，《马克思恩格斯斯文集》第3卷，人民出版社2009年版，第528、529页。

解读：恩格斯认为，三大空想社会主义者虽然已经敏锐地觉察到了资本主义制度的严重弊病和不合理性，对人们深感失望的现实制度进行了猛烈的抨击，企图建立一套新的符合理性和正义要求的社会制度，并且期望通过思想理论上宣传，可即时通过典型示范、通过实验，从外面强加于社会。但是，由于他们生活的时代资本主义生产方式的矛盾、无产阶级与资产阶级的对立只是有所暴露但却很不发展，所以恩格斯同时也指出，三大空想社会主义者的理论存在着明显的缺陷。恩格斯认为，三大空想社会主义者只是揭露和抨击资本主义社会的弊端，但没有能够进一步洞察资本主义的本质，把握社会发展的客观规律；他们寄希望于天才人物的出现，以为通过宣传、呼吁、试验就可以实现社会主义理想。在他们看来，社会主义不是现实经济关系发展的必然产物，而是某个"天才人物"的偶然发现，他们像启蒙学者一样，认为理性是现存事物的唯一裁判，把社会主义看成理性、正义的体现。他们从抽象的理性出发，而不去研究社会生产方式的辩证运动，从而使自己的理论学说脱离了现实的物质基础；无法看清资本主义雇佣劳动制的本质，他们仅仅把无产阶级看成"受苦的阶级"与同情的对象，没有看到无产阶级是社会变革的决定性力量，也不懂得阶级斗争是实现社会主义的必要手段，因而没有找到实现社会理想的正确道路。历史事实已经表明，这种理论主张只能是无法实现的空想，不能成为指导无产阶级和劳动群众解放斗争的思想武器。

4. 唯物主义历史观及其在现代的无产阶级和资产阶级之间的阶级斗争上的特别应用，只有借助于辩证法才有可能。

——恩格斯：《社会主义从空想到科学的发展》(1882年德文第一版序言)，《马克思恩格斯文集》第3卷，人民出版社2009年版，第495页。

科学社会主义的产生,一方面必须有德国的辩证法,同样也必须有英国和法国的发达的经济关系和政治关系。……只有在英国和法国所产生的经济和政治状况受到德国辩证法的批判以后,才能得出确实的结论。

——恩格斯:《社会主义从空想到科学的发展》(1882年德文第一版序言),《马克思恩格斯文集》第3卷,人民出版社2009年版,第495、496页脚注。

解读:恩格斯认为,科学社会主义的产生和发展离不开哲学的发展。因为哲学是世界观、认识论、方法论、价值观,唯物主义的辩证法在马克思主义理论体系中处于基础地位,是科学社会主义理论的灵魂和精髓,是工人阶级和劳动人民认识世界、改造世界的思想武器,是社会主义实践的理论依据和方法论工具。

现代唯物主义辩证法是在批判地吸收黑格尔的唯心主义辩证法合理内核基础上形成的。恩格斯指出:“黑格尔第一次——这是他的伟大功绩——把整个自然的、历史的和精神的世界描写为一个过程,即把它描写为处在不断的运动、变化、转变和发展中,并企图揭示这种运动和发展的内在联系。”但是,黑格尔的体系是唯心主义的,在他那里,一切都被头足倒置了,世界的现实联系完全被颠倒了,他的历史观本质上仍是唯心主义的。马克思、恩格斯实现了哲学史上的伟大变革,克服了旧哲学中唯物主义与辩证法相分离、自然观与历史观相矛盾的缺陷,把唯物主义与辩证法统一起来,把辩证唯物主义自然观与历史观统一起来,揭示了社会发展的一般规律。马克思主义唯物主义辩证法的诞生使自然科学和社会科学都彻底地摆脱了旧哲学的束缚,为人们正确认识自然和社会历史发展规律提供了科学的世界观和方法论,为科学社会主义的创立奠定了哲学理论基础。

5. 这个问题的解决是马克思著作的划时代的继续。它使明亮的阳光照进了经济学领域,而在这个领域中,从前社会主义者

像资产阶级经济学家一样曾在深沉的黑暗中摸索。科学社会主义就是以此为起点,以此为中心发展起来的。

——恩格斯:《反杜林论》,《马克思恩格斯文集》第9卷,人民出版社2009年版,第212页。

解读:马克思运用唯物史观剖析资本主义生产方式,评析了资本主义生产关系和经济运动的规律,创立了剩余价值学说,从而揭示了资本主义剥削的秘密和实质。恩格斯认为,剩余价值学说揭开了资本剥削劳动的秘密,阐明了无产阶级和资产阶级矛盾对立的经济根源,指明了资本主义制度的本质和必然灭亡的趋势,找到了推翻资本主义、实现社会主义这一伟大历史使命的承担者,从而为科学社会主义提供了系统的经济学论证。正是由于唯物史观和剩余价值学说这两个伟大的发现,社会主义就被置于现实的基础之上,社会主义由空想变成了科学。唯物史观和剩余价值学说是科学社会主义的两大理论基石。

6. 无产阶级抓住了资产阶级所说的话,指出:平等应当不仅仅是表面的,不仅仅在国家的领域中实行,它还应当是实际的,还应当在社会的、经济的领域中实行。

——恩格斯:《反杜林论》,《马克思恩格斯文集》第9卷,人民出版社2009年版,第112页。

解读:恩格斯认为,一切人或至少是一个国家的一切公民,或一个社会的一切成员,都应当有平等的政治地位和社会地位。但是,在资本主义条件下,社会成员之间虽然在法律规定上是“平等”的,但资产阶级和无产阶级始终是两个对立的阶级。在资产阶级的平等要求里,必然存在着对无产阶级的不平等。资产阶级所要求的平等只是消灭封建的阶级特权,而无产阶级要求的平等则是消灭一切阶级差别、消灭阶级。在恩格斯看来,平等不应该只是一种表面的、形式上的东西,更应该具有实实在在的内容,这个实际内容就是“消灭阶级”。这就是说,平等不仅是某一阶级、某一阶层、某一集团里的"人"的基本权利，更应该是"一切人"即社会上每一个人的基本权利。

7. 一切社会变迁和政治变革的终结原因，不应当到人们的头脑中，到人们对永恒的真理和正义的日益增进的认识中去寻找，而应当到生产方式和交换方式的变革中去寻找；不应当到有关时代的哲学中去寻找，而应当到有关时代的经济中去寻找。而现代社会主义不过是这种实际冲突在思想上的反映、是它在头脑中、首先是在那个直接吃到它的苦头的阶级即工人阶级的头脑中的观念的反映。

——恩格斯：《社会主义从空想到科学的发展》，《马克思恩格斯文集》第3卷，人民出版社2009年版，第547、548页。

解读：恩格斯认为，要改变资本主义现存社会制度的不合理性和不公平，应当从资本主义生产方式所存在的矛盾和冲突中寻找解决的方法和手段，科学社会主义是资本主义矛盾和冲突在工人阶级头脑中的反映，资本主义的矛盾和冲突是科学社会主义产生的物质经济根源。

8. 社会化生产和资本主义占有的不相容性，也必然越加鲜明地表现出来。

——恩格斯：《社会主义从空想到科学的发展》，《马克思恩格斯文集》第3卷，人民出版社2009年版，第551页。

解读：恩格斯指出，资本主义社会的基本矛盾，即生产的社会化和生产资料资本主义私人占有之间的矛盾。生产的社会化是资本主义生产区别于以往时代生产活动的一个显著特点，是人类社会的一种巨大进步，但这是在资本主义私人占有制的基础上实现的。和以往简单商品生产的条件下不同的是，现在的私人占有者已不是那些真正使用生产资料和真正生产出产品的劳动者，而是把社会化的生产资料集中在自己手中并无偿占有了雇佣工人创造的劳动产品的资本家。这样，生产的社会化便与资本主义的私人占有之间发生了对抗性的矛盾,这是生产力与生产关系的矛盾在资本主义制度下的具体表现。随着资本主义生产方式越是占统治地位,这个矛盾越是明显地表现出来。恩格斯正是通过对资本主义社会基本矛盾的评析,从而对资本主义社会经济运动过程和阶级关系状况进行深入的考察,得出了社会主义公有制必将取代资本主义私有制的科学结论。

9. 社会化生产和资本主义占有之间的矛盾表现为无产阶级和资产阶级的对立。

——恩格斯:《社会主义从空想到科学的发展》,《马克思恩格斯文集》第3卷,人民出版社2009年版,第551页。

资本主义社会基本矛盾在生产上表现为"个别工厂中生产的组织性和整个社会中生产的无政府状态之间的对立"。

——恩格斯:《社会主义从空想到科学的发展》,《马克思恩格斯文集》第3卷,人民出版社2009年版,第554页。

一方面,资本主义生产方式暴露出它没有能力继续驾驭这种生产力。另一方面,这种生产力本身以日益增长的威力要求消除这种矛盾,要求摆脱它作为资本的那种属性,要求在事实上承认它作为社会生产力的那种性质。

——恩格斯:《社会主义从空想到科学的发展》,《马克思恩格斯文集》第3卷,人民出版社2009年版,第557页。

解读:首先,资本主义社会基本矛盾在阶级关系上表现为无产阶级和资产阶级的剥削与被剥削、压迫与被压迫的对立斗争,

其次,资本主义基本矛盾的发展必然导致经济危机。随着资本主义的发展,矛盾和冲突越来越发展,越来越尖锐化,竞争和社会生产的无政府状态促使劳动者的贫困化,市场的扩张赶不上生产的扩张,生产无限扩大和劳动群众购买力相对缩小的矛盾,造成了生产的相对过剩和经常的比例失调,导致了经济危机。

再次,资本主义经济危机的爆发具有周期性。恩格斯评析了

资本主义经济危机周期性经历的危机、萧条、复苏和高涨的四个阶段,并指出经济危机使生产力遭到巨大破坏,给无产阶级和劳动人民带来极大的灾难和痛苦,引起了阶级斗争的尖锐化。因此,废除资本主义私有制,建立社会主义公有制,实现生产资料和产品的社会占有,便成为现代生产力发展和生产社会化的必然要求。

10. **迫使资本家阶级本身在资本关系内部可能的限度内,越来越把生产力当作社会生产力看待。**

——恩格斯:《社会主义从空想到科学的发展》,《马克思恩格斯文集》第3卷,人民出版社2009年版,第557页。

但是,无论转化为股份公司和托拉斯,还是转化为国家财产,都没有消除生产力的资本属性。

——恩格斯:《社会主义从空想到科学的发展》,《马克思恩格斯文集》第3卷,人民出版社2009年版,第559页。

现代国家,不管它的形式如何,本质上都是资本主义的机器,资本家的国家,理想的总资本家。它越是把更多的生产力据为已有,就越是成为真正的总资本家,越是剥削更多的公民。工人仍然是雇佣劳动者,无产者。资本关系并没有消灭,反而被推到了顶点。但是在顶点上是要发生变革的。生产力归国家所有不是冲突的解决,但是它包含着解决冲突的形式上的手段,解决冲突的线索。

——恩格斯:《社会主义从空想到科学的发展》,《马克思恩格斯文集》第3卷,人民出版社2009年版,第559~560页。

解读:恩格斯指出,垄断组织的出现是资本主义社会基本矛盾尖锐化的必然产物。由于社会生产力的猛烈增长和生产社会化程度不断提高,迫使资本家阶级在资本关系内部可能的限度内,越来越把生产力当作社会生产力看待,并对生产关系的形式不断进行调整。股份公司、垄断组织、国有资本及其他手段的国家干预，就是资本主义私有制的各种转化形式。这些新的形式和措施在很大程度上缓和了各种社会矛盾，促进了生产力的发展，延续了社会革命的到来。恩格斯认为，垄断组织的形成并没有改变社会化的生产与资本主义私人占有之间的矛盾性质，垄断组织的出现和资本主义的国有化，客观上为社会主义准备了充分的物质前提。

11. 资本主义生产方式日益把大多数居民变为无产者，从而就造成一种在死亡的威胁下不得不去完成这个变革的力量。这种生产方式日益迫使人们把大规模的社会化的生产资料变为国家财产，因此，它本身就指明完成这个变革的道路。无产阶级将取得政权，并且首先把生产资料变为国家财产。

——恩格斯：《社会主义从空想到科学的发展》，《马克思恩格斯文集》第3卷，人民出版社2009年版，第561页。

通过这个行动，无产阶级使生产资料摆脱了它们迄今具有的资本属性，使它们的社会性有充分的自由得以实现。

——恩格斯：《社会主义从空想到科学的发展》，《马克思恩格斯文集》第3卷，人民出版社2009年版，第566页。

解读：恩格斯在这里是对《宣言》中有关无产阶级夺取政权后剥夺资产阶级的资本并发展生产力思想的进一步阐述。恩格斯指出，社会主义变革的依靠力量——无产阶级；社会主义变革的根本途径——无产阶级夺取政权，把生产资料变为国家财产。

12. 每一个生产者，在作了各项扣除以后，从社会领回的，正好是他给予社会的。他给予社会的，就是他个人的劳动量。

——马克思：《哥达纲领批判》，《马克思恩格斯文集》第3卷，人民出版社2009年版，第434页。

解读：共产主义社会的第一阶段是刚刚从资本主义社会中产生出来的，因此它在各方面，在经济、道德和精神方面都还带着它脱胎出来的那个旧社会的痕迹。所以，个人消费品的分配采取的是“按劳分配”的原则，在这里，马克思阐述了按劳分配的具体含义：按劳分配指个人消费品的分配，即每一个生产者为社会提供劳动后，他从社会领回的产品所包含的劳动量，在做了必要的扣除后，与他们为社会提供的劳动量是相等的。生产者从社会领回的产品数量与他们为社会提供的劳动量成正比，即多劳多得，少劳少得。

马克思认为，按劳分配是建立在生产资料公有制之上，是对资本主义剥削制度的否定，与资本主义制度相比是巨大的进步。它第一次消除了千百年来存在的一部分人占有另一部分人劳动的剥削现象，实现了劳动平等。同时马克思也认为，按劳分配的平等权利仍然是“资产阶级权利”。马克思的“资产阶级权利”是从历史意义上使用的，因为封建权利是用不平等的尺度衡量不同的人，资产阶级权利则是把同等权利用于不同的人。按劳分配的平等对不同劳动者来说，意味着不平等。因为各个生产者在体力或者脑力上存在着差异，所以每个人所得到的消费品是不同的；个人婚姻状况以及所供养的家庭成员的不等，消费水平也事实上不平等。“它不承认任何阶级差别，因为每个人都像其他人一样只是劳动者；但是它默认，劳动者的不同等的个人天赋，从而不同等的工作能力，是天然特权。所以就它的内容来讲，它像一切权利一样是一种不平等的权利。”

13. **无论是发现现代社会中有阶级存在或发现各阶级间的斗争，都不是我的功劳。……我所加上的新内容就是证明了下列几点：①阶级的存在仅仅同生产发展的一定历史阶段相联系；②阶级斗争必然导致无产阶级专政；③这个专政不过是达到消灭一切阶级和进入无阶级社会的过渡。**

——马克思：1852 年 3 月 5 日《马克思致约·魏德迈》，《马克思恩格斯文集》第 10 卷，人民出版社 2009 年版，第 106 页。

解读：无产阶级专政的学说是马克思主义的精髓，对于共产主义事业具有成败攸关的意义。生产的发展,原始社会解体,产生私有制,产生阶级,社会进入阶级对立的奴隶社会。奴隶社会的灭亡进入阶级对立的封建社会。封建社会的商品发展产生资产阶级,资产阶级消灭封建制度,进入无产阶级和资产阶级对立的资本主义社会。资本主义社会的经济发展必然导致无产阶级推翻资产阶级的统治,建立公有制和无产阶级专政的社会主义社会。在无产阶级专政的条件下,继续革命,彻底消灭阶级,就会进入无阶级的共产主义社会。

14. 资产阶级不仅锻造了置自身于死地的武器;它还产生了将要运用这种武器的人——现代的工人,即无产者。

——马克思、恩格斯:《共产党宣言》,《马克思恩格斯文集》第2卷,人民出版社2009年版,第38页。

于是,随着大工业的发展,资产阶级赖以生产和占有产品的基础本身也就从它的脚下被挖掉了。它首先生产的是它自身的掘墓人。资产阶级的灭亡和无产阶级的胜利是同样不可避免的。

——马克思、恩格斯:《共产党宣言》,《马克思恩格斯文集》第2卷,人民出版社2009年版,第43页。

解读:马克思和恩格斯认为现代资产阶级本身是一个长期发展过程的产物,是生产方式和交换方式的一系列变革的产物。资产阶级在历史上曾经起过非常革命的作用,它扫除了封建制度,建立了资产阶级民族国家,发展了巨大的生产力。但是,这个社会从它产生之日起,就有不可克服的内在矛盾,即生产的社会化和资本家私人占有的矛盾。资本主义发展每前进一步,都蕴藏着深刻的危机:它发展了生产力,却加重了无产阶级的贫困化;它建立了资产阶级国家,却引起了阶级矛盾的尖锐化;它建立了世界市场,把资本的势力扩向全世界,却加深了它与殖民地附属国的矛盾;它创造了现代化的大城市,却又加剧了城乡之间的对立。资本主义矛盾的日益尖锐,突出地表现为不断扩大和加深的周期性经济危机。经济危机表明,资本主义的生产关系已成为生产力进一步发展的障碍。资本主义制度本身无法摆脱经济危机。要消灭经济危机,必须以社会主义公有制代替资本主义私有制。因此资产阶级的灭亡和无产阶级的胜利同样是不可避免的。

15. 无产阶级将利用自己的政治统治,一步一步地夺取资产阶级的全部资本,把一切生产工具集中在国家即组织成为统治阶级的无产阶级手里,并且尽可能快地增加生产力的总量。

——马克思、恩格斯:《共产党宣言》,《马克思恩格斯文集》第2卷,人民出版社2009年版,第52页。

解读:社会主义的根本目的是最大限度地发展生产力。利用无产阶级专政来剥夺资产阶级的生产资料,变为无产阶级国家所有,用于发展生产力。社会主义要创造出比资本主义更高的劳动生产率。在经济文化相对落后的国家,无产阶级革命胜利后,更要注意生产力的发展。

16. 已经不再被看作某个天才头脑的偶然的发现,而被看作两个历史地产生的阶级无产阶级和资产阶级间斗争的必然产物。它的任务不再是想出一个尽可能完善的社会制度,而是研究必然产生这两个阶级及其相互斗争的那种历史的经济的过程;并在由此造成的经济状况中找到解决冲突的手段。

——恩格斯:《社会主义从空想到科学的发展》,《马克思恩格斯文集》第3卷,人民出版社2009年版,第545页。

解读:这个解决冲突的手段是怎样的呢?马克思、恩格斯在《共产党宣言》中已经回答了这个问题。工人阶级首先要在斗争中用暴力手段从资产阶级手中夺取政权,建立起工人阶级的政治统治。然后依靠这个政权做这样几件事:其一,“两个决裂”。“同传统的所有制关系实行最彻底的决裂;毫不奇怪,它在自己的发展进程中要同传统观念实行最彻底的决裂。”就是说要消灭私有制,由社会掌握生产资料,同时还要与私有观念实行最彻底的决裂。其二,大力发展生产力。这意味着这个时期实行的是无产阶级的革命专政。做这两件事,完成两个彻底决裂的整个时期,马克思称其为是从资本主义到共产主义的革命转变时期,这是共产主义社会的第一阶段,即社会主义阶段。

17. **资产阶级不能统治下去了,因为它甚至不能保证自己的奴隶维持奴隶的生活,因为它不得不让自己的奴隶落到不能养活它反而要它来养活的地步。**

——马克思、恩格斯:《共产党宣言》,《马克思恩格斯文集》第2卷,人民出版社2009年版,第43页。

解读:这句话的意思是说资产阶级使无产阶级达到了赤贫的境地,即工人阶级贫困得只剩下两只手和能工作的体力。马克思和恩格斯曾经这样说过:剥削的条件是被剥削的人有生存的起码条件。而资产阶级却使无产阶级连一点起码生存条件都没有了,使无产阶级不得不依靠给它做工,勉强维持极其低劣的生活。所以我们说,这句话表明,资产阶级对无产阶级的剥削已到极点,以致丧失了继续剥削的"资格"。

18. **在资产阶级社会里是过去支配现在,在共产主义社会里是现在支配过去。**

——马克思、恩格斯:《共产党宣言》,《马克思恩格斯文集》第2卷,人民出版社2009年版,第46页。

解读:"过去"是指已经蓄积的(物化)劳动,即工厂、机器等生产手段而言,在资本主义社会里,它表现为"资本"。"现在"是指正在进行的活劳动而言,其物质担当者为工人,故亦即指"工人"。

在资本主义社会里,由于资本家占有生产资料,工人的劳动生产物也就为资本家占有。工人由于自己不占有生产资料,不得不将自己的劳动出卖给资本家,为资本家劳动,变成实现资本增殖的一个要素。工人失去独立性,变成了机器的附属物,单纯为了资本的增殖而存在。所以,过去已经蓄积的物化劳动——资本,支配着现在的活的劳动——工人。

在社会主义、共产主义社会里,由于消灭了资本家,已蓄积的(物化)劳动不再是归资本家所有,而是归包括工人自己在内的社会所公有。工人劳动的目的,不再是为了资本的增殖,而只为了最大限度地满足包括工人自己在内的整个社会的需要。工人不再是机器的附属物,而成为机器的主人。所以,过去的、蓄积的、活的劳动——工人用来发展生产,为满足社会物质和文化的需要服务。

19. 因为无产阶级首先必须取得政治统治,上升为民族的阶级,把自身组织成为民族,所以它本身暂时还是民族的,虽然这里所说的"民族的"一词和资产阶级所理解的完全不同。

——马克思、恩格斯:《共产党宣言》,《马克思恩格斯文集》第2卷,人民出版社2009年版,第50页。

解读:"民族"是一个历史的范畴,它有产生、发展和消亡的过程。民族问题,归根到底是阶级问题。资本主义上升时期,产生了资产阶级民族,即由资产阶级统治和领导的民族。它的命运同资本主义的命运紧密相连,随着资本主义的灭亡,资产阶级民族也必将退出历史舞台。《宣言》所说无产阶级"上升为民族的阶级,把自身组织成为民族",是指无产阶级要成为民族的领导阶级。"它本身暂时还是民族的",这是指无产阶级只有在民族范围内才能形成、巩固和发展起来,也必须首先在本国打倒资产阶级,才能取得政治统治。但是,无产阶级的最终目的是要在全世界彻底消灭阶级,实现共产主义。随着阶级的消灭,民族和民族之间的剥削和敌对关系也就会消除。

五、教学资源与拓展

(一)教学案例

1.《乌托邦》的世界

案例文本:莫尔的名字之所以流传至今,毫无疑问要归功于他那部虚构的《乌托邦》(全名是《关于最完美的国家制度和乌托邦新岛既有益又有趣的金书》)。在这本书中,他运用对话体裁,以游记的形式,借一位虚构的航海家拉斐尔·希斯拉德之口,描述了自己理想中的最完美的社会制度。

在一个名叫乌托邦的海岛上,有54座城市均匀地分布于广阔的乡村之间。这些城市在公有制的基础上彼此密切联系,统一组织生产和消费。每个城市分成四个相同的区,居住着6000户居民,每户居民的人口都在10~16人之间。城市所有适龄人口都要劳动,除少数被选拔专门从事科学研究者外,其余人每天工作6小时,产品交给公共仓库;由各户户主任取所需,而不必用货币或其他物品相交换。居民们按每30户一厅的规模集中用膳,最美味的食品由老年人首先食用,然后大家再平均分配。

在乡村,每户不少于40人,外加两名奴隶。这些奴隶由罪犯和自愿前来的外国人构成,从事屠宰、扫街等职业。每家农户都自给自足,没有的物品则可以到城市领取。乡村每户每年有20人返回城市,他们都是在乡村住满2年的。其空额从城市来的另20人填补。

城市之间互通有无,但是同样不需要用货币来交换。他们把大量的剩余产品运到国外,换回自己缺少的铁和大量的金银。金银的主要用途是雇用外国人为乌托邦作战。除此之外,它们就用作制造便器和惩罚罪犯的链锁了。

莫尔对未来社会的理想描述是建立在对现实社会的深刻批判的基础上的。莫尔用大量篇幅揭露了英国资本原始积累时期

“圈地运动”给劳动人民带来的深刻苦难。他这样骂道：“你们的绵羊本来是《乌托邦》一书的封面那么驯服，吃一点点就满足，现在据说很贪婪很凶蛮，甚至要把人吃掉，把你们的田地、家园、城市要蹂躏完啦。”“羊吃人”这就是莫尔对当时英国状况的形象概括。莫尔对穷苦的劳动人民予以深切的同情，他用悲愤的笔触写道：在社会底层的那些种田的、拉车的、做零活的、赶货车的、干苦工的，他们终日胼手胝足像牛马一样地劳作，可是他们的生活连牛马都不如。微薄的工资难以糊口度日，当繁重的劳动耗尽了他们的精力，老病交加穷苦潦倒的时候，国家忘恩负义地对待他们，让他们悲惨地死去。而那些高居于社会之上的贵人却像公蜂一样游手好闲，靠对穷人敲骨吸髓的重重盘剥，过着挥金如土的生活。莫尔认为，这种极少数人享乐、大多数人痛苦的社会是不公正的，它完全违背了人类的道德。他借乌托邦人之口针锋相对地提出，人人都有过快乐生活的权利，人类的全部或最大的幸福就是快乐。莫尔明确地把追求快乐当作社会的道德准则，他说：“我们的全部行为，甚至包括道德行为，最后都是把快乐当作目标和幸福的。”对拜金者的讽刺和批判最为精彩，其矛头直指贪得无厌的富人。莫尔写道：在金钱主宰的社会里，一些人把获得金钱看成是最大的快乐，他们完全变成了金钱的附庸。当他们获得值钱的宝物，就会忘乎所以，俨然以神仙自居。当他们遇见了富人，又会卑躬屈膝，阿谀逢迎。对金钱的崇拜使生活变得扭曲了：一个人的价值不是取决于他是否有才能、是否对人类有贡献，而是取决于他是否有钱。谁有了钱谁就有了一切，即使他是一个十足的傻子，只要他有了钱，就可以把大批的人变成奴隶。可是在乌托邦情况下就不同，乌托邦人是按照金银的实际用处来对待和使用它们的，它们并不比铁和陶器更受重视。于是，在乌托邦，金银被用来制成便桶溺器之类的用具，犯人也都佩戴金子的耳环、戒指和项圈，作为他们耻辱的标志。在外邦人看来无比珍贵的珍珠宝石，在乌托邦人眼中也只不过是儿童手中的玩物。所以当外邦的富人身着华装丽服，珠光宝气地来到乌托邦时，立刻受到乌托邦人的嘲笑，被当成傻瓜和小丑。

在理想生活如何实现的问题上，莫尔提出了非常深刻的思想，他写道："任何地方私有制存在，所有的人凭现金价值衡量所有的事物，那么，一个国家就难以有正义和繁荣……我深信，如不彻底废除私有制，产品不可能公平分配，人类不可能获得幸福。私有制存在一天，人类中绝大一部分，也是最优秀的一部分将始终背上沉重而甩不掉的贫困灾难担子。"

案例评析：本案例通过对空想社会主义者托马斯·莫尔的作品《乌托邦》的介绍，让学生了解其著作的重要段落，捕捉其思想构成，使学生认识其公有制思想是人类智慧的重要体现。本案例属于"原著—说明"型案例，其结构分两部分，第一是对现存制度的深刻批判，第二是对未来社会的幸福描述。

空想社会主义产生于16世纪，经历了三个发展阶段：16世纪到17世纪的早期空想社会主义、18世纪空想平均社会主义、19世纪初批判的科学社会主义。19世纪初期以圣西门、傅立叶、欧文为代表的空想社会主义是科学社会主义的直接思想来源。

空想社会主义者对资本主义制度的辛辣批判包含着许多击中要害的见解；对社会主义新制度的描绘，闪烁着诸多天才的火花。但他们只看到资本主义必然灭亡的命运，却未能揭示资本主义必然灭亡的经济根源；要求埋葬资本主义却看不到埋葬资本主义的力量；憧憬取代资本主义的理想社会，却找不到通往理想社会的现实道路。

人们称英国思想家托马斯·莫尔是空想社会主义理论的鼻祖，考茨基在评析16世纪空想社会主义在英国产生的社会根源时指出："资本主义生产方式对工人阶级的不利倾向，在整个欧洲任何地方都没有像在英国这么明显；在任何地方都没有像在英国的工人阶级那样迫切地呼求援助。”

当资本主义刚刚来临之际，托马斯·莫尔就用他犀利的笔锋对资本主义矛盾做了深刻的揭露，并天才地提出只有用社会主义取代资本主义才能克服资本主义的弊端，从而开创了空想社会主义的先河。在莫尔的全部空想社会主义理论中，其建立公有制的社会的思想是最有价值的一部分，并对后来的空想社会主义理论产生了十分深刻的影响。正如19世纪法国著名的空想社会主义者埃蒂耶纳·卡贝对《乌托邦》的评价：“是人类第一部描述公产制度如何运用于整个国家，而且是一个庞大的国家的论述，他依靠独立的思考，对伦理学、哲学和政治学做了重大的发展。在我看来，乌托邦的一些原则是人类智慧最伟大的贡献。”

然而，《乌托邦》之所以是空想，源于消灭家庭的公有制的荒谬主张、保留奴隶的落后思想、存在国王的传统方式，这种不成熟的理论正是托马斯·莫尔那个时代经济社会条件不熟的体现。

托马斯·莫尔之所以名传千古，在于《乌托邦》著作，更在于资本时代到来以及农业社会向工业社会转型带来的巨大痛苦，促使其探索。要认真评析社会历史条件的客观背景与杰出人物的主观努力的相互呼应关系，缺一不可。

2. 傅立叶的悲哀

案例文本：弗朗斯瓦·马利·沙利·傅立叶（1772—1837）是19世纪初期法国的一位伟大的空想社会主义者。傅立叶对资本主义制度进行了全面而深刻的批判，他的理想社会是和谐制度，实行和谐制度的社会是什么样的呢？

和谐社会的基层组织是“法郎吉”，“法郎吉”一词来源于希腊语。意思是重型设备的步兵队形。傅立叶多次表示他们组织的有组织性。每个法郎吉规模应是1620人，因为在他的设想中人的性格共810种。法郎吉包括所有不同性格的人，并各有一副职，以换工种。全体居民住在叫“法伦斯泰尔”的宏伟建筑里，并设有权威评判会，称为“阶瑞斯”。这个漂亮的大厦中心是食堂、商场、俱乐部、图书馆、礼堂、电报局、气象台、花房，一侧是工厂，另一侧是旅馆、会议厅。人们在此过异常幸福的生活。

和谐社会的生产是“大规模的生产、高度的科学和优美的艺术”。生产部门主要是农业，同时兼营各种工业生产，“协作制度把工业生产只看作对农业的补充，看作是漫长的冬闲季节和倾盆大雨时期避免发生情欲消沉的一种手段”。

傅立叶的和谐社会的劳动是自由和多样化的，“法郎吉”人员人人参加劳动，每个人自由选择劳动，劳动时间按在“不同的谢利叶的工作小时计算”。例如，这个小时可以到牧马组，下个小时可以到园艺组种花，一天可换六七个组。

在消费品的分配上，傅立叶提出和谐社会的分配原则是按劳动、资本、才能分配，“法郎吉”总收入中5/12按劳分配，4/12按资本分配、3/12按才能分配。他认为这样可以使富人不厌恶劳动，穷人可以增加财富。傅立叶这样才能达到“普遍的和谐”和“阶级的融合”。

如何实现和谐社会呢？傅立叶认为，以前的社会之所以充满着罪恶，是因为人们还没有发现能够取代它的更好的社会。而现在他发明了和谐社会，只要人们了解了这个构想，就会自动建立起“法郎吉”和和谐社会。所以，傅立叶认为他所要做的就是让尽可能多的人，特别是王公贵族和富人了解“法郎吉”和和谐社会的好处，然后通过他们来建立“法郎吉”和实现和谐社会。于是傅立叶逢人就讲“法郎吉”的好处，宣传和谐社会，他还在外面打起了广告，请愿意与他创办“法郎吉”的人与他联系，而他自己则每天中午在家等候明智人士前来与他合作。遗憾的是，傅立叶在家等了一辈子，竟没有等到一个人来与他合作。

案例评析：傅立叶关于和谐社会的空想方案是建立在“情欲引力”论的基础上。他认为人类的情欲是人的基本特征，以往的社会制度是压制大多数人的情欲的,因为他的和谐制度能够充分满足人们的愿望,使人们摆脱贫困、灾难的不幸。因此和谐制度本身就能够调动人类的情欲,实现和谐社会。这是典型的唯心主义的理性史观。傅立叶之所以在家空等了一辈子,就是这个理性史观捉弄了他。空想社会主义之为空想,重要的在于他们没有一个正确的历史观,不了解历史发展的规律。

和空想社会主义不同,马克思主义关于共产主义的思想是建立在科学把握人类历史发展规律的基础上,共产主义的实现不是基于道义的原因,不是基于公平正义实现的必要性,而是基于历史规律的必然性。在马克思主义看来,人类社会是在生产力与生产关系的矛盾运动中不断发展的,资本主义必然灭亡,最根本的原因不是资本主义所表现出的各种一般的弊端,而是因为在资本主义社会里,生产资料的资本主义占有关系最终会束缚不断发展的生产力,共产主义社会之所以必然实现,则是因为共产主义社会生产资料实现社会占有,它在根本上适应了生产力发展的本然要求,是生产力向劳动者的"复归"。

3. 方法论:空想社会主义的致命伤

案例文本:空想社会主义为什么不能成为科学的理论?主要是由于空想社会主义者从纯理性的角度出发,他们"既不会阐明资本主义制度下雇佣奴隶制的本质,又不会发现资本主义发展的规律,也不会找到能够成为新社会主义的创造者的社会力量。"所以,他们不主张采用阶级斗争的手段去改造资本主义社会,而是幻想通过向统治者和有产阶级呼吁和平的方式来实现他们的社会主义计划,等等。

这是目前在教科书和教学过程中对空想社会主义缺陷的一般共识。应该说,空想社会主义存在这些缺陷是毋庸置疑的。但实际上,仅注意到以上这些缺陷是不够完全的,至少还存在着一个不能忽视的重要方面,这就是方法论上的错误。可以说,方法论上的错误也是导致空想社会主义理论不能成为科学的一大缺陷。

空想社会主义者是怎么设想未来的理想社会的呢？它的创始人托马斯·莫尔(1478—1535)认为,未来的理想社会在一个岛上,共有 54 座城市,首都居中央,实行公有制,不分男女都要劳动,每天 6 小时工作,睡眠 8 小时,每 30 户每年民主选举一名行政长官,这个美好的社会叫乌托邦。

把公有制推广到实行公妻制,每天仅工作 4 小时,且十分注重精神上的奖励,所有的建筑物墙壁上都绘着很美丽的图表来说明科学的发展情况……这些则是另一位空想社会主义先驱康帕内拉(1568—1639)在其名著《太阳城》中所描绘的理想社会。

而被列宁誉为成长时期的无产阶级的"象征、表现和先声"的 19 世纪三大空想社会主义者是如何描绘未来的理想社会的呢？

昂利·可劳德·圣西门(1760—1825)认为未来的理想社会主义实行的是"实业制度",在这个制度下的实业家除了工人、农民外,还包括了工厂主、农场主、商人和银行家。显而易见,他的学说里,"资产阶级的倾向还有一定的影响"。

以"和谐制度"为基础,并由一个最基层组织"法郎吉"构成的理想社会主义则是另一个天才的空想社会主义者沙利·傅立叶(1772—1837)的设想。在这个和谐的社会中每个居民可按照自己的兴趣在同一天参加七八种工作,每次工作时间最多不超过一个半至两个小时。据说,这样做可以使劳动从负担变成一种享受。"法郎吉"的全体成员都住在一所比法国王宫还要宏伟而又漂亮的公共大厦内,大厦的中央为公共的机关、食堂、图书馆、交易所、教堂等,两边是工厂、旅社和住宅,但"它不主张废除私有制"。

不仅有理论而且堪称空想共产主义实践家的罗伯特·欧文(1771—1858)也给未来的理想社会规定了一个基层组织——共

产主义公社。这个公社是由“农、工、商、学结合起来的大家庭”。对这个未来的公社大家庭的一切细节，他都从技术上进行了规定，并附上平面图、正面图和鸟瞰图等。

从以上的各个设想中不难看出，所有的空想社会主义者对未来的理想社会的一切，包括各种细节特征在内，都给予了十分具体详尽的描绘，力图给人们留下一个“连各种细节的安排甚至从专家的眼光也很少有什么可以反对的”感性具体的印象，但恰恰是这种详尽描绘理想社会的方法，使得他们的理想社会陷于空想。

为什么这种详尽描绘未来理想社会的方法是错误的、不科学的呢？因为未来社会的进程是发展着的，况且离我们很远。对于理想社会的面貌、对于未来的一切，任何人哪怕是天才也无法给予恰如其分的描绘和规划。恩格斯在谈到关于未来的家庭、夫妻关系时曾讲过：未来家庭的一切只有到了那时才能给予详尽的说明，目前只能给予一种原则的说明。因此，处于资本主义时代的空想社会主义者怎么能够对未来理想社会的一切，包括社会成员的组成、人们劳动时间的长短等做出规定呢？至于连未来城市的布局，建筑物的墙壁上画着什么也做出具体的安排，那更是一种空想。

科学社会主义的创始人马克思和恩格斯对未来的理想社会的设想，撇开对细节特征的具体描绘，而仅仅对其本质特征给予原则的、科学的和抽象的描述。他们认为，在未来的共产主义社会中，“迫使个人奴隶般地服从分工的情形已经消失，从而脑力劳动和体力劳动的对立也随之消失之后；劳动已经不仅仅是谋生的手段，而且本身成了生活的第一需要之后；在随着个人的全面发展，他们的生产力也增长起来，而集体财富的一切源泉都充分涌流之后，——只有在那个时候，才能完全超出资产阶级权利的狭隘眼界，社会才能在自己的旗帜上写上：各尽所能，按需分配！”从马克思的这些描述中，尽管见不到人们的具体生活、劳动和城市布局的安排，但却深刻地、生动地反映着共产主义的本质。未来理想社会旗帜上写着的这貌似简单而且极为抽象的八个字，实际上有着极其丰富的内涵。假如不把劳动作为生命的第一需要，社会的各个成员能自觉自愿地做到“各尽所能”吗？让每个人的聪明才智都得以全面的发挥、发展，在剥削制度的社会没有也不可能做到这一点，即使在社会主义社会里，压制、打击、摧残人才的事件也时有发生，而只有到了共产主义社会才有可能提供“各尽所能”的环境和条件。没有极高的生产力、极丰富的社会产品，“按需分配”又从何谈起？而个人的全面发展则是生产力高度发达、让集体财富的一切源泉都充分涌流的前提。另外，如果没有高度的思想觉悟和道德水准，再加上公有制的保证，怎么可能消除至今还存在着的“拜金”“拜物”的现象，并真正实现“人们的头脑和智力的差别，根本不应该引起胃和肉体需要的差别，换句话说：活动上、劳动上的差别不会引起占有和消费方面的任何不平等、任何特权”的“按需分配”之原则呢？所以，可以这样认为：言简意赅的“各尽所能、按需分配”中蕴涵着高度的物质文明和精神文明，深刻地反映了共产主义社会的本质。

为什么在对未来理想社会进行设想，连各种细节特征也给予详尽具体描绘的方法论是错误的，而仅仅原则地、抽象地描述了未来理想社会的本质特征这一方法论则是正确的呢？因为这种抽象，撇开了事物的细节特征的描述，表面上看离事物很远，但实际上，正如列宁指出的那样：“物质的抽象、价值的抽象及其他等等，一句话，那一切科学的、正确的、郑重的、不是荒唐的抽象，都更深刻、更正确、更完全地反映着自然。”

这就是具体描绘与科学抽象的辩证法。

4. 无产阶级专政的第一次尝试——巴黎公社

案例文本：1870 年7 月19 日，法兰西第二帝国发动对普鲁士的战争。法军惨遭失败,普军直逼巴黎城下。法国资产阶级政府在民族存亡的危急时刻,却采取了一系列卖国投降、反对无产阶级的措施。而有组织的武装的巴黎工人,是梯也尔政府实行反革命阴谋的唯一严重障碍。3 月 18 日凌晨,梯也尔派军队偷袭蒙马特尔高地,企图夺取国民自卫军的大炮。巴黎工人和其他劳动者以及起义士兵给予迎头痛击,国民自卫军中央委员会当天上午发出反击的命令。晚上,国民自卫军占领市政厅、陆军部、警察局等一切政府机关,巴黎工人夺取了政权。3 月 26 日,选举公社委员会,28 日,公社宣告成立。

巴黎公社采取了一系列的革命措施:废除了资产阶级常备军,代之以人民武装;摧毁了奴役人民的资产阶级官僚机构,建立起立法和行政统一的国家机关;废除资产阶级议会制和官僚集中制,实行民主制。为了防止国家机关人员由社会公仆变为社会主人,公社采取两项重要措施:第一,它把行政、司法和国民教育方面的一切职位交给由普选选出的人担任,而且规定选举者可以随时撤换被选举者。第二,它对所有公务员,不论职位高低,都只付给相当于工人的工资。公社曾付过的最高薪金是 6000 法郎。教会同国家、学校分离;学校对人民免费开放。实行无产阶级国际主义。代行旧政府各部的职能。同时着手改组基层政权机构,实行政教分离政策。

公社在经济上采取带有社会主义性质和保护无产阶级、劳动群众利益的措施,主要有:通过了将逃亡业主遗弃的工场转交工人协作社的法令,在重要工厂实行民主管理,改善工人劳动条件,废除面包工人夜班制,禁止任意罚款和非法克扣职工工资;禁止当铺出售过期典押品并无偿发还低档典押品,免收 3 个季度房租。在教育改革方面,以世俗教育代替宗教教育,提高教师的政治地位和物质待遇,普及初等义务教育,兴办职业教育等。公社坚持无产阶级国际主义,欢迎外国人参加公社,拆毁象征沙文主义的旺多姆圆柱。公社的活动有广泛的群众基础,受到各行业工会、第一国际巴黎各级组织、各妇女组织、俱乐部、各种倾向进步的社会团体和报刊的拥护和支持。公社委员中不少人就是这些群众组织的领导人。

相关知识点:巴黎公社原则,社会主义从理论到实践的发展。

案例讨论:(1)为什么说巴黎公社实质上是工人阶级的政府?(2)巴黎公社革命为社会主义革命提供了哪些经验?

案例评析:巴黎公社革命是无产阶级在人类历史上第一次推翻资产阶级、建立无产阶级专政的伟大尝试。巴黎公社是无产阶级新型的国家政权的雏形,马克思恩格斯一再指出它实质上是工人阶级的政府。公社所采取的一系列革命措施,也为社会主义从理论到实践的突破提供了宝贵的经验。马克思写的《法兰西内战》一书,总结了公社的原则是:"工人阶级不能简单地掌握现成的国家机器,并运用它来达到自己的目的。"必须以革命暴力打碎资产阶级旧的国家机器从此就成为社会主义革命的极其重要原则。

虽然由于没有马克思主义政党的领导,公社犯了严重的错误,在资产阶级政府勾结普鲁士对公社进行疯狂反扑下失败,但巴黎公社的经验证明资产阶级统治必将被无产阶级统治所代替。公社的英雄业绩永远鼓舞着全世界无产阶级和革命人民。

5. 百年历程悟道理

案例文本:从《共产党宣言》发表、科学社会主义理论诞生至今,已有 150 多年。社会主义经历了从空想到科学、从理论到实践、从运动到制度、从一国实践到多国实践、从革命到建设、在革命中发展完善和经历严重曲折等一系列复杂的事件的过程,既有凯歌前进的辉煌,又有令人痛心的曲折。社会主义发展的历史进程大体上经历了四次历史性飞跃:

第一次,社会主义从空想到科学的发展,科学社会主义创立、发展、传播并成为欧美工人运动的指导思想。科学社会主义的诞生是人类思想史上的巨大飞跃,它明确地解答了人类社会向何处去的问题,为世界无产阶级提供了改变自己历史命运的理论武器和运动指南,为20世纪社会主义的伟大实践做了理论准备。

第二次,社会主义从理论变为现实,科学社会主义从理论到运动并指导建立了一种崭新的社会制度。十月革命的胜利,是无产阶级摧毁旧世界建设新世界的创举,开辟了人类历史的新纪元。列宁建设社会主义的理论、构想和短暂的实践,斯大林领导苏联人民探索并建成了第一个社会主义制度的模式,对整个世界产生了深刻的影响。

第三次,社会主义从一国实践发展为多国实践,世界社会主义形成了体系,走上社会主义道路的国家不断取得历史性的发展和巨大成就。特别值得指出的是,中国人民革命的胜利,是继十月革命胜利之后人类历史上具有世界意义的又一次最伟大的胜利,是马克思列宁主义的胜利,是马克思列宁主义普遍原理同中国革命具体实践相结合的毛泽东思想的胜利。

第四次,社会主义在改革开放中高速发展,在总结吸收遭受严重曲折的经验教训的基础上,逐步走向完善、成熟,正在重新奋起。新生的社会主义国家的发展不会一帆风顺,在如何建设和巩固社会主义的问题上还需要在实践中进一步探索。传统的社会主义模式在胜利前进过程中暴露出了许多弊端和不足,各个社会主义国家都在改革开放中探索适合本国国情的前进道路。由于把改革变成“改向”以及许多复杂的原因,发生了苏联解体、东欧剧变,使社会主义遭遇空前严重的挫折。但是,中国、越南等一批国家仍然高举社会主义的旗帜,在改革开放和现代化建设中取得了举世瞩目的伟大成就。邓小平理论是马克思主义在中国发展的新阶段,20多年实践的巨大成功证明了它的科学性、正确性和重大意义,也显示了科学社会主义具有的强大生命力。

回首社会主义百年发展历程，可以也应该从中悟出一些道理来，主要是：

20世纪的社会主义都是在原来经济文化比较落后的国家建立起来的，因而都不会是完美的、理想的。但它打破了资本主义的一统天下，形成了"一球两制"局面，开辟了人类历史的新纪元。一种崭新的社会主义制度的存在与发展，就表明资本主义制度不是永恒的，就证实了马克思主义揭示的人类社会发展客观规律的科学性。

社会主义国家的诞生是历史发展的必然。阶级斗争是客观存在的，革命不是也不能人为地制造出来。社会革命的根源是社会基本矛盾的尖锐化，社会革命的发生是所需要的各种客观和主观条件的日益成熟。革命是历史的火车头，是实现社会形态质的飞跃的必要手段；用革命的旋风推动历史前进，比起"平静"发展时期要迅速有效千万倍。绝不能够否定、诋毁、告别革命，不能把革命说成是"反常越轨""丧失理智""社会病态""造成灾难"，不能认为俄国十月革命和中国人民革命"搞早了""搞糟了"。

原来经济文化落后的国家走上社会主义道路，它们基础薄弱、起点低，没有现成的经验可供借鉴，却要面对实力强大的资本主义的包围，其发展过程必然会是开头容易，继续困难，具有长期性、艰巨性、曲折性的特点。每个时代都会有个别的、局部的、有时前进、有时后退的运动，搞社会主义就更是如此。我们还有很多很多事情没有完成，我们的工作还得不止一次地补做、改做或重做。在这个艰难的征程中，失误和挫折是难免的，甚至某种暂时的复辟也是难以完全避免的规律性现象。

发达资本主义国家在20世纪内没有能实现革命的突破，当代资本主义在生产力、科学技术方面还有新的较大的发展。这是不是说马克思主义揭示的社会主义必然代替资本主义的基本原理不能成立了呢？当然不是。当今世界，资本主义制度所固有的基本矛盾依然存在，旧的国际政治经济秩序继续存在，资本帝国主义的本质并没有改变，总有一天会因为矛盾的积累日益严重而达到顶点，从某个薄弱环节实现突破。社会主义信念一直活在被压迫者的痛苦的意识中，活在他们的反抗斗争中。

20 世纪社会主义的发展历程表明，它和任何事物一样，都有自己的兴衰得失，有高潮也有低潮，这是合乎逻辑的，是由多种复杂因素决定的。重要的是要把握社会主义在曲折中前进的规律，坚信旋涡和逆流总阻挡不住大江东流，不管发生什么样的曲折，都改变不了人类历史发展的大趋势。

案例评析：本案例属于“回顾—评析”型案例，其结构自然分两部分：第一是社会主义进程的历史回顾；第二是社会主义发展历程的评析思考。

本案例可以从以下思路进行评析：一是社会主义走过的 150 多年历程，可以大致划分为四次历史性飞跃；二是社会主义理论与实践是历史发展的必然，在经济落后国家爆发社会主义也是历史的必然；三是社会主义要充分考虑在经济落后国家爆发的特性，切勿操之过急，要做长期打算；四是社会主义历史表明，社会主义是合乎逻辑的，合乎历史发展大趋势的。

本案例向世人证明了，社会主义最终取得胜利，这是历史发展的必然规律，但绝不是指直线的走向辉煌顶点的路径，而是高潮与低潮相交错，前进与后退相更替，成功与失败相交织。

社会主义从空想到科学、从理论到实践经历了长期的过程。苏联十月革命的胜利开辟了人类历史新纪元，同时经历了艰难曲折的探索过程。经济文化相对落后的国家先于发达资本主义国家进入社会主义社会具有客观的历史条件，是科学社会主义的新胜利，但同时社会主义事业不可避免地遇到了由于经济文化相对落后而产生的一系列困难和问题，体现了社会主义建设的艰巨性和长期性。

要充分考虑到经济文化落后的国家走上社会主义道路的具体国情，它们的基础薄弱、起点较低、经验缺乏，面对资本主义的强大包围圈，其前进道路的艰难可想而知。所以没有长期性的心理准备，没有艰苦的不懈奋斗，没有面对曲折性的得力举措，是无法完成社会主义的历史大任的。

要对社会主义历史命运和科学社会主义发展的历史进程做出符合实际的阐述，就必须把它们放到时代发展的总背景下进行考虑。这就是：第一，资本主义时代的到来和社会主义的诞生，相伴相生，不可分割；第二，工业革命为社会主义从空想发展为科学提供了社会历史条件；第三，帝国主义之间的矛盾上升为主要矛盾，直接导致大战的爆发，为社会主义从理想变成现实提供了有利的生存空间；第四，资本主义相对稳定发展的大背景，与社会主义实践套用苏联模式的危机加剧，使社会主义运动暂处低潮，这促使社会主义谋求在当代的新出路。

本案例向我们揭示了尽管社会主义总体上依然处于低潮，可绝不能否认社会主义在曲折中进入了新的发展阶段。苏联模式的衰败与中国特色社会主义的成就，都是社会主义运动值得认真对待的正反两方面。只有认真总结正反两方面的经验教训，才能认清社会主义的历史必然性。

本案例通过对社会主义进程的历史回顾，让学生清楚社会主义发展的历史脉络；使学生明白社会主义事业并非一帆风顺，必须有百折不挠的精神，才能到达胜利的彼岸；为学生树立信心：社会主义是任何逆流都阻挡不了的人类大趋势。

马克思说过落后国家的无产阶级，不仅苦于资本主义生产的发展，而且苦于资本主义生产的不发展。这是非常精辟的经典之言，从中可以看出落后国家建设社会主义具有长期性、艰巨性、曲折性的特点。说明任何认识不到位、考虑不周全都十分有害于社会主义的建设事业。

6. 警钟与教训——原苏联高层领导谈苏联解体

案例文本:世界上第一个社会主义国家苏联为何在存在了70多年后垮台?苏联解体是世界社会主义运动的一大悲剧,为社会主义事业留下了深刻的教训。在苏联解体后,原来在苏共担任过领导职务的一些领导人也对这起20世纪最具悲剧性的事件进行了总结,这些人中就有原苏共中央政治局委员、苏共中央书记利加乔夫,原苏共中央政治局委员、苏联国家安全委员会主席、"8·19事件"的组织者之一克留奇科夫,原苏共中央意识形态部副部长、俄罗斯联邦共产党中央政治局委员兼中央书记久加诺夫,原苏联国防部长亚佐夫元帅。

(1)改革要坚持社会主义方向

利加乔夫在与中国学者的交谈中以及在其《警示》一书中认为改革的初衷是要革新社会主义,由于中途放弃了社会主义方向,否则现在的苏联将是一个更强大更安宁的大国,苏联和中国的影响将是巨大的。改革的失败是因为丧失了社会主义方向。

克留奇科夫指出:1991年12月的《别洛韦日协议》乃是为苏联安排的葬礼。策动者瓦解了苏联。用一种社会制度代替另一种社会制度,用资本主义代替社会主义。为实现这种替代,不惜任何代价,而代价实在不小,这就是全体人民的权利、尊严、幸福、生命和安全。

(2)要加强共产党的领导

利加乔夫认为,苏联改革以国家解体而告终,最主要的原因在于,苏共在社会中的领导作用先是弱化,而后被完全消除。他说,苏共被从大政治中排挤出去,从思想和组织上被瓦解。这表明政党的内部形成各种派别;投机分子、民族分裂分子向党和国家、向各共和国党和权力机构的领导层渗透;以戈尔巴乔夫为首的国家领导层也形成派别,他们的立场转向消灭共产党和苏维埃国家,所有这些都是毁灭苏共链条的环节。戈尔巴乔夫在未召开中央全会的情况下，自行辞去总书记职务，没有对叶利钦签署禁共令、瓦解苏联的《别洛韦日协议》的举动给予有力的回击。而中国社会主义建设的成功最重要的因素是中国共产党的领导作用。

克留奇科夫指出：中国共产党的作用不能低估。在社会主义国家，共产党理应占据应有的地位。戈尔巴乔夫在未把共产党的作用降低到三流角色之前，连接不断地打击它，使其所起的决定性作用越来越小。戈尔巴乔夫把共产党清除出政治舞台以后，一下子就使苏联社会失去了支撑整个社会主义制度和实践活动体系的基础。

(3)坚持党的领导必须改善党的领导

利加乔夫认为苏共在组织工作、干部工作和意识形态领域存在很多问题和教训，苏共没有做到不断加强自身建设，改善党的领导。第一，党内民主集中制原则遭到严重破坏；第二，党的干部队伍建设存在严重问题，选拔干部时没有考虑到干部的政治素质和政治坚定性；第三，放松对媒体的领导和控制地位；第四，没有做到自己提出的“意识形态工作要与现实生活相符合，保证经济和社会发展任务的实现”，对祖国历史的宣传和评价存在偏差。

(4)注意舆论导向

久加诺夫认为，在苏联解体过程中，新闻媒体起了相当重要的作用，戈尔巴乔夫、叶利钦掌权期间，利用媒体传播西方民主价值观，破坏了人民的爱国思想和对祖国历史的感情，由此产生的后果，比法西斯主义还严重。西方也正是从内部对苏联实施逐步侵占战略的。

亚佐夫指出，戈尔巴乔夫当选后，雅科夫列夫控制了苏共舆论宣传阵地，借“公开性”和“民主化”的“春风”，大搞无政府主义的民主；通过在舆论上全盘否定斯大林，夸大苏共的历史错误和揭露存在的官僚腐败等问题，搞乱了党员和群众的思想，为最后背叛确立了思想理论基础。1991 年 3 月 17 日，苏联最高苏维埃就是否保留苏联问题举行全民公决，有76%以上的人赞成保留苏联，但戈尔巴乔夫却置广大人民的意愿于不顾，加紧了与各加盟共和国签署“主权国家联盟条约”的步伐，向苏联解体迈出了重要一步。

一个具有93年历史的苏联共产党解体了，人类历史上第一个社会主义国家经历74年后轰然垮台了，一个唯一能与美国抗衡的超级大国分裂了。这个震撼世界、深刻影响人类发展的历史事件，究竟是什么原因引起的呢？

苏联解体是一个错综复杂、诸多因素相互作用影响的结果，但最根本的问题，还是出在苏联共产党内部，它的领导层、政治路线、思想路线、组织路线和党的作风，这些方面的错误、失误相互叠加，在西方世界的趁机演变下，苏联这个超级大国轰然倒塌。

苏共作为一个老党、大党，在夺取政权、巩固政权、进行社会主义建设中积累了大量宝贵的经验和教训，但是它却没能利用好这些经验教训，没有与时俱进地加强党的执政能力建设，反而逐步走上了一条蜕变、丧权、亡党、亡国之路。苏共垮台给社会主义国家的执政党留下深刻教训。第一，共产党必须用马克思主义理论指导自己的活动，要善于把理论同实践相结合，坚持和发展马克思主义，反对教条主义；第二，要坚持民主集中制的组织原则，发扬党内民主；第三，党必须时刻紧密地广泛联系群众，绝不能脱离群众，必须代表本国人民的利益并始终捍卫这些利益。苏共在几十年的历程中虽然带领苏联人民取得了巨大的成就，但也有过许多缺陷和失误，比如思想上的教条主义和僵化；制定的路线、纲领、方针、政策在一定程度上脱离苏联的国情；在组织路线上集中过度而民主不足，个人崇拜和个人专权的现象十分明显；党严重脱离群众等。

共产党是社会主义国家的领导力和指挥中心，执政党的中央机构和主要领导人出现失误和问题，对国家来说是致命性的。只有牢牢把握共产党是领导社会主义事业的核心这个命题，坚持共产党的领导，才能坚持社会主义方向，并通过在政治、经济、文化、社会等各个领域的改革，不断发展和完善社会主义。中国共产党必须认识到社会主义事业成功的关键在于坚持、加强和改善党的领导，在思想上、组织上、作风上"从严治党"，把党建设成为用马克思主义武装起来、全心全意为人民服务、思想上政治上组织上完全巩固、能够经受住各种风险、始终走在时代前列、领导全国人民胜利进行社会主义建设的马克思主义政党。

案例评析：本案例简要列举了几位苏联领导人对苏联解体的反思与总结，评析了苏联共产党的缺陷和错误对苏联解体的影响。通过本案例的教学，教师应使学生认识到马克思主义政党是社会主义革命和建设的领导核心，只有坚持马克思主义政党的领导地位，并不断改善党的领导，才能推进社会主义事业。

7. 致富路上的越南农民

案例文本：头戴一顶时髦的帽子，腰别可上网的新款手机，骑着豪华的本田大排量摩托车，吹着口哨，在一天紧张的工作后心满意足地回家。谁也不会想到，这位小有名气的企业家江元战，曾是一度穷困潦倒的农民。

江元战出生在越南首都河内清池县新潮乡的一个农民家庭。在他小的时候，全家住在一间由泥巴糊就的破草房里。为了多挣工分，在年终结算时多得到一些粮食和补助，父母天天在合作社劳动。农闲时，父母还在自留地里种些蔬菜和瓜果，维持生计。尽管如此，全家生活仍然十分拮据。作为家中老大，江元战读完初中就被迫辍学在家干活。

1986 年底，江元战终于盼来了致富的机会。当年，越共中央做出决定，推行全面的革新开放政策。凭着自己的聪明才智，江元战在 20 世纪 80 年代末自筹资金建立了一家服装和纺织品加工厂，专门生产毛巾、领带和各类布料饰品。

20世纪90年代中期，江元战的从商之路有了新的发展。他利用做生意赚的钱建了一座4层楼的新厂房，把家庭式的小工厂建成了较大规模的服装厂，成立了属于自己的新潮江元公司。目前，他的公司拥有两台价值50多亿越南盾（约合30多万美元）的纺织机，雇了24名工人。“如果没有革新开放政策，我的生活将成为父辈生活的翻版。”江元战说，“现在，我可以购买自己需要的一切，从电脑、DVD、摩托车甚至汽车，更不用为孩子的学费发愁。”

江元战说，在革新开放进程中，越共十分重视发展个体私营经济，私人建立公司门槛低，并能获得低息贷款和土地优惠。他说，低息贷款和土地优惠是地方政府给他的最大支持，这使他能够更自如地扩大生产和更新设备。

与江元战一样，阮氏旺也是新潮乡的一名普通农民。现年50岁的阮氏旺曾种过地，当过纺织女工，拾过破烂。如今，她已成为一名女老板。她对笔者说：“80年代中期，即革新开放之前，我家除了一间小房子和一辆中国产的自行车外，什么都没有。”

在革新开放的过程中，富裕起来的农民决不仅仅是江元战、阮氏旺等个别人。一个个富裕乡脱颖而出。

新潮乡现有人口近1.46万，是现在河内有名的富裕乡。但在推行革新开放政策之前，这里的房子大部分是茅草房，甚至很多家庭还用牛粪抹墙防雨，年人均收入只有不足300美元。而今，一切都变了。

革新开放政策盘活了农村经济，特别是给予了农民对土地的自主经营权，使他们的生产积极性空前高涨。新潮乡现有4个合作社，19家私人企业，约400个专门生产和经营纺织品、废品回收、鞋类加工等业务的家庭。去年，新潮乡的年人均收入约870美元。目前，新潮乡的工业和手工业占其生产总值的78%，生产的松紧带、棉线、铜线等远销美国、德国及中国市场。过去，新潮乡只有一个小学，现在则有了两个幼儿园、一个小学和一个中学。新潮乡还建有一个较为先进的医疗卫生中心。像中国的很多农民一样，越南农民有了钱的第一件事就是盖房子。新潮乡的大部分居民都一步到位地盖了两层以上的法式建筑。宽敞的阳台、有装饰花纹的廊柱、红色的屋顶，从外表看，都非常漂亮，和城区无异。富裕起来的农民也开始懂得享受生活。全乡有 8 个足球俱乐部和数百个网吧，有 72 个家庭购买了汽车。新潮乡政府主席阮维俊对来访者说："你已经看到了，用'天翻地覆'来形容这里的变化，一点也不为过。"

案例评析：越南是积极推行改革开放政策的当今社会主义国家之一。越南的革新开放起步较晚，从 1986 年至今，不过二十多年。但是，越南自推行革新开放政策以来，各项事业都取得了显著进展。可以说，越南是继中国之后，在正确的改革路线指引下取得社会主义改革与建设事业伟大胜利的又一典范。

越南的革新开放是从农业入手的，农业革新是改革的突破口。农民们自然首先成为革新开放政策的受益者。越南革新开放的成果体现在农民出身的企业家江元战的命运转变上，体现在已成为女老板的普通农民阮氏旺的言语中，体现在新潮乡近 1.46 万百姓的住房上，更体现在越南广大农村的巨大变化中。

越南农民的富裕生活是越南社会发展状况的一个缩影。革新开放给越南带来的变化又何止于农民境况的转变？从 20 世纪 90 年代初开始，越南经济发展速度逐年提高。让我们来看这些让人感到欣慰的数字：越南 1991 年国内生产总值的增长率为 6%，1992 年为 8.6%，1993 年为 8.1%，1994 年为 8.8%，1995 年为 9.5%，1996 年为 9.34%，1997 年为 9%。1997 年之后受东南亚金融危机的影响，越南 GDP 增长速度呈下降趋势，1998 年为 6%，1999 年为 4.8%，但 2000 年又回升到 6.7%。

不可否认，目前，越南在革新开放过程中仍然存在一系列问题和挑战,甚至存在一些影响长远发展的经济与社会问题。但我们相信,困难并不可怕,再难的问题,终究会有解决的方法。只要越南的改革能始终沿着正确的方向前进,克服重重困难,社会主义越南必将迎来更加辉煌灿烂的未来。

8. 科学社会主义的三次历史性飞跃

案例文本:科学社会主义在自己的发展进程中,经历了三次历史性飞跃:第一次,是马克思和恩格斯把社会主义由空想发展为科学;第二次,是以列宁和毛泽东为代表的共产党人把社会主义由理论变为现实,使社会主义从一国实践发展到多国实践;第三次,是邓小平领导的中国共产党人通过改革开放使社会主义走向完善和发展。

科学社会主义发展的第一次历史性飞跃,开始于19世纪40年代,马克思、恩格斯批判地继承了空想社会主义的优秀成果,创立唯物史观和剩余价值学说,把社会主义由空想发展为科学。1864年《资本论》第一卷的出版完成了对社会主义的理论论证。

科学社会主义的第二次历史性飞跃发生于从20世纪初到50年代。以列宁和毛泽东为首的共产党人把社会主义从理论发展到实践,由理想变为现实。开始了在实践中对社会主义的探索。列宁在《帝国主义论》等著作中对垄断资本主义和帝国主义发展的不平衡性进行了深入研究,提出了社会主义革命"一国胜利论"。以列宁为首的布尔什维克党发动了武装起义,在经济相对落后的俄国建立了世界上第一个社会主义国家,社会主义由科学理想变成了现实制度。在十月革命的影响下,二战后东欧各国及中国等先后走上社会主义道路,欧亚社会主义连成一片。

科学社会主义的第三次历史性飞跃发生在自20世纪70、80年代以来。这一时期社会主义的发展和改革出现了失误,苏联和东欧的一批社会主义国家发生了剧变,社会主义国家由原来的15个减少到5个,世界社会主义运动进入了低潮。但是,邓小平领导的中国特色的社会主义却吸取了社会主义发展中的经验教训，从20世纪70年代末开始实行改革开放，进行体制创新。通过一系列改革，中国实现了向现代型体制的跨越，社会主义市场经济体制已经初步建立起来。中国的体制改革找到了一条经济文化落后国家建设和发展社会主义的道路。使中国特色社会主义呈现出一派生机，展现了世界社会主义的光明前景。

相关知识点：社会主义从理论到实践的发展，中国特色的社会主义理论。

案例讨论：从以上案例谈谈你对社会主义的发展前景的认识。

案例评析：社会主义从理论到实践的发展，是社会主义经历的第二次飞跃。这次飞跃使社会主义变成了现实。它既是对科学社会主义理论的检验，又开始了在实践中创建社会主义制度，发展各具特色的社会主义经济、政治、文化的过程。十月革命以后，列宁强调一定要以实践而不是以书本作为认识社会主义的标准。列宁当时讲了两句有名的话。第一句："现在一切都在于实践，现在已经到了这样的一个历史关头；理论在变为实践，理论由实践赋予了活力，由实践来修正，由实践来检验"；第二句："对俄国来说，根据书本争论社会主义纲领的时代也已经过去了，我深信已经一去不复返了。今天只能根据经验来谈社会主义。"科学社会主义从理论变成现实，意义是极其重大的，但科学社会主义理论的全面实现，社会主义社会的真正建成，则是相当艰难的。

从社会主义经历的三次飞跃来看，社会主义从空想到科学，从理论到实践，从一国实践到多国实践，在改革中发展到中国特色社会主义，社会主义正逐步向深入发展，这充分展现了社会主义的生命力，说明社会主义是人类历史发展的必然。

（二）教学视频

1. 空想社会主义 http://www.tudou.com/programs/view/7tZo

_kDg2Xg/

空想社会主义是现代社会主义思想的来源之一，流行于 19 世纪初期的西欧，著名代表人物为欧文、圣西门和傅立叶，主张建立一个没有资本主义弊端的理想社会。空想共产主义都主张废除私有制，消灭阶级差别，共同劳动，平均分配产品，建立社会平等。他们中有些代表人物还主张暴力革命，并提出和论证了过渡时期等问题。但他们在一些基本问题上，还未能摆脱空想社会主义的根本缺陷，因而他们的理想社会不能实现。

2. 共产党宣言 http://www. iqiyi. com/w_19rqpusmhh. html

《共产党宣言》，是卡尔·马克思和弗里德里希·恩格斯为共产主义者同盟起草的纲领，是国际共产主义运动第一个纲领性文献，马克思主义诞生的重要标志。由马克思执笔写成。1848 年 2 月 21 日在伦敦第一次以单行本问世。2 月 24 日，《共产党宣言》正式出版。宣言第一次全面系统地阐述了科学社会主义理论，指出共产主义运动将成为不可抗拒的历史潮流。2015 年 11 月，被评为最具影响力的 20 本学术书。

3. 解密苏联解体始末 http://baidu. ku6. com/watch/7529871805664180736. html? page = videoMultiNeed

苏联解体，一般是指 1991 年 12 月 25 日，苏联总统戈尔巴乔夫宣布辞职并将国家权力和核密码箱移交与俄罗斯总统叶利钦的历史事件。当晚，苏联国旗从克里姆林宫上空缓缓降下，苏维埃社会主义共和国联盟宣告解体，国际共产主义运动遭受重大挫折，标志着冷战两极格局结束。

第七章　共产主义崇高理想及其最终实现

一、教学目的和要求

学习和掌握预见未来社会的科学方法论原则，把握共产主义社会的基本特征，深刻认识实现共产主义的历史必然性和长期性，把握共产主义远大理想与中国特色社会主义共同理想的辩证关系，坚定理想信念，积极投身新时代中国特色社会主义事业。

二、教学重点

- 马克思主义经典作家预见未来社会的科学立场和方法
- 共产主义社会的基本特征
- 共产主义社会理想实现的历史必然性
- 共产主义理想实现的长期性
- 实现共产主义不能超越社会主义发展阶段
- 共产主义远大理想与建设中国特色社会主义共同理想的关系

三、基本原理阐释

(一)马克思主义经典作家预见未来社会的科学立场和方法

在展望未来社会的问题上，是否坚持科学的立场、观点和方法是能否正确预见未来的基本前提，也是马克思主义与空想社会主义的根本区别。马克思主义经典作家站在科学的立场上，提出并自觉运用了预见未来社会的科学方法。

1. 在揭示人类社会发展一般规律的基础上指明社会发展的方向

在人类历史上，有许许多多思想家都热切地关注着社会的未来，并做出自己的预见。特别是近代空想社会主义者曾详尽地描绘过理想社会的图景。但在马克思主义产生以前，人们对未来社会的预见往往带有浓厚的神秘性质和幻想色彩，因为他们不懂得预见未来的科学方法论，也不懂得人类社会发展的客观规律。马克思、恩格斯站在无产阶级立场上运用科学的方法，致力于研究人类社会特别是资本主义社会，第一次揭示了人类社会发展的一般规律和资本主义社会发展的特殊规律，从而对共产主义社会做出了科学的展望。

2. 在剖析资本主义社会旧世界中阐发未来新世界的特点

从历史上看，人们对未来社会的设想，往往起因于对现实问题的感受和看法。正是由于阶级社会特别是资本主义社会中存在着剥削和压迫，人们才想象未来社会没有剥削和压迫。现实中的苦难，既是诱发人们渴望未来新世界的动因，也是人们设想未来新世界的素材。但对现实苦难的认识不能停留在现象上，而要揭示其实质和根源。马克思、恩格斯对资本主义批判的高明之处在于，他们不是只看到资本主义社会的弊端，而是揭示出弊端的根源，揭示出资本主义发展中自我否定的力量，发现资本主义发展中孕育着的新社会因素，并以此做出对未来社会特点的预见。

3. 立足于揭示未来社会的一般特征，而不做空想的详尽描绘

空想社会主义者把预见未来当作自己的主要职责，热衷于对未来理想社会的详尽描绘，因而在缺乏实际材料的地方只好借助于想象和猜测；而马克思恩格斯则致力于对现实社会及其发展趋势的研究，并不把描绘共产主义社会当作自己的主要任务。他们

在对资本主义及其发展趋势的研究中，当然也会谈到未来社会。但是，当马克思、恩格斯展望未来社会时，总是只限于指出未来社会发展的方向、原则和基本特征，而把具体情形留给未来的实践去回答。

4. 坚持发展观点，把对未来社会的科学预见看作是一个不断丰富发展的认识过程

马克思主义经典作家对预见未来持非常谨慎的态度，他们不同意人们抽象地看待他们关于未来社会的看法，反对把这些看法当成一成不变的教条。马克思、恩格斯的科学态度告诉我们，必须郑重地谨慎地对待未来社会，不要把经典作家的一些具体提法当作现成的答案和不变的教条，而应遵循他们所倡导的科学态度、科学方法和科学精神，历史地发展地看待这一问题。社会是不断发展的，人们对社会的认识也是不断发展的，马克思主义者应该结合所处的时代特点和本国国情，在丰富的实践活动中不断深化对未来理想社会的认识。

（二）共产主义社会的基本特征

共产主义是人类社会发展史上一种崭新的社会制度。以上述科学方法为基础，马克思主义经典作家从一些最基本的方面描绘了共产主义社会的蓝图。

1. 生产力高度发展、物质财富极大丰富

社会生产力高度发展，产品极大丰富，是共产主义社会实现的必要条件。马克思、恩格斯在《共产党宣言》中充分肯定了资本主义在发展生产力方面的成就，并认为资本主义所创造的巨大生产力为共产主义的实现准备了物质的基础。马克思在《哥达纲领批判》中又进一步指出，只有“在随着个人的全面发展，他们的生产力也增长起来，而集体财富的一切源泉都充分涌流之后”，才能实行共产主义分配原则。

2. 社会占有生产资料并有计划地组织生产

适应高度发展的社会化大生产的需要，共产主义社会的生产资料将实现社会所有，消灭资本主义的生产资料私有制。共产主义社会对生产资料的占有将不再采取国家所有的形式，因为已没有了国家。那时，自由平等的劳动者联合体共同占有和使用生产资料。至于这种联合体具有什么样的形式，有待于历史发展来说明。

3. 消费资料实行按需分配

在共产主义社会，个人消费品的分配方式是“各尽所能，按需分配”。“各尽所能，按需分配”的实现具有重大的意义，它将最终实现人类在分配上的真正平等。社会主义社会实现了“各尽所能，按劳分配”的原则，第一次以人的劳动而不是特权或资本作为分配的标准，是一个巨大的历史进步，但它仍有其历史的局限性。就其用“劳动”代替资本作为分配标准而言是平等的，但就其把劳动这同一个标准运用在不同情况的人身上而言又是不平等的。只有到了共产主义社会，人类社会的分配方式才能突破这个局限，根据人们的需要进行生活资料的分配，从而实现分配的真正平等。

4. 阶级和国家消亡，“三大差别”消除

阶级是在社会发展的一定阶段上产生的现象，它的产生虽然是社会进步的结果，但却使人类社会陷入大规模的内部分裂和纷争之中。一个阶级对另一个阶级的经济剥削，以及为了维护这种剥削而建立的政治压迫，是人类社会中不平等的重要根源。有剥削、有压迫，就有反抗、有斗争。于是，在社会内部就出现了阶级之间的斗争。到了共产主义社会，由于生产的高度发展已经使所有人的物质利益都得到了保障，由于分工不再具有经济利益划分的性质，由于全体社会成员根本利益的一致，社会已不再会因为经济利益的不同而划分为不同的社会集团并进行相互间的斗争了。于是,阶级消灭了,阶级剥削和压迫不复存在,阶级斗争也随之消失。

5. 实现人的自由而全面的发展和社会和谐

实现人的自由而全面的发展和社会和谐,是马克思主义追求的根本价值目标,也是共产主义社会的根本特征。旧式分工的消除为人的自由而全面的发展创造了条件。到共产主义社会,这种自然形成的、僵化的、不自觉的旧式分工得以消除,人们摆脱了"奴隶般地服从于分工"的情形。虽然共产主义社会里仍然会有分工,但这已是自觉的新式的分工,它不再是生产者全面发展的限制。自由时间的大大延长为人的自由而全面的发展提供了广阔的前景。人的自由而全面的发展,一方面是在多样化的生产劳动过程中实现的,另一方面又是在生产劳动之外的大量自由时间中实现的。到共产主义社会,劳动时间将会大大缩短。这样,他们就会有大量的自由时间可以用来从事科学、艺术等活动,从事自己感兴趣的活动,从而极大地促进自身全面素质的提高。与人的自由而全面发展相联系,人们精神境界的极大提高,也是共产主义新人的重要体现。人的精神境界表现在许多方面,集中体现在对于他人、集体和社会的态度上。高尚的精神境界表现为自觉地为他人为社会服务和奉献。到共产主义社会,人们不仅具有多方面的才能,而且也具有高度的觉悟,乐意为社会公共事业做出贡献。

(三)共产主义社会理想实现的历史必然性

1. 共产主义理想是一定能够实现的社会理想

共产主义理想是能够实现的理想,它与一切空想和幻想有着本质的区别。共产主义理想并不神秘。我们虽然对未来共产主义理想的细节不能进行详尽的描绘,但完全可以根据我们对社会结构的认识,从生产力状况、生产关系和所有制状况、社会生活和精神生活等方面去考察;完全可以根据历史规律和历史趋势对其轮廓和基本特征不断加深认识。而且，共产主义理想的实现不靠什么神秘的力量或奇迹，而是靠社会的发展，靠人的实践。

2. 共产主义理想的实现是历史规律的必然要求

共产主义理想一定会实现，是以人类社会发展规律以及资本主义社会的基本矛盾发展为依据的。马克思深入研究资本主义社会，特别是研究资本主义的经济运动，揭示了资本主义生产方式的特点，论证了资本主义发展的自我否定；揭示了资本主义生产社会化与生产资料私人占有的基本矛盾，论证了资本主义的历史暂时性；揭示了资本主义剥削的秘密，证明了资本主义的非正义性，论证了工人阶级推翻旧世界建设新世界的历史使命；揭示了工人阶级和资产阶级斗争的发展规律和趋势，论述了工人阶级解放斗争胜利的必然性。

社会主义运动的实践，特别是社会主义国家的兴起和不断发展，已经并正在用事实证明着共产主义理想实现的必然性。从一定意义上讲，社会主义革命的胜利本身就是共产主义理想实现的必然性证明。当然这种证明还是不完全的和未完成的，因为在革命胜利后建立起来的并不是共产主义社会，而是社会主义社会。但是，现实中的社会主义是共产主义社会的初级阶段，它与共产主义社会具有根本性质上的一致性。现实中的社会主义国家还在继续发展中，这种发展持续的时间越长，取得的成就越大，就为共产主义高级阶段的到来提供着更充分的条件，也提供着更充分的实践证明。

（四）共产主义理想实现的长期性

共产主义一定要实现，共产主义一定能够实现，但必须明确，共产主义的实现是一个很长的历史过程。

1. 社会主义社会的充分发展和向共产主义社会过渡需要很长的历史时期

在全世界实现共产主义，首先将取决于社会主义国家的巩固和发展，取决于这些国家所经历的社会主义社会的长短。共产主义只有在社会主义社会充分发展和高度发达的基础上才能实现。社会物质财富的充分涌流，人们精神境界的不断提高，共产主义新人的培养和成长，等等，都需要很长的历史时期。因而，社会主义的充分发展并向共产主义过渡将是一个漫长的历史过程。社会主义社会作为共产主义的初级阶段是一个长期的历史时期，它在自身的发展中也会经历从低级到高级的发展阶段，在一切条件具备之后才能实现向共产主义社会过渡。历史经验证明，对社会主义时期的长期性应有充分的估计，宁肯把时间设想得长一些，也决不能超越阶段急于向共产主义过渡，否则会欲速而不达，带来严重的后果。

2. 当代资本主义的衰亡和向社会主义、共产主义的转变也是一个长期的过程

共产主义只有在全世界范围内才能实现，也就是说，实现共产主义不仅有赖于社会主义国家的巩固和发展，也有赖于现存资本主义国家向社会主义的转变，以及转变后向共产主义的发展。资本主义作为一个社会形态，走向衰亡是一个长期的过程；从资本主义向社会主义转变的完成，也需要一个或长或短的过渡时期；资本主义在完成向社会主义的转变以后，也要经历一个社会主义阶段，最后才能向共产主义过渡。现存的资本主义国家将来不论发达到何种程度，当其实现根本性制度变革的时候，也只能是首先进入共产主义的低级阶段即社会主义社会，而不是直接达到共产主义高级阶段。

（五）实现共产主义不能超越社会主义发展阶段

实现共产主义是一个长期的循序渐进的过程。马克思主义者并不期望在一个早晨突然进入理想境界，而是把实现最终理想看作一个有着不同历史阶段的过程。在每一个阶段上都有相应的目标，这些阶段性目标彼此联结，通向共产主义。

马克思把共产主义社会划分为第一阶段和高级阶段，列宁分别把这两个阶段称为社会主义社会和共产主义社会。正确把握社会主义和共产主义的关系，一方面必须看到二者在性质上的一致性，看到它们同属一个社会形态；另一方面也要看到这两个阶段在发展程度和成熟程度上的重大区别。社会主义是共产主义的低级阶段，也是实现共产主义的必由之路。高级阶段是建立在低级阶段基础上的，没有低级阶段的发展，也不会有高级阶段的到来。为了最终实现共产主义，必须坚定不移地走社会主义道路。可以说，继续高举社会主义的旗帜，坚持社会主义制度，走好社会主义道路，这是我们在当代世界为共产主义事业做出的重要贡献。放弃社会主义道路也就是放弃对共产主义理想的追求，就是对共产主义事业的背叛。

虽然社会主义阶段离共产主义社会尚远，而且社会主义本身也是不完善的，但我们必须满腔热忱、脚踏实地为建设社会主义而奋斗。建设社会主义是一个长期艰苦的过程，试图跳过社会主义阶段而直接进入共产主义社会，是不可能实现的。而试图人为地缩短社会主义时期，急于向共产主义过渡，不使社会主义有充分的自我发展，则是有害的。不努力建设社会主义，就不会到达共产主义，失掉了现在也就没有了未来。

（六）共产主义远大理想与建设中国特色社会主义共同理想的关系

理想是推动人们前进的强大精神动力。一个社会不能没有理想，一个人也不能没有理想。共产主义理想是建立在科学基础上的社会理想，是人类最伟大的社会理想。这一远大理想在当代中国的具体体现就是中国特色社会主义共同理想。应该在建设中国特色社会主义的实践中，坚定共同理想，并进一步树立共产主义远大理想。

千里之行，始于足下。树立和追求共产主义远大理想，要体现在积极投身中国特色社会主义建设事业的实际行动中。共产主义作为崇高的理想目标，要在未来才能实现，而作为一种追求理想的实际的运动，则已熔铸于我们的实际生活中。当前，为实现共产主义理想而奋斗，就集中体现在为建设中国特色社会主义而奋斗。我们要树立共产主义远大理想，坚定信念，以高尚的思想道德要求鞭策自己，更要脚踏实地，为实现党在现阶段的基本纲领而不懈努力。忘记远大理想而只顾眼前，就会失去前进的方向。离开现实工作而空谈远大理想，就会脱离实际。

四、经典原著导读

1. 马克思丝毫不想制造乌托邦，不想凭空猜测无法知道的事情。马克思提出共产主义的问题，正像一个自然科学家已经知道某一新的生物变种是怎样产生以及朝着哪个方向演变才提出该生物变种的发展问题一样。

——列宁：《国家与革命》，《列宁选集》第 3 卷，人民出版社 1995 年出版，第 187 页。

解读：马克思、恩格斯对未来社会的展望，是以社会发展的客观规律为依据的。在马克思主义产生以前，人们对未来社会的预见之所以带有浓厚的神秘性质和空想色彩，就是因为他们不懂得人类社会发展的规律。社会的发展像自然界的发展一样，都具有自己的客观规律。揭示这些规律，就能为我们理解过去、把握现在和展望未来提供向导。马克思、恩格斯揭示了人类社会发展的一般规律和资本主义社会发展的特殊规律，从而为展望未来社会提供了科学依据。而他们之所以能揭示出历史发展的规律，是因为他们把握了人类社会基本矛盾即生产力与生产关系、经济基础与上层建筑的矛盾，从社会基本矛盾的运动中把握人类历史的发展进程和规律。

2. 新思潮的优点又恰恰在于我们不想教条地预期未来，而只

是想通过批判旧世界发现新世界。

——马克思:《马克思致阿尔诺德·卢格》(1842 年 11 月 30 日),《马克思恩格斯文集》第 10 卷,人民出版社 2009 年版,第 7 页。

解读:马克思、恩格斯关于未来社会的预测,是在批判和解剖资本主义社会的过程中做出的。他们在开始投入社会斗争的洪流的时候,就明确地意识到不能抽象地随意地谈论未来社会,不应该到哲学家们的书桌里去寻找一切谜底,而应该首先致力于对资本主义社会的研究,对现存的一切进行无情的批判。

在马克思、恩格斯的时代,社会主义制度还没有成为现实,因而他们不能像后人那样可以从新社会发展的实践中去总结新社会的特征,而只能通过研究历史和现实来展望未来。因此,他们当时着力研究的是私有制社会发展最完备的形态即资本主义社会,它是孕育着未来新社会的母体。他们从正反两个方面研究资本主义社会,从而提出未来社会的特征。一方面,他们通过考察资本主义社会的弊端,来从反面揭示未来新社会与资本主义社会根本不同的特征。比如,资本主义社会存在着剥削和压迫,未来新社会就没有剥削和压迫。另一方面,他们通过考察资本主义发展中孕育着的新社会因素,从正面来对未来新社会的特征做出预见。比如生产的社会化、交往的国际化、科学技术的发展等。当然,这些新因素在资本主义社会中只能得到一定程度的发展,只有在资本主义被社会主义取代后才能得到真正的发展,并成为新社会的重要特征。马克思、恩格斯在预见未来社会时,把社会发展的基本趋向与社会生活的具体形式区分开来,把未来社会的基本特征与具体细节区别开来,只限于对未来社会发展方向和基本原则做出预见,而把未来社会的具体形式和应采取的具体措施留给后人的实践去回答。

3. 在将来某个特定的时刻应该做什么,应该马上做些什么,

这当然完全取决于人们将不得不在其中活动的那个既定的历史环境。

——马克思:《致斐迪南多梅拉纽文胡斯》,《马克思恩格斯文集》第10卷,人民出版社2009年版,第45页。

无论如何,共产主义社会中的人们自己会决定,是否应当为此采取某种措施,在什么时候,用什么办法,以及究竟是什么样的措施。我不认为自己有向他们提出这方面的建议和劝导的使命。那些人无论如何也会和我们一样聪明。

——恩格斯:《致卡尔考茨基》,《马克思恩格斯文集》第10卷,人民出版社2009年版,第455~456页。

我们可以绝对有把握地说,剥夺资本家一定会使人类社会的生产力蓬勃发展。但是,生产力将以什么样的速度向前发展,将以什么样的速度发展到打破分工、消灭脑力劳动和体力劳动的对立、把劳动变为"生活的第一需要",这都是我们所不知道而且也不可能知道的。我们只能谈国家消亡的必然性,同时着重指出这个过程是长期的,指出它的长短将取决于共产主义高级阶段的发展速度,而把消亡的日期或消亡的具体形式问题作为悬案,因为现在还没有可供解决这些问题的材料。

——列宁:《列宁选集》第3卷,人民出版社2012年版,第197~198页。

解读:当马克思、恩格斯展望未来社会时,总是只限于指出未来社会发展的方向、原则和基本特征,简单说就是预测了未来社会的大体轮廓,而把具体情形留给后来的实践去回答。马克思和恩格斯都不赞成对未来社会的特征做过于具体、全面地论述,更没有为未来社会规定具体方案。恩格斯认为,在新社会没有成为现实而缺乏实践经验的情况下详细地设计未来蓝图,其结果只能是越是制定得详细周密,就越是要陷入纯粹的幻想。经典作家们论述表明,我们不可能也不必要对遥远的未来做具体的设想和描绘,而应当把为共产主义而奋斗的最高纲领与每个阶段的现实纲领结合起来。而空想社会主义者热衷于对未来社会具体细节的想象和描绘,在现实条件没有提供描绘未来社会的充分材料的情况下,只能借助自己的天才想象来描绘未来社会。这些论述鲜明地体现了马克思主义者对待预见未来的严谨态度。

4. **未来社会是以生产力的巨大增长和高度发展为前提的,因为如果没有这种发展,那就只会有贫穷、极端贫困的普遍化;而在极端贫困的情况下,必须重新开始争取必需品的斗争,全部陈腐污浊的东西又要死灰复燃。**

——马克思:《德意志意识形态》,《马克思恩格斯文集》第1卷,人民出版社2009年版,第538页。

解读:马克思认为,未来社会的生产力之所以能得到高度的发展,是因为束缚生产力发展的生产关系方面的桎梏已被打破。生产力高度发达,社会产品极为丰富,集体财富的一切源泉充分涌流,为共产主义制度的巩固和发展提供了坚实的物质基础。

5. **只有在不仅消灭了阶级对立,而且在实际生活中也忘却了这种对立的社会发展阶段上,超越阶级对立和超越对这种对立的回忆的、真正人的道德才成为可能。**

——恩格斯:《反杜林论》,《马克思恩格斯文集》第9卷,人民出版社2009年版,第100页。

解读:在共产主义社会,由于阶级的消灭、国家的消亡、三大差别的消除,社会关系实现了高度的和谐。这种和谐不仅是宏观层面的,也是微观层面的。共产主义社会人的精神境界表现在许多方面,集中体现在个人对于他人、个人对于集体和社会的态度上,高尚的精神境界表现为自觉地为他人为社会服务和奉献。那时,人们不仅具有多方面的才能,也极其乐意为社会公共事业做贡献。共产主义社会也还会有矛盾,因为在几乎每时每刻都发生着千万次的人际互动中,难免会发生这样那样的矛盾。这些问题能够随时产生和随时解决，主要靠的是道德的调节，特别是靠人们的精神境界。当这样的精神广泛地存在于社会生活的各个方面的时候，生活就会真正成为高度和谐愉快的生活，人们之间真正形成和谐友爱的关系。

6. 摆脱了私有制压迫的大工业的发展规模将十分宏伟，相形之下，目前的大工业状况将显得非常渺小，正像工场手工业和我们今天的大工业相比一样。工业的这种发展将给社会提供足够的产品以满足所有人的需要。现在由于私有制的压迫和土地的分散而很难以利用现有的改良成果和科学成就的农业，将来同样也会进入崭新的繁荣时期，并将给社会提供足够的产品。

——恩格斯：《共产主义原理》，《马克思恩格斯文集》第1卷，人民出版社2009年版，第688页。

解读：马克思、恩格斯认为高度发达的生产力和生产力的高度发展，都是未来社会内在的必然要求，没有高度发达的生产力和生产力的高度发展，没有社会财富的充分涌流。就没有社会主义和共产主义，共产主义制度的建立不仅以高度发展的生产力为基础，而且将使未来社会的生产力得到更高的发展。这是马克思、恩格斯科学社会主义学说立论的主要基础。

7. 这种新的社会制度首先必须剥夺相互竞争的个人对工业和一切生产部门的经营权，而代之以所有这些生产部门由整个社会来经营，就是说，为了共同的利益、按照共同的计划、在社会全体成员的参加下来经营。这样，这种新的社会制度将消灭竞争，而代之以联合。因为个人经营工业的必然结果是私有制，竞争不过是单个私有者经营工业的一种方式，所以私有制同工业的个体经营和竞争是分不开的。因此私有制也必须废除，而代之以共同使用全部生产工具和按照共同的协议来分配全部产品，即所谓财产共有。

——恩格斯：《共产主义原理》，《马克思恩格斯文集》第1卷，人民出版社2009年版,第683页。

解读:与生产资料的社会占有相适应,社会将按照自然资源的情况和社会成员的需要,对生产进行有计划地组织和管理。那时,由于全社会占有生产资料和共同组织生产,以及共同分配产品,个人劳动与社会劳动、个人利益与社会利益达成了直接统一。个人劳动直接成为社会劳动的一部分,个人利益直接在社会利益中得到实现。劳动者个人的劳动将不再通过交换价值的途径向社会劳动转化,社会成员之间的相互服务也不必采取等价交换的形式来进行了。从生产关系角度,消灭生产资料私有制,建立生产资料社会所有制,全部生产资料归社会占有,劳动产品自然也由社会所有,由社会按照一定的分配方式进行分配(按照生产力发展的程度不同,采取按劳分配或按需分配)。因此,既然生产资料都归全社会了,劳动产品也归全社会了,那种建立在不同所有者基础上的交换——即市场存在的基本前提——已经被消灭了,而成为一个分配问题。

8. **但是这些弊病,在经过长久阵痛刚刚从资本主义社会产生出来的共产主义社会第一阶段,是不可避免的。权利决不能超出社会的经济结构以及由经济结构制约的社会的文化发展。在共产主义社会高级阶段,在迫使个人奴隶般地服从分工的情形已经消失,从而脑力劳动和体力劳动的对立也随之消失之后;在劳动已经不仅仅是谋生的手段,而且本身成了生活的第一需要之后;在随着个人的全面发展,他们的生产力也增长起来,而集体财富的一切源泉都充分涌流之后,——只有在那个时候,才能完全超出资产阶级权利的狭隘眼界,社会才能在自己的旗帜上写上:各尽所能,按需分配!**

——马克思:《哥达纲领批判》,《马克思恩格斯文集》第3卷,人民出版社2009年版,第435~436页。

解读:这一论述表明,共产主义两个阶段区别在于它们的成熟程度和发展程度是不同的。共产主义的第一阶段保留着旧社会的痕迹,旧的社会分工依然存在,脑力劳动和体力劳动差别还没被消灭,劳动仍是谋生手段,个人的全面发展仍没实现,社会生产力还不够发达,这就是存在按劳分配的客观经济基础,当高级阶段实现"各尽所能,按需分配"的原则时,也就是说当人们已经十分习惯于遵守公共生活的基本规则,他们的劳动生产率已经极大提高,以致他们能够自愿地尽其所能来劳动的时候,国家才会完全消亡。那时会超出资产阶级狭隘的眼界,分配产品就无须社会规定每人应当领取的产品数量,每人按需自由领取。

共产主义社会是一个发展着的社会形态,它的形成及其发展总是依据一定的客观经济规律。马克思认为,只有在共产主义社会的高级阶段,才能达到按需分配。"按需分配"是建立在高度发达的生产力水平和社会财富极大丰富以及人们精神境界极大提高的基础上的。那种把"按需分配"理解为是为所欲为地索取等观点是对马克思、恩格斯思想的歪曲。列宁在驳斥这种错误观点时指出:伟大的社会主义者预见这个阶段将会到来时所设想的前提,既不是现在的劳动生产率,也不是现在的庸人。事实上,由于共产主义新人全面发展,人们的物质需要及其发展更趋于合理,摆脱了私有制社会中那种人为膨胀的贪欲和被扭曲的需要,人的精神境界极大提高,不会去占用超出自己需要的物品。而且物质需要的满足使人们更多地追求满足精神消费,比如自我修养,创造性劳动和奉献的需要等。"各尽所能,按需分配"的实现具有重大的意义,它克服了"按劳分配"的历史局限,第一次实现了人类社会在满足需要和分配上的真正平等。

共产主义社会的两个阶段是相互衔接的,它的高级阶段是由第一阶段发展而来的,从第一阶段发展到高级阶段过程,就是在社会生产力的基础上逐渐消除旧社会的痕迹过程。这两个阶段的区别主要在于生产力发展状况不同,由此又决定了社会生产关系以及人的自身发展程度上的巨大差别。

马克思对共产主义社会两个阶段的论述，科学说明了共产主义社会并不是凝固的、永恒不变的一个理想的社会状态，而是一个由低级向高级不断发展、不断完善的过程，共产主义的第一阶段——社会主义社会是一个相当长的历史阶段，这是由社会生产力发展的客观规律所决定的，因此无产阶级在完成过渡阶段之后的主要任务就是发展社会生产力，为实现“按需分配”和人的全面自由发展创造物质基础。

9. 随着阶级的消失，国家也不可避免地要消失。在生产者自由平等的联合体的基础上按新方式来组织生产的社会，将把全部国家机器放到它应该去的地方，即放到古物陈列馆去，同纺车和青铜斧陈列在一起。

——恩格斯：《家庭、私有制和国家的起源》，《马克思恩格斯文集》第 3 卷，人民出版社 2009 年版，第 193 页。

解读：随着国家的消亡，人类第一次作为统一的社会而存在和发展，各民族和国家的历史发展为统一的世界历史。当然，国家的消亡是指政治国家的消亡，是作为阶级压迫工具的国家机器的消亡，它并不是社会组织管理机构的消亡。共产主义社会中，在没有阶级和国家的情况下，仍然需要有一定的社会机构来对社会进行组织和管理。但这种社会组织管理机构只具有人们自我管理的性质，而不再具有政治压迫和暴力镇压的功能。

10. 代替那存在着阶级和阶级对立的资产阶级旧社会的，将是这样一个联合体，在那里，每个人的自由发展是一切人的自由发展的条件。

——马克思、恩格斯：《共产党宣言》，《马克思恩格斯文集》第 2 卷，人民出版社 2009 年版，第 53 页。

解读：人的自由而全面发展是共产主义社会的本质规定。实现人的自由而全面的发展，是马克思主义追求的核心价值目标，也是共产主义社会的根本特征。马克思主义创始人在不同的时期都一再强调了这一点。1894年,意大利友人卡内帕给恩格斯写信,请求他为即将在日内瓦出版的《新纪元》周刊的创刊号题词,而且要求他尽量用简短的字句来表述未来的社会主义纪元的基本思想,以区别于意大利伟大诗人但丁对旧纪元所做的概括即“一些人统治,另一些人受苦难”。恩格斯在回信中指出,除了从《共产党宣言》中摘出下列一段话外,再也找不出合适的了。这段话就是“代替那存在着阶级和阶级对立的资产阶级旧社会的,将是这样一个联合体,在那里,每个人的自由发展是一切人的自由发展的条件”。马克思在早期著作以及后来的《资本论》中,都表达了人的自由全面发展是共产主义本质规定的思想。共产主义社会中人的发展具有以下特点:第一,它指的是每一个人的发展,而不只是少数人或一部分人的发展。那时,社会发展与个人发展实现了真正的统一,社会发展不再以牺牲某些个人的发展为代价。人们的发展相互促进,每个人的发展是一切人的发展的条件。第二,共产主义社会中的旧式分工被消除。分工的出现是人类生产活动发展到一定阶段的产物。人类社会经历了几次大的社会分工后,在每一个生产领域和生产部门中,又有了更加具体的分工。这有利于提高劳动的熟练程度和促进技术进步,从而推进生产力的发展,是社会进步的标志。但是,分工同时也形成了对人的活动范围的限制,造成孤立或片面地发挥人的某方面才能。特别是资本主义社会化大生产使这种旧式分工发展到顶点,但同时也创造着消灭这旧式分工的条件。到了共产主义社会这种自然形成的、僵化的、不自觉的旧式分工得以消除。虽然共产主义社会仍然会有分工,但这已是自觉的新式的分工,不再是对生产者全面发展的限制,而是向人们提供了在不同部门和领域自由流动的可能。第三,在共产主义社会中自由时间空前扩大,劳动成为生活第一需要。人的自由而全面发展,一方面是在多样化的劳动过程中实现的,另一方面又是在劳动之外的大量自由时间中实现的。共产主义社会,人们只需要从事较少时间的劳动,就能为社会创造出足够的财富。这样,人们就会有大量的闲暇时间用来从事科学、艺术、体育等活动,从事自己感兴趣的活动,从而极大地促进自身全面素质的提高。在共产主义社会,劳动的性质也将发生重大变化。劳动不再是谋生的手段,而成为乐生的途径,成为"生活的第一需要"。那时,劳动能力和劳动时间不再是分配消费品的尺度,因而劳动摆脱了谋生的束缚,成为发挥人的才能和力量的活动。成为人们乐于从事的自我实现的活动。"各尽所能"成为人们的自觉行为。第四,共产主义社会是人的彻底解放,是人类从必然王国向自由王国的飞跃。共产主义是人的彻底解放的实现,那时人类从支配他们生活和命运的异己力量中彻底解放出来,开始自觉地创造自己的历史。共产主义社会将是人类社会和谐的最高境界。不仅实现了社会内部的和谐,而且社会与自然之间也形成了和谐。在共产主义社会中,人与自然的和谐并不是放弃对自然的改造和利用,而是以合乎自然发展规律,合乎人类幸福生活和对美的追求的方式,来改造和利用自然。那时人们将自觉调节人口生产,并自觉保护自然。在人们的努力下,大自然将展示出更加美丽的景致。

11. **劳动会成为吸引人的劳动,成为个人的自我实现,但这绝不是说,劳动不过是一种快乐一种消遣。真正自由的劳动,例如作曲,同时也是非常严肃,极其紧张的事情**。

——马克思:《政治经济学批判(1857—1858 年手稿)》摘选,《马克思恩格斯文集》第 8 卷,人民出版社 2009 年版,第 174 页。

解读:在共产主义社会,劳动不再是谋生的手段,而成为"生活的第一需要"。那时,劳动能力和劳动时间不再是分配消费品的尺度,因而劳动摆脱了谋生的压力,成为发挥人的才能和力量的活动。由于劳动不再是固定僵化的旧式分工中的劳动,由于劳动时间变短和不再需要超时劳动，也由于劳动过程所具有的高度创造性，等等，劳动不再是单调枯燥和具有强迫性的活动，而成为人们乐于从事的自我实现的活动，成为人生快乐的巨大源泉。

12. 一旦社会占有了生产资料，商品生产就将被消除，而产品对生产者的统治也将随之消除。社会生产内部的无政府状态将为有计划的自觉的组织所代替。个体生存斗争停止了。于是，人在一定意义上才最终地脱离了动物界，从动物的生存条件进入真正人的生存条件。人们周围的、至今统治着人们的生活条件，现在受人们的支配和控制，人们第一次成为自然界的自觉的和真正的主人，因为他们已经成为自身的社会结合的主人了。人们自己的社会行动的规律，这些一直作为异己的、支配着人们的自然规律而同人们相对立的规律，那时就将被人们熟练地运用，因而将听从人们的支配。人们自身的社会结合一直是作为自然界和历史强加于他们的东西而同他们相对立的，现在则变成他们自己的自由行动了。至今一直统治着历史的客观的异己的力量，现在处于人们自己的控制之下了。只是从这时起，人们才完全自觉地自己创造自己的历史；只是从这时起，由人们使之起作用的社会原因才大部分并且越来越多地达到他们所预期的结果。这是人类从必然王国进入自由王国的飞跃。

——恩格斯：《社会主义从空想到科学的发展》，《马克思恩格斯文集》第3卷，人民出版社2009年版，第564~565页。

解读：必然王国指人们在认识和实践活动中，对客观事物及其规律还没有形成真正的认识而不能自觉地支配自己和外部世界，而是盲目地受客观规律支配的一种社会状态。自由王国指人们在认识和实践中，认识了客观事物及其规律并自觉依照这一认识来支配自己和外部世界的一种社会状态。就人类社会整体而言，一旦社会占有了生产资料，生产的无政府状态为有计划的自觉的组织所代替，那时人类将最终从支配他们生活和命运的异己力量中解放出来，实现从必然王国向自由王国的飞跃，开始自觉地创造自己的历史。就具体问题而言，任何一个客观规律一经被认识和利用，就是实现了一个从必然王国进入自由王国的飞跃，不过在这阶级社会里受到严重的限制和束缚，只要到社会主义社会才较为顺利。共产主义社会无疑是非常美好的，但是按照马克思主义预测未来的一贯立场、观点和方法，共产主义社会本身也不会是一种没有任何矛盾的社会，不会是一种不需要也不能够进一步改善和发展的静止状态。我们深信，共产主义社会将是一个在更高的基础上不断发展和前进的社会。它不是人类历史的终结，而是人类自觉历史的开端。必然王国仍将存在，还要不断地由必然王国向自由王国发展，这个过程永远不会完结。

13. **资产阶级的灭亡和无产阶级的胜利同样是不可避免的**。

——马克思、恩格斯：《共产党宣言》，《马克思恩格斯文集》第 2 卷，人民出版社 2009 年版，第 43 页。

无论哪一个社会形态，在它所能容纳的全部生产力发挥出来以前，是决不会灭亡的；而新的更高的生产关系，在它的物质存在条件在旧社会的胎胞里成熟以前，是决不会出现的。

——马克思：《〈政治经济学批判〉序言》，《马克思恩格斯文集》第 2 卷，人民出版社 2009 年版，第 592 页。

解读："两个必然"和"两个决不会"是对资本主义灭亡和共产主义胜利必然性以及这种必然性实现时间、条件的全面论述。前者讲的是资本主义灭亡和共产主义胜利的客观必然性，是根本的方面；而后者讲的是这种必然性实现的时间和条件，它告诫我们，"两个必然"的实现需要相应的客观条件，而在这个条件具备之前决不会成为现实。全面准确地学习和把握"两个必然"和"两个决不会"，既有利于人们坚定资本主义必然灭亡、共产主义必然胜利的信心，同时也有利于人们坚持科学态度，充分尊重客观规律，脚踏实地地为共产主义的实现而奋斗。

14. 它不是在它自身基础上已经发展了的,恰好相反,是刚刚从资本主义社会中产生出来的,因此它在各方面,在经济、道德和精神方面都还带有它脱胎出来的那个旧社会的痕迹。

——马克思:《哥达纲领批判》,《马克思恩格斯文集》第3卷,人民出版社2009年版,第434页。

在资本主义社会和共产主义社会之间,有一个从前者变为后者的革命转变时期。同这个时期相适应的也有一个政治上的过渡时期,这个时期的国家只能是无产阶级的革命专政。

——马克思:《哥达纲领批判》,《马克思恩格斯文集》第3卷,人民出版社2009年版,第445页。

解读:马克思认为,共产主义社会是一个由低级到高级、由不太成熟到完全成熟的发展过程,从而必然表现出阶段性。马克思明确区分了共产主义社会的不同阶段,即共产主义社会第一阶段和共产主义社会高级阶段。共产主义社会第一阶段,这一阶段也即由资本主义社会向共产主义社会高级阶段转变的过渡时期。马克思这里说的"革命转变时期",其起点是资本主义社会,其终点是共产主义社会。这个"共产主义社会"是指完全的共产主义,即在它自身基础上充分发展了的高级阶段。从资本主义到完全的共产主义,是一个漫长的历史时期。在这整个漫长的历史时期中,都需要无产阶级专政。

马克思认为共产主义社会第一阶段从资本主义脱胎而来,在这个阶段不可能割断与资本主义的一切联系,不能不带有旧社会遗留的痕迹。至于共产主义社会高级阶段,只有在共产主义社会第一阶段的基础上,通过长期的发展才能实现。共产主义的不同发展阶段不能混为一谈,在不同的发展阶段有着不同的任务。它们之间也不能机械地割裂开来,两者属于同一个社会形态,只是发展程度不同,有着内在的共性和联系。后来,列宁高度评价了马克思过渡时期理论的方法论,并在《国家与革命》一书中对马克思过渡时期理论用列表的方式进行过科学的、一目了然的表述：第一个时期，在资本主义社会，资产阶级需要国家，这个国家是资产阶级的国家。第二个时期，在资本主义向共产主义过渡的时期，无产阶级需要国家，这个国家就是无产阶级专政的国家。第三个时期，在共产主义社会，不需要国家，国家消亡。

五、教学资源与拓展

（一）教学案例

1. 哲人间的对话

案例文本：马克思、黑格尔、萨特都是人类伟大的哲学家，黑格尔是19世纪德国古典哲学的集大成者，马克思是19世纪伟大的无产阶级思想家，萨特则是20世纪法国存在主义哲学家。他们在一次跨越时空的学术会议上碰面了。他们就共同关心的人的自由问题进行了交流。

萨特：两位长辈好，见到你们真是三生有幸。我想就自由问题向两位请教，在你们看来，人的自由的本质是什么？

黑格尔：人及其所处的世界是绝对精神的产物，在人与人以及人与世界之间存在着许多对于人来说不能违背的联系，我们把它称为必然性，自由就是人对这些必然性的认识。人只有认识了这些必然性之后才是自由的。自由是绝对精神的体现。

萨特：您老的见解很深刻。不过您既然认为必然性是人不能违背的，自由又是人对这种必然性的认识，在这种情况下，人还有自由可言吗？在我看来，自由是不受任何外在力量限制的绝对化的东西。人的自由是意志选择的自由，意志的选择是绝对自主的，是无条件的，无限制的，人活动的外界的环境并不能限制人的自由。我认为，这才是自由的真谛。

马克思：萨特先生的见解很有趣。您认为人的自由就是指人的意志不受任何限制。但是人的自由不能脱离人的生活，人的需要。如果一个人自由地选择吸毒，请问他是自由还是不自由呢？所以，世界上存在着人必须遵循的必然性。如果违背了这些必然性，人就会受到惩罚，人就是不自由的。所以，自由的前提是对这些必然性的认识。

黑格尔：看来，马克思先生的看法和我相同。

马克思：我和您的看法有相同之处，那就是自由是对必然性的认识，尽管我和您在对什么是必然性的看法上实际上也有不同，但就对自由的整个看法来说，我和您最大的不同还在于，我认为自由不仅仅只是对必然性的认识而已，不仅仅只是一个思想认识的问题。世界和人的生活是客观的，说到这里我和您就完全不同了，自由是人在生活中认识了必然性之后又利用必然性去改造客观世界，使之符合人的目的和需要，为人服务。一句话，我认为，自由就是人对必然性的认识和对客观世界的改造。如果自由不是为人服务的，那它又有什么意义呢？

萨特：看来我们三位的看法都不相同，不过今天我们已经达到了解各自思想的目的，具体的问题留待以后再深入探讨。谢谢两位。

相关知识点：人的自由而全面发展，人类的彻底解放。

案例评析：在马克思主义看来，人的自由就是人类完全认识并摆脱了过去曾经长期束缚自己的必然性获得解放，从而人能够把自然和社会处于自己的控制之下，人成为人本身的主人，完全按照人的真实需要即人的全面发展来创造生活，人的全面发展成为目的本身，这才是真正人的生活和人的社会。共产主义社会是人自由而全面发展的社会，是人获得彻底解放的社会，是人类社会由“必然王国”向“自由王国”的飞跃。共产主义社会、彻底摆脱束缚，人的自由全面发展，必然王国向自由王国的飞跃，是同等程度的概念。“必然王国”是人受物支配的社会状态，“自由王国”是人支配物的社会状态。这两种不同的社会状态之间存在着以下差别：

第一，两种状态的社会各自发展的目标不同。在“必然王国”的社会状态中，人们的一切活动，具有明显的谋生性质，追求物质财富的增长与物质生产本身的发展，通常表现为人们实践活动的中心目标。而在“自由王国”的社会状态中，劳动失去谋生的性质，而以人自身的全面发展为目标。物质生产活动的首要目的是为了人类自身的生命的生产与再生产。

第二，在两种不同状态的社会中，人们与社会规律和生产条件的关系不同。在必然王国中，不是人统治与控制着社会规律和生活条件，而是社会规律与生活条件统治着、支配着人。而在“自由王国”的社会状态中，社会规律虽然仍存在着，但被人自觉地熟练地运用起来，成为真正的“人们自己的社会行动的规律”。

第三，在两种不同状态的社会中，人们的物质生产劳动的性质不同。在“必然王国”中，劳动具有谋生的性质，人的活动与劳动既是片面的，也是被迫的，个人的活动与劳动不是肯定自己，而是否定自己。而在“自由王国”的社会状态中，人的劳动成为人的一种自觉的、自由性质的劳动。变成了人的自我实现、自我解放、自我塑造和发展的手段。

人类的历史是人类从必然王国走向自由王国的历史。社会形态的每一次更替，都会使人类获得一定的自由与解放。在“自由王国”即共产主义社会中，人类获得全面与彻底的自由和解放。共产主义社会是人的自由而全面发展的“自由王国”，是真正人的社会。

2. 星期六义务劳动(人的自由发展)

案例文本：1919 年 4 月 12 日，星期六。下午，所有上班工作的人都回家了。一股股炊烟伴随着一阵阵诱人的香味从城里各处飘起来，似乎在劝诱着人们，赶紧回家吧！然而，就在此时，莫斯科—喀山铁路分局一个机车库里，却活动着一些忙碌的人影。

只听见两台机车旁不时发出“叮叮当当”的敲击声，偶尔还有低声的谈话声。

原来，这是喀山铁路分局一个机车库的党支部成员和积极分子在进行义务劳动，抢修两台坏损的机车。这一年，年轻的苏维埃政权面临着严峻的考验，外国帝国主义的武装干涉和国内白匪军的叛乱，内外夹击着这个新生的红色政权。在这危急关头，布尔什维克党中央发出号召，倡议全体苏维埃公民担负起责任和义务，以革命精神从事每一项工作，共同渡过眼前的难关。这个机车库的党支部经过讨论，决定在星期六下了班也不回家，继续工作，以响应党中央的号召。

经过了一天的工作，大家本已很疲劳了，半磅定量供应的面包，早已随着汗水蒸发了出去。肚子饿得“咕咕”叫着，表示“抗议”。然而，眼见两列军车因没有机车而停在车站，车上的红军眼巴巴地盼着到前线去，人们又怎么能去理会肚子的“抗议”呢？深夜12点，两台机车修好了，军车在雄浑的《国际歌》声中缓缓驶出，工人们挥动着帽子，眼里流下了热泪。

这件事情很快在喀山铁路分局传开了。分局党委敏感地意识到，这是工人们为了支援前线而做出的又一个重大牺牲，也是人民群众积极性和主动性的一次体现。他们决定在全分局推广这一做法，每星期六下班后继续进行六小时义务劳动，称为“星期六义务劳动”。

当时，苏维埃共和国内忧外患，生产严重不足。喀山铁路分局这一决定无形中大大增加了劳动时间，提高了生产效率，为前线赢得了宝贵时间，这一由几个名不见经传的“小人物”首创发起的、带有真正共产主义精神的“星期六义务劳动”立刻引起了全社会广泛的注意。年轻苏维埃共和国的缔造者，苏维埃的最高领导人列宁从报上看到了这一消息，立刻肯定了这一做法，称之为“伟大的创举”。他号召全体青年团员都向喀山铁路分局的工人们学习，广泛开展“星期六义务劳动”。并于1920年五一国际劳动节这一天，亲自参加了清理克里姆林宫广场的义务劳动。于是，一个由人民群众首创发起、由共和国领袖倡导和号召的带有共产主义奉献精神的“星期六义务劳动”活动在苏维埃共和国的广袤大地上开展起来了。

相关知识点：劳动是人的第一需要，人的自由而全面发展，为什么说“星期六义务劳动”是具有共产主义性质的创举？

案例评析：马克思、恩格斯设想，在共产主义社会中，人得到自由而全面的发展。人的自由和全面发展的一个重要条件和表现，就是劳动已不再是谋生手段，而成为人生活的第一需要，成为快乐的源泉，成为人发展自己、完善自己的必不可少的条件，共产主义社会的劳动是为造福社会而进行的无报酬的劳动，这种劳动不是为了履行一定的义务，不是为了享有取得某种产品的权利，而是自愿的劳动，不计报酬的劳动，是根据为公共利益劳动的习惯和自觉要求来进行的劳动。在共产主义社会里，“各尽所能”的劳动成为人的完全自觉的行动。

列宁称“星期六义务劳动”为“伟大的创举”，说它是具有共产主义性质的新生事物。“星期六义务劳动”之所以是“伟大的创举”，关键就是工人们的劳动态度已经突破了狭隘的功利的考虑，自觉自愿为人类的共同事业——保卫苏维埃共和国而无私劳动。这就具有了共产主义的性质。“星期六义务劳动”充分展现了工人阶级在追求人类进步事业上的伟大创造力量。

3. 西方出现“马克思热”——发达国家社会主义因素在增长

案例文本：当前，就世界范围来说，社会主义是低潮。但是，马克思主义的研究和宣传并不是低潮，特别是从20世纪90年代中期以后，在西方国家悄悄出现一波又一波的“马克思热”。主要表现是：(1)在西方发达国家的高等学校中很多都开设了马克思学说尤其是马克思的经济学说课，选学的人很多。(2)从1995年以后,几乎每年都有 1 ~ 2 次关于马克思的国际学术讨论会,如 1995 年在巴黎召开的"世界第一届马克思大会",1996 年在美国纽约召开的世界社会主义学者第一届大会,同年在英国伦敦召开的"伦敦马克思大会",1998 年在巴黎召开的纪念《共产党宣言》发表 150 周年学术研讨会,2000 年在美国纽约召开的"世界社会主义学者第二届大会",每次会议都盛况空前,少则 1500 人左右,多则达到 6000 人以上。(3) 1999 年底,时逢世纪之交和千年之交,英国相继在英国广播公司和路透社进行千年伟人、风云人物评选活动,投票结果显示,马克思是千年最伟大的思想家,爱因斯坦是千年最伟大的科学家。路透社在报道评论结果时,特别提出,《共产党宣言》和《资本论》这两本书曾对过去一个多世纪资本主义的政治和经济思想产生了巨大而深刻的影响。

西方发达资本主义国家中的社会主义因素在增长。

无论在自然界和人类社会都没有纯粹的事物。任何一个社会都不是也不可能是纯而又纯的。除了有该社会的本质特征外,还有前个社会的残余和后一个社会的萌芽。在奴隶社会,有封建主义的萌芽因素;在封建社会,有资本主义的萌芽因素;同样在资本主义社会,也会有社会主义的萌芽因素。资本主义经过几个世纪的发展,目前已出现的社会主义因素是:

合作经济。这是没有资本家参与,工人和劳动群众通过合作建立的经济组织。

社会福利政策和制度。这是第二次世界大战以后在西方各国普遍实行的一种政策。虽然社会福利政策的实质,是资本家为了缓解劳资之间的矛盾,为其剥削和统治创造一个安定的社会环境,但它有利于底层劳动群众。

高额累进税。战后西方发达国家为社会稳定和制止"两极分化"的进一步扩大,对资本家征收高额累进所得税,即高收入高税收。这种税收政策,限制了富人,有利于穷人。

企业管理的"共决制"。战后在德国和一些西欧国家，在一些重工业部门实行的一种制度。董事会和监事会的组成，是资方和劳方(工会)共同组成，参与企业的一些决策。

国家对经济的宏观调控。国家对经济实行宏观调控，在战后几乎被所有西方国家接受。现在，西方国家不仅有市场，同时也有计划。计划调节和宏观调控已贯穿于社会再生产的全过程。

三大差别的缩小。战后西方发达国家，随着生产力的发展和政策调整，工农差别、城乡差别、脑力劳动和体力劳动的差别已大大缩小，甚至逐步走向消灭。

上述这些社会主义因素，有的是资本主义在其发展进程中自发产生的，有的是通过政府的政策调整出现的，还有的是通过工人阶级和劳动群众的斗争争得的，此外，还有学习和借鉴社会主义国家的。当然，社会主义因素与社会主义性质不能等同。只有不断扩大和发展社会主义因素，通过量的增加，到一定时候经过深刻的社会变革，才能引起质变，实现社会主义。

案例评析：原理——共产主义社会是历史发展的必然趋势。

在当今世界范围内社会主义仍处低潮之际，马克思主义的研究和宣传日益兴起，特别是从20世纪90年代中期以后，在西方国家悄悄出现一波又一波的"马克思热"。这种现象的出现不是偶然的，它是当今社会矛盾的反映。为了解决当代社会问题和全球性问题，人们到马克思主义那里寻找思想武器。"马克思热"现象充分说明，马克思主义作为真理仍为当今时代所需要。

另一个耐人寻味的现象是，目前，在资本主义社会，已出现了若干社会主义萌芽因素，如合作经济、社会福利政策和制度、高额累进税、企业管理的"共决制"、国家对经济的宏观调控、三大差别的缩小等。当然，社会主义因素与社会主义性质不能等同。资本主义国家采取这些措施和做法是巩固资本主义制度的需要，并没有触动资本主义统治的根基。但是，量的积累是引起质变的前提,最终也必将引起质的飞跃。尽管目前谈论社会主义代替资本主义似乎为时过早,但是,资本主义社会内部出现的这一系列社会政治现象分明向我们昭示了社会主义的光明前景。

4. 未来自由人的联合体

案例文本:在《共产党宣言》中,马克思、恩格斯在论证未来新社会的基本特征时,明确指出:"代替那存在着阶级和阶级对立的资产阶级旧社会的,将是这样一个联合体,在那里,每个人的自由发展是一切人的自由发展的条件。"恩格斯认为这是对未来共产主义社会本质的最合适的概括。1894 年,当《新世纪》周刊邀请恩格斯简要概括未来的社会主义新纪元的基本思想时,恩格斯引用这段话作答,并说除此之外"我再也找不到合适的了"。

马克思、恩格斯一向反对对未来社会做过于详尽和细致的描绘,在他们看来,关于未来社会的种种方案"越是制定的详尽周密,就越是要陷入纯粹的幻想"。未来社会发展的具体情形由未来的社会实践条件所决定,任何人也不可能事先对其做出规定和安排。但是,这不等于说,人们就不可能从现实的社会实际情况出发,对未来社会发展的基本趋向和基本特点进行大致的预测。马克思、恩格斯在这个问题上的基本态度正是这样的。

如果以这样的态度来解读马克思、恩格斯关于未来社会的种种论述的话,那么,我们所要把握的是它的基本原则和基本精神。诚然,马克思、恩格斯对于未来社会主义社会和共产主义社会也做过一些大致的构想和描述,例如在《共产党宣言》《法兰西内战》《哥达纲领批判》《社会主义从空想到科学的发展》等著作中,他们设想在无产阶级取得统治权后,就要立即废除常备军和警察而代之以人民的武装,还要废除商品和货币而代之以社会占有制和统一分配制,在生产、教育、政治、文化等方面甚至提出了一些更为具体的措施。对于这些具体措施,恩格斯曾明确指出,对其实际运用,"随时随地都要以当时的历史条件为转移",它们"并没有什么特殊的意义”,我们所要把握的是贯穿于其中的基本思想。问题是,这种基本思想和基本原则究竟是什么呢?

我们认为,对于这些基本思想和基本原则的理解也要做具体的分析,它们之间实际上存在着一种逻辑层次关系。马克思、恩格斯关于全社会占有生产工具和生产资料、实行“有计划的自觉的”全社会的生产活动、消灭商品和货币等,这些都曾被视为社会主义必须实行的基本原则和基本思想,但实践证明这些原则在现实的社会主义生活中行不通,因而对于马克思主义的基本原则和基本思想也有一个不断进行再认识的问题。马克思主义基本原则和基本思想总要表现为一定的实现形式,这些实现形式属于其基本原则和基本思想的表层结构,其深层结构是贯彻于这些表层结构中的最根本的灵魂和精髓。社会主义和共产主义思想中最根本的的灵魂和精髓就是马克思恩格斯在《共产党宣言》中所申明的关于未来自由人联合体的思想。

案例评析:原理——共产主义社会的基本特征。

对于马克思、恩格斯在《共产党宣言》中提出的关于未来自由人联合体的思想,理论界历来有不同的理解,这是很正常的。但是,不管对此做何理解,最主要的是要把握它的本质内涵和内在精神,而不是拘泥于它的文字描述。

其一,未来社会将是一个人的本质得到自由全面发展的社会。人的本质属性是多方面的,不仅表现在体力、智力、能力以及人的个性特征等方面,而且表现在人的社会关系和社会交往等方面。人的自由和全面的发展不是单个人的独立的发展,而是全体社会成员的共同的发展。只有在整个社会及其全体成员的共同进步中,个人才能得到自由全面的发展。然而,这不等于说,未来的社会是一个无矛盾、无冲突的社会,似乎人与自然、人与人、人与社会、个体与类之间的矛盾冲突都不存在了,一切人类曾经面临而且必然面临的问题都消失了,这是不可能的。这种想法不符合马克思主义创始人关于未来自由人联合体的思想。在任何历史发展阶段,人类的绝对自由都是不存在的,最多只能存在于人的想象和思辨之中。我们只能说,在未来自由人的联合体里,人的自由全面的发展相对于传统社会获得一个新的历史的跨越和质的飞跃,人类在由必然王国向自由王国过渡中向前迈出了一大步,但这种过渡是永恒的和永无止境的,人类的自由就存在于这一永无穷竭和永无止息的向更高自由境界的追求之中,人类的真正自由不是享受已经到手的并且已经终结了的现成的自由,而是处在永远的实践和追求自由的自由过程之中。未来的共产主义社会将为人类的自由发展、自由实践、自由追求、自由实现提供更加广阔得多也自由得多的自由空间。

其二,个人自由发展与一切人自由发展的矛盾关系得到了和解。个体与个体的自由之间、个体与类的自由之间总是存在着不同形式和性质的矛盾,我的自由可能会对他人的自由造成妨碍,反之亦然。马克思主义创始人并不否定在共产主义社会也存在着这样的矛盾,但是,未来共产主义社会所不同于传统社会的地方就在于,在传统社会,社会文明的发展是以牺牲大多数人的发展为代价的,只有少数居于社会统治地位的人才享受了社会发展的成果;在共产主义社会,这种社会自我分裂和自我疏离的状况将得到根本的解决,人们能够一视同仁地共享社会进步的果实。当然,在社会发展的任何阶段,绝对的平均是不可能的,也是与社会文明发展相违背的。社会主义和共产主义的目的不是要消灭人与人之间的差别,也不可能消除人类的矛盾,而是要彻底铲除人类在自由实现过程中存在的阶级对抗和自我分裂,并为达到这一目的创造更加有利的条件。

其三,"未来自由人的联合体"也是一个不断变动、发展而日臻完善的社会。马克思、恩格斯提出来的这样一个"每个人的自由发展是一切人的自由发展的条件"的联合体,并不就是人类社会发展的一个绝对完满的终极状态，而是人类在不倦的奋斗中永远为之趋近的由不完满逐渐达到较为完满的最高目标，是一个通过不断的变革和改良而由低到高向前演进的历史过程。如果我们对这句话做形而上学的绝对理解，那么也就背离了马克思主义的历史辩证法，同样也背离了“未来自由人的联合体”的本来含义。

5. 徐水过上了“共产主义生活”

案例文本：在得到毛泽东的高度评价后，徐水县一跃成为“大跃进”运动中的“明星县”，成为风靡全国的“共产主义试点县”。据统计，1958 年 3 月至 10 月，先后有 40 多个国家、930 多名外国友人和 3000 多个国内单位派人前来参观。

9 月 20 日，徐水县委向全县人民发布了《中共徐水县委关于人民公社实行供给制的试点草案》，实行“十包”：生老病死、吃穿用品，甚至洗澡、理发、看戏等，一切都由公社包下来。“草案”规定了实行供给制的范围包括农民、工人、干部、职员（包括教员、商业人员）及一切在徐水的工作人员。徐水县委同时宣布取消粮票，让大家放开肚皮吃，每人还可以发一张券到供销社去领布料。结果一夜之间，全县供销社的布被一“领”而光。

1958 年9 月 15 日，徐水县成立了“徐水县人民总公社”（后改称徐水人民公社），将分配权控制在总社，经济上由县一级统一核算。9 月 20 日，徐水县委发布了《关于人民公社实行供给制的试行修正草案》，取消了干部、职工的薪金和社员的劳动报酬，对全县人民实行“十五包”。从 9 月份起，干部、工人、职工取消薪金，农民（社员）取消按劳取酬。干部改发津贴，县级每月 8 元，科局级每月 5 元，一般干部 3 元，平民百姓 2 元。吃饭、穿衣、住房、鞋袜、毛巾、肥皂、灯油、火柴、烤火费、洗澡、理发、看电影、丧葬等全部由县里统一包起来。此后，集体所有制、个人所有权都被纳入全民所有制，所有生产资料和大部分生活资料归公。农民的房屋准备随时拆除，将修建若干个居民点，让社员都住到新村中去，以“消除城乡差别”。很快，徐水就有3万多栋房子被拆除，新房却因资金短缺、建材紧张而无法建起来，造成社员住房十分紧张，有的社员甚至连过冬都没有房住。为了加快消灭私有制的步伐，有的地方甚至连社员的家具等物品都划为公有，给社员生活带来很多困难。因此，群众说：除了一双筷子、一只碗是个人的，其他都归公了。

两个月后，徐水百姓已经不能放开肚皮吃饭，就连基本的生活用品也难以兑现了。虽然按照供给制实行“十五包”，但全县全年的财政收入总共不足2000万元，与发工资、办副业所需费用相差甚远，根本负担不起来。就连每人每年应发的两条毛巾，也只发了一条，便发不起了。11月，县委筹集了550万元，给全县公社社员发了一次津贴及部分生活用品款。12月，县委又筹集了90万元，但还是与需要相差很大，便挪用了商业上的资金700万元，导致商品资金不能周转。徐水搞了3个月的供给制，不得不在捉襟见肘的情况下早早收场。

徐水人民公社成立后开始实行统收统支，统一核算，共负盈亏。全县一级核算，劳力全县统一调配，实行全县物资和劳力的大平调。为了实现进入共产主义的宏图，县里仓促建起工厂30个、小型企业1348个、大学11所，文工团、剧团、医院等也一哄而上。但很快便因资金不足而纷纷垮台，刚刚建起的政社合一的徐水人民公社随之流产。

时任河北省副省长的胡开明后来回忆说：“记得毛主席视察徐水时曾为徐水县亩产1132斤粮食吃不完发愁，而实际上，徐水人民第二年就开始吃糠咽菜了。这是那个从上到下都‘发高烧’的年代，从毛主席到普通农民，都想尽快改变自己贫穷落后的面貌使然；但这只是善良的愿望而已，它违背了客观规律，结果只能欲速则不达。”

案例评析:原理——共产主义社会的实现是一个长期的实践过程。

共产主义社会作为人类社会的一种理想状态,是人们所向往的。但是,共产主义的实现必然要经过客观的历史发展过程,是社会历史充分发展之后的产物,人们应该在充分认识社会历史规律的基础上,按照客观规律努力朝着共产主义理想状态而奋斗,但是不能人为地靠主观想象去“表现为”共产主义社会。

徐水的“共产主义”社会在我国曾经是一个典型,也在一定程度上反映了某个历史时期中国社会主义建设中的主观主义错误,这里不但能看到急躁冒进的行为,更深刻的是看到我们对于共产主义究竟是怎样的,社会主义究竟该怎样建设,缺乏一些基本的经验。徐水制造的这段“共产主义”教训是沉重的,民众在空洞的想象中忍饥挨饿,对生产和生活造成了严重的破坏。而那个历史时期带给中国的社会主义建设的教训是惨痛的,我们其后不得不用几十年的时间去弥补那段时间带来的损失,去修补物质上的损伤和精神上的损伤。

6. 天堂与人本:重新解读共产主义

案例文本:共产主义遥远吗?或许很多人的回答是肯定的。事实上,共产主义是否遥远,关键要看我们如何解读它。

(1)“天堂式解读”:遥远

在解读共产主义时,按照以往普遍的想法,我们一般会从制度维度出发,把共产主义解读为一个“人间天堂”般的理想社会,一种人类社会的天堂般的终极状态。这个社会有一套由马克思主义创始人预设的特定制度,如公有制、计划经济、按需分配之类,并且还包括没有贫富差别、没有剥削、没有竞争、没有货币、没有商品、没有奴隶般的分工、没有“三大差别”、没有军队、没有国家,人人不计报酬地为社会工作等制度性特征。在这种解读方式下,共产主义的确是非常遥远的。这是因为,尽管建立公有制、实行计划经济、消灭剥削和贫富差别不太难，我国先前的计划经济时期就已经做到了这一点，但是要同时做到没有竞争、没有货币、没有商品、没有军队、没有国家，在目前还难以想象。而且"各尽所能，按需分配"何时能兑现也无法预期。因为，它不仅需要以能使财富像喷泉一样源源不断地涌流而出的极其发达的社会生产力为前提，而且需要社会中的每个人都具有高尚的品德，自觉地将劳动作为"生活的第一需要"，将"不劳而获"当作耻辱，而这些显然不是我们现在能估算出来的。

将共产主义解读为最终才能实现的人间天堂，其结果是使共产主义社会成为与我们乃至一代又一代为之奋斗的人的利益和幸福完全无关的事。面对遥远的最终才能实现的天堂，所有奋斗者都只不过是通向天堂的铺路石。他们只有为天堂不断奋斗的份儿，却没有享受天堂生活的福气。反之，能最终坐享人间天堂幸福生活的人，却注定不是天堂的创造者。马克思说："人们奋斗所争取的一切，都同他们的利益有关。"可是对共产主义的"天堂式解读"，却将我们的奋斗与我们的利益彻底割裂开来。这种割裂甚至超过了宗教。宗教命令人赎罪、苦行，剥夺人的现实幸福，但它至少还承诺给现世赎罪受苦的人以来世幸福，即死后升入天堂。正是这种承诺或者说利益激励，使得宗教徒有了持久的信仰。可是对于所有那些为共产主义奋斗终生的人来说，由于共产主义是无神论，结果他们连死后也不存在进入共产主义天堂的可能性。

由此我们就不难明白，在"大跃进""一天等于二十年"之类"跑步进入共产主义"的幼稚幻想破灭之后，今人为什么不再对共产主义充满憧憬，充满激情。也不难明白，今人之所以会变得或是迷茫，或是实利，甚至转而信仰宗教，就是因为这个天堂式的共产主义几乎与他们无关。

(2)“人本式解读”:亲近

有鉴于“天堂式解读”之弊谬,对共产主义的一种新的解读方式出现了。这个解读以人为本,从价值维度阐发人的发展,可以称之为“人本式解读”,它可以分为两步。

第一步是将共产主义的“实际目的”由遥远的未来世界降至人本身,即人的发展。据此就可以说,凡是围绕人的发展而开展的运动,就是共产主义运动;凡是以人的发展为指向的社会,就是共产主义社会。这样一来,共产主义就近在眼前了。

对共产主义的“人本式解读”的第二步,是用社会终极价值目标而不是社会终极制度来标志人的发展。人是社会性动物,人的发展只能在社会中实现。在社会中,人的发展具体体现为对社会终极价值目标的趋近,而不是对某种社会终极制度的趋近。

可以称为社会终极价值目标的,有富裕、和谐、自由等。它们都是从“人的发展”这个终极价值中派生出来的。其中,富裕作为社会终极价值目标,对它的趋近,意味着能给人提供日益增多的物质产品和精神产品,以满足人的各种物质生活和文化生活的需求;和谐作为社会终极价值目标,对它的趋近,意味着能给人提供各种越来越融洽、协调的人际关系和天人关系,以满足人的情感需求和交往需求;自由作为社会终极价值目标,对它的趋近,意味着能给人提供越来越多的发展可能性及生活样式,以满足人充分发挥自身潜能天赋、形成独特个性的自我实现需求。

社会终极价值目标既定,一个社会对富裕、和谐、自由的追求,就是对人的需求的全方位满足,就是对“每个人的全面而自由的发展”的切实推进。于是,以人为目的的共产主义,也就成为与每个人的实际利益都密切相关的最实际的社会和最实际的运动。于是,个人的发展与社会的发展、人类的发展、共产主义的发展,在这里都达到了高度的统一,成为完全同步的同一个进程。

在对共产主义的“人本式解读”之下,人们为共产主义奋斗,就是对富裕、和谐、自由这三大社会终极价值目标的追求,这种追求也是为自己的利益和幸福生活奋斗。同时,由于不论作为运动还是作为社会的共产主义都永远不存在终极状态,这就意味着,永远也不会有一代人是生活在最高级、最理想的共产主义社会之中。于是每一代为共产主义、其实也就是为自己奋斗的人们,也就不必再羡慕自己身后的未来人,他们只要设法解决好自己时代所面临的与富裕、和谐、自由有关的社会问题,努力使自己世代的每一个人都获得更多的富裕、和谐、自由,他们也就都充分地享受到了共产主义之福。于是,共产主义成为最亲近人的主义,成为给每个人造福的事业。这个事业,既非一蹴而就,亦非遥不可及;既非是纯粹地付出、奉献、奋斗,亦非是不需进行任何奋斗的坐享其成,而是现实与未来、奋斗与享受的统一。

(3)两种解读:两种命运

历史经验已经证明,用从制度维度出发解读的共产主义指导我们的社会实践是很难取得成功的。新中国成立之后,我们对将要建立的处于共产主义初级阶段的社会主义社会,做出了一系列诸如计划经济、公有制、平均分配、取消社会竞争之类的制度设计,随后就尽力按照这套制度模式去改造社会、构建社会。可近30年的实践下来,非但这套制度没有给我们带来美好的预期,反而其本身也难以为继:计划经济不得不被市场经济取代,社会竞争也不得不重新得到承认和鼓励,“大锅饭”“铁饭碗”的平均主义分配方式退出历史舞台,公有制也不再是唯一的所有制形式。

与“天堂式解读”不同,“人本式解读”对共产主义不做写实性的描绘,也从不预设各种终极制度,它只是从价值的维度去解读共产主义。在这种解读之下,共产主义就是以人的发展为目的的事业,以富裕、和谐、自由为社会终极价值目标的事业。有了这种价值标准,在改造社会的实践中,我们就不会再有任何的迷信与迷惘、束缚与畏缩。所有与改造社会相关的事物,不论是什么样的理论、主张、方略、计划、原则，还是什么样的改造步骤、改造方式、改造道路、制度安排、制度创新、文化类型等，在社会终极价值目标面前，全都不再是神圣而不可改变的，它们不过是实现富裕、和谐、自由的工具，是否合适可取，是保留还是革除，统统要用社会终极价值目标加以评判。于是，对社会制度的建构与选择，不再是事关信仰的主义之争，而只是关于工具的优劣判断。

总之，与“天堂式解读”的共产主义相比，“人本式解读”的共产主义，不仅有让共产主义亲近人的优点，而且还有更为重大深远的意义。这就是，它能使我们的共产主义事业获得顺利的发展。

案例评析：原理——共产主义是人类最崇高的社会理想。

对于共产主义，以往普遍的解读是从预设一套特定制度开始，把共产主义解读为一种人类社会的天堂般的终极状态。现实社会在共产主义社会的映衬下显得黯然失色。而共产主义，也似乎成为与现世人的利益和幸福无关的事。随着时间的推移，这种对共产主义的“天堂式解读”必然会削弱共产主义作为崇高理想的吸引力。

针对这种状况，案例提出了一种新的解读方式——从价值维度出发的“人本式解读”。这种解读是根据人的发展这个共产主义的唯一目的，将共产主义解读为以富裕、和谐、自由为社会终极价值目标的事业。

事实上，将共产主义解读为一种只要我们愿意就立刻可以变成现实的运动和社会，并将人的发展而不是某种终极状态的社会作为共产主义的最高诉求，这正是马克思的本意。马克思很早就说过：“共产主义是最近将来的必然的形式和能动的原则。但是，共产主义本身并不是人类发展的目标。”为什么“共产主义本身”不是“人类发展的目标”？因为只有人本身才是这样的目标。由此可见，这种从价值维度出发对共产主义的“人本式解读”，既不违背马克思主义基本原理，又有利于使共产主义成为亲近人、吸引人的主义，更重要的是还能使共产主义事业得到健康顺利的发展。处在社会主义初级阶段并致力于建设中国特色社会主义、为实现共产主义而奋斗的人们，何不换个角度重新审视共产主义？

（二）教学视频

探访“共产主义”南街村，上学看病均免费 http://baidu.baomihua.com/watch/4503665080082648054.html? page = videoMultiNeed

南街村隶属漯河市临颍县城关镇，全村有 3700 多口人，500 亩耕地，总面积 1.78 平方公里。村党委下设 24 个党支部，有党员 730 多名。改革开放以来，南街村充分发挥农村基层党组织的战斗堡垒作用，大力发展集体经济，走共同富裕道路，实现了物质文明和精神文明建设的飞速发展。随着经济实力的增强，南街村实行“工资 + 供给”的分配制度，村民免费享受水、电、气、面粉、节假日食品、福利卡消费、住房、上学、医疗等多项福利待遇，经济上没有负担，生活上没有后顾之忧，全体村民居住在几十栋配备齐全的花园式的现代化公寓里，人人安居乐业、家家生活幸福。获得“全国先进基层党组织”“全国模范村民委员会”“全国文明村”“中国十大名村”“中国幸福村”“中国十佳小康村”“中国第一雷锋村”“国家级生态村”“全国优秀乡镇企业”等光荣称号。对于南街村两个文明建设取得的显著成绩，人们纷纷给予高度评价和赞扬。

参考文献

1. 余源培主编:《时代精神的精华——马克思主义哲学原著导读(中)》,上海:复旦大学出版社,1992.09。

2. 肖广岭编著:《〈自然辩证法〉导读》,北京:中国民主法制出版社,2012.01。

3. 崔伟奇、翟俊刚编著:《〈反杜林论〉导读》,北京:中国民主法制出版社,2012.01。

4. 杨涯人编著:《列宁〈唯物主义和经验批判主义〉解读》,哈尔滨:哈尔滨工业大学出版社,2003.05。

5. 周峰著:《形而上学的命运——恩格斯〈路德维希·费尔巴哈和德国古典哲学的终结〉如是读》,广州:广东人民出版社,2014.09。

6. 孙伯鍨、侯惠勤主编:《马克思主义哲学的历史与现状(上)》,南京:南京大学出版社,2004.12。

7. 李克文主编:《马克思主义原著选读》,西安:陕西师范大学出版社,1990.11。

8. 谭希培主编:《马克思主义基本原理概论》,长沙:中南大学出版社,2012.10。

9. 陶富源主编:《马克思主义哲学原理》,合肥:安徽大学出版社,2003.07。

10. 王家俊主编:《马克思主义认识论》,长春:吉林人民出版社,1986.09。

11. 陈新汉著:《马克思主义认识论与真善美》,上海:华东师范大学出版社,1993.05。

12. 龚玉敏主编:《马克思主义基本原理概论教学案例》,武汉:武汉大学出版社,2009.11。

13. 洪晓楠、杨慧民主编:《“马克思主义基本原理概论”课教学案例解析》,北京:高等教育出版社,2008.08。

14. 任平主编:《当代中国马克思主义哲学研究(2013)》,北京:中央编译出版社,2013.12。

15. 成云雷著:《趣味哲学》,上海:上海古籍出版社,2001.10。

16. 拉尔夫·密利本德著:《马克思主义与政治学》,黄子都译,北京:商务印书馆,1984.01。

17. 拉尔夫·密里本德著:《资本主义社会的国家》,沈汉等译,北京:商务印书馆,1997.06。

18. 尼科斯·波朗查斯著:《政治权力与社会阶级》,叶林等译,北京:中国社会科学出版社,1982.11。

19. 孙承叔著:《资本与历史唯物主义:〈资本论〉及其手稿当代解读》,上海:上海人民出版社,2017.05。

20. 肖光荣著:《中国共产党执政规律研究》,长沙:湖南大学出版社,2014.12。

21. 王让新主编:《唯物史观在中国的运用与发展》,成都:电子科技大学出版社,2014.12。

22. 逄锦聚等主编:《政治经济学》(第五版),北京:高等教育出版社,2014.07。

23. 杨志、王岩编著:《〈资本论〉解读》,北京:中国人民大学出版社,2014.06。

24. 罗耀辉、武志、罗莉如编著:《〈资本论〉原著导读本》,北京:中国财政经济出版社,2015.11。

25. 卫兴华著:《走进马克思经济学殿堂》,北京:中国财政经济出版社,2014.05。

26. 程恩富、冯金华、马艳主编:《现代政治经济学新编:简明版》(第2版),上海:上海财经大学出版社,2011.08。

27. 刘雅静主编:《马克思主义政治经济学》,济南:山东人民出版社,2013.08。

28. 顾玉兰著:《列宁帝国主义论及其当代价值》,北京:社会科学文献出版社,2015.01。

29. 吕世荣、姚顺良著:《马克思主义视域中的经济全球化》,北京:人民出版社,2014.11。

30. 汤文曙、房玫著:《现实的人及其历史发展——马克思主义社会历史观研究》,芜湖:安徽师范大学出版社,2014.11。

31. 齐长立、蔡翔主编:《马克思主义基本原理概论》,北京:经济日报出版社,2014.07。

32. 张金成主编:《马克思主义经典著作选读讲解》,北京:高等教育出版社,1999.06。

33.《马克思主义政治经济学概论》编写组编:《马克思主义政治经济学概论》,北京:人民出版社、高等教育出版社,2011.05。

34. 王家芳、易绍林主编:《马克思主义经典著作导读》,南昌:江西人民出版社,2003.08。

35. 冯国芳著:《科学社会主义理论与实践》,上海:上海交通大学出版社,2010.02。

36. 秦宣著:《科学社会主义概论》,北京:中国人民大学出版社,2010.08。

37. 赵明义主编:《科学社会主义》,济南:山东人民出版社,2011.06。

38. 王令金等主编:《马克思主义经典著作精选及导读》,北京:中央编译出版社,2002.03。

39. 徐艳玲编:《科学社会主义学》,济南:山东大学出版社,2013.06。